AF401846

KOMPENDIEN DER SOZIALEN ARBEIT

Sie arbeiten sich in ein neues Sachgebiet ein und benötigen rasch
zuverlässige und umfassende Informationen? Sie möchten die
wesentlichen Fakten zu Konzepten, Fällen, Arbeitsfeldern und
Anwendungsgebieten der Sozialen Arbeit wissen, Good Practice-
Beispiele kennenlernen und Handlungsempfehlungen für die
Praxis erhalten? In der Reihe erscheinen Werke mit direktem
Praxisbezug. Die Bände richten sich an Professionals, Berufs-
einsteiger:innen und -umsteiger:innen sowie an Studierende,
gerade auch mit Blick auf Praxissemester und Anerkennungsjahr.

Nina Proufas | Karlsson Olberg
Christoph Clephas

Soziale Arbeit und Sport

 Nomos

Die Deutsche Nationalbibliothek verzeichnet diese Publikation in
der Deutschen Nationalbibliografie; detaillierte bibliografische
Daten sind im Internet über http://dnb.d-nb.de abrufbar.

ISBN 978-3-8487-8948-1 (Print)
ISBN 978-3-7489-3223-9 (ePDF)

Vorwort

„Zu lange hat die Soziale Arbeit die Bedeutung des Sports [...] ignoriert und damit versäumt, Körper und Bewegung zu Ansatzpunkten von präventiven und interventiven Handlungsstrategien zu entwickeln." (Seibel 1997: 126)

Die Sportsozialarbeit ist eine – vergleichsweise – neue Disziplin innerhalb der Sozialen Arbeit, die auch auf Inhalte aus der Sportwissenschaft zurückgreift.

Die Idee zu dem nachfolgenden Buch ist aus dem Studiengang „Soziale Arbeit und Sport" an der Deutschen Hochschule für Gesundheit und Sport entstanden. Die Wichtigkeit, die der Sport in der Gesellschaft einnimmt, ist zweifelsohne enorm. Sport als pädagogisches Instrument hingegen wurde bisher – wenn überhaupt – nur rudimentär eingesetzt. Mit diesem Buch möchten wir die Sportsozialarbeit in den Fokus des wissenschaftlichen Diskurses rücken und damit einen Beitrag dazu leisten, Sportsozialarbeit als festen Bestandteil des sozialarbeiterischen Handelns zu etablieren.

Daher ist der zentrale Handlungsstrang des Buches geprägt durch die Darstellung der Möglichkeiten und Chancen, die die Sportsozialarbeit bieten kann.

Wir bedanken uns an dieser Stelle bei Herrn Alexander Hutzel vom Nomos Verlag, der uns stets mit Rat und Tat zur Seite stand, und für die Möglichkeit, ein solch wichtiges Werk verfassen zu dürfen.

Da ein solches Themengebiet in einer ersten Auflage nie erschöpfend dargestellt werden kann, freuen wir uns über Anmerkungen, Feedback oder Verbesserungsvorschläge.

Hierzu können Sie uns gerne eine Mail schreiben: sportsozialarbeit@gmail.com

Die Literatur entspricht dem Stand von September 2023.

Viel Spaß beim Lesen!

München, Hamburg, Berlin im Oktober 2023

Prof. Dr. Nina Proufas, LL.M
Prof. Dr. Christoph Clephas
Karlsson Olberg, B.A.

Inhalt

Abbildungsverzeichnis

1 Einleitung

Sport und Bewegung sind ein anthropologisches Grundphänomen menschlichen Lebens und existenzielles Grundbedürfnis eines jeden Individuums (vgl. Farnell 1999: 342). Sie fördern die Identitätsbildung und können dazu beitragen, Sozialisations- und Erziehungsprozesse zu initiieren (vgl. Keyßner 2014: 534). Affirmative menschliche Entwicklung kann somit nicht ohne Sport und Bewegung als grundlegender Bestandteil gelingen (vgl. Miko et al. 2020: 184).

Die Soziale Arbeit als Profession und wissenschaftliche Disziplin, welche im Laufe dieses Buches noch eingehender beleuchtet wird, zielt darauf ab, gesellschaftliche Veränderungen, soziale Entwicklungen und den sozialen Zusammenhalt zu fördern. Sie strebt die Stärkung der Autonomie und Selbstbestimmung von Menschen an und basiert auf den Prinzipien sozialer Gerechtigkeit, Menschenrechten, gemeinsamer Verantwortung und der Achtung der Vielfalt, um diese Ziele zu erreichen (vgl. DBSH 2009).

Als logische Schlussfolgerung kann konstatiert werden, dass Sport- und Bewegungsförderung als eine Querschnittsaufgabe der Sozialen Arbeit erscheinen müssen.

Die Beschreibung der Sozialen Arbeit dient als Ausgangspunkt für den Sport, um ihre Funktion zur Erreichung ihrer Ziele zu begutachten. Der Sport kann somit eine entscheidende Rolle in der Sozialen Arbeit spielen, um die Ziele des sozialen Zusammenhalts und der Stärkung der menschlichen Autonomie und Selbstbestimmung zu erreichen. Als Medium und niederschwelliges Interventionsinstrument bietet der Sport eine Vielzahl von Möglichkeiten zur Förderung der menschlichen Entwicklung. Dabei kann er verschiedene Ziele wie Prävention, Integration, Gesundheitsförderung, Teamgeist und Fair Play zielgruppenspezifisch erreichen. Sportliche Aktivitäten können entsprechend den individuellen Bedürfnissen angepasst werden und sind weitestgehend unabhängig von der kulturellen Herkunft, Sprache oder weltanschaulichen Orientierung der Teilnehmenden. Am Ende dieses Buches wird sich ein Kapitel über Integration durch Sport finden, in dem ausführlicher über Sport, der unabhängig von der Kultur und Sprache geschieht, gesprochen wird.

Bereits in den 1980er-Jahren finden sich Ansätze der Kombination von Sozialer Arbeit und Bewegung (vgl. Michels 2014: 78). Damals wurde versucht, bewegungspädagogische Elemente dafür zu nutzen, den didaktisch-methodischen Bereich der Sozialen Arbeit konzeptionell zu erweitern. Ziel ist dabei auch gewesen, dass Absolvent:innen Übungsleiterlizenzen für den Breitensport erhalten und damit die Wichtigkeit von Sport und Bewegung in soziale Einrichtungen hineintragen (vgl. ebd.). Doch da es kaum wissenschaftliche Beiträge zu diesem Thema gibt, fand diese Verknüpfung ohne die Vermittlung systematisierter, theoriegestützter Modelle und Konzeptionen statt. Zwar existieren wenige Sammelbände, die sport- und bewegungsorientierte Soziale Arbeit fokussieren (vgl. Dräbing 2006; vgl. Gieß-Stüber 2005; vgl. Koch et al. 2003; vgl. Pilz/Böhmer 2002; vgl. Welsche 2013), jedoch ist ersichtlich, dass es sich hierbei vornehmlich um einen Annex des Sports an die Soziale Arbeit handelt und keine vollumfängliche, auf Augenhöhe stattfindende disziplinäre Kooperation etabliert wurde.

Die absichtsvolle Verbindung von Sozialer Arbeit und Sport hat darüber hinaus in den letzten Jahren immer mehr an Bedeutung und Zuwachs gewonnen, wie zuletzt im September 2023 ersichtlich gewesen ist, als die 48. Sportministerkonferenz (SMK) das „Herzogenauracher Manifest zu Bewegung, Spiel und Sport im Ganztag" beschlossen hat (vgl. StMI 2023). Dieses Manifest definiert, dass Sport bei der Umsetzung des Rechtsanspruchs auf Ganztagsbetreuung eine zentrale Rolle einnehmen muss (vgl. ebd.). „Eine qualitativ hochwertige und bewegungsfreundliche Ausgestaltung des Ganztags ist von entscheidender Bedeutung", meint der bayerische Sportminister Joachim Herrmann (vgl. ebd.). Dabei seien für die Erreichung dieses Ziels Sportvereine bereits jetzt gefragte Kooperationspartner, um die Ganztagsbetreuung sportlich mitzugestalten. Dies ist nur eines von vielen Beispielen, die sich in der Vergangenheit herausgebildet haben, in denen Sport und Bewegung Einzug in Tätigkeitsfelder der Sozialen Arbeit gefunden haben.

Sportliche Betätigung als methodisches Werkzeug wird also immer wieder in der Sozialen Arbeit angewandt, jedoch bislang, wie bereits dargelegt, ohne theoretische Fundierung. Entweder werden sportive Elemente in der Sozialen Arbeit angewandt, weil eine vage Vorstellung davon, dass Sport gesund ist und die Sozialkompetenz stärkt, vorherrscht. Oder im Sport finden sozialpädagogische Methoden Einzug, da davon ausgegangen wird, dass somit die gruppendynamischen Strukturen positiv entwickelt werden, was im Endeffekt zum Erfolg führen soll. Doch entweder existiert wenig bis gar keine sportwissenschaftliche Expertise aufseiten der Sozialarbeiter:innen, was dazu führt, dass Sportangebote in der Sozialen Arbeit nicht fachgerecht und adäquat angewandt werden, oder konkrete Lebenswirklichkeiten oder Notwendigkeiten werden von Trainer:innen im Sport nicht ausreichend berücksichtigt, da diese keine Qualifizierung dafür haben (vgl. Michels 2007: 81).

Somit wird in diesem Buch die These vertreten, dass es nicht der Sport an sich sein kann, der gesund ist, integrativ wirkt, die soziale und kognitive Kompetenz steigert oder die Motivation und das Selbstwertgefühl der Individuen erhöht. Die positiven Wirkungsweisen jeweiliger Sport- und Bewegungsangebote sind somit keine zwangsläufigen Nebenprodukte. Vielmehr ist es spezifischer Sport für die passenden Zielgruppen, der in genau definierten Intensitäten und unter entsprechend abgestimmten Rahmenbedingungen mit fachlicher Anleitung und Begleitung wirksam wird. Potenziale des Sports, die für die Ziele der Sozialen Arbeit genutzt werden sollen, können also nur durch eine absichtsvolle, qualitative Ausrichtung in der Praxis durch wertige Vermittlungsweisen von ausgebildetem Fachpersonal erreicht werden, sonst kann es sogar dazu führen, dass gegenteilige Folgen als Ergebnis der Arbeit mit dem Medium Sport zu konstituieren sind (vgl. Michels 2007: 2).

Um die vielfältigen Möglichkeiten des Sports in der Sozialen Arbeit optimal zu nutzen, ist demnach auch eine umfangreiche sportwissenschaftliche Expertise erforderlich. Diese Expertise ist entscheidend bei der Entwicklung, Auswahl und

Durchführung spezifischer sport- und bewegungsbezogener Interventionsstrategien. Wie in anderen Bereichen des menschlichen Lebens auch bedarf der Sport einer verantwortungsvollen fachlichen Begleitung durch ausgewiesene Expert:innen in der Sozialen Arbeit. Diese Expert:innen können die einzelnen Bereiche sportlicher Aktivitäten zielgruppenspezifisch planen und steuern. Darüber hinaus sind sie in der Lage, die Interdependenzen zwischen sportlichen Aktivitäten und den sozialen Auswirkungen zu erkennen und bei Bedarf entsprechend zu intervenieren. In diesem Zusammenhang soll dieses Buch vor allem einen Beitrag dahingehend leisten, erste Anforderungsprofile an ebensolche Expert:innen zu richten, in denen notwendige Kompetenzen aufgelistet werden, die für die theoretische Auseinandersetzung mit der Sportsozialarbeit und die praktische Begleitung von Angeboten der Sportsozialarbeit elementar sind. Dabei ist die fachgerechte Ausbildung solcher Expert:innen von enormer Bedeutung. Es können mittlerweile Studiengänge der Sozialen Arbeit mit einem Sportzusatz absolviert werden, wie z B. an der Fachhochschule Düsseldorf. Mitunter existieren bereits auch vollumfänglich ausdifferenzierte interdisziplinäre Studiengänge, wie der Studiengang „Soziale Arbeit & Sport" an der Deutschen Hochschule für Gesundheit und Sport (DHGS).

Die Autor:innen dieses Fachbuches bedienen sich der semantischen Konzeption von Löwenstein et al. (2020: 17f.), welche Sportsozialarbeit als eine Sammelbezeichnung für alle sport- und bewegungsbezogenen Ansätze in der Sozialen Arbeit verwenden. Anhand der grafischen Veranschaulichung soll jedoch nochmals deutlich werden, dass in diesem Buch zusätzlich die These vertreten wird, dass Sportsozialarbeit durchaus auch als eine Schnittstelle zwischen der Sozialen Arbeit und der Sportwissenschaft gesehen werden kann, aus der heraus sich eine disziplinäre Eigenständigkeit ergeben kann. Nur eine von beiden Disziplinen ausgehende, motivierte Interdisziplinarität führt zur wissenschaftlichen Konzeption und Begründung der Sportsozialarbeit.

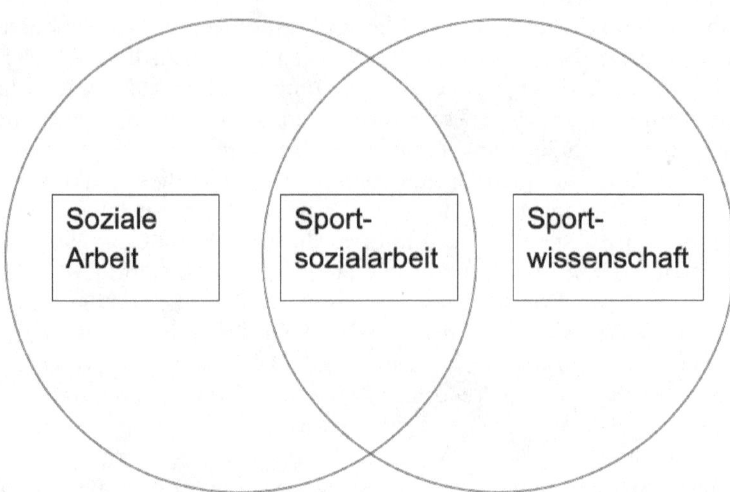

Abbildung 1: Sportsozialarbeit im Verhältnis zur Sozialen Arbeit und Sportwissenschaft (eigene Darstellung)

Wissenschaftliche Forschung in diesem Bereich ist bislang noch stark unterrepräsentiert, weswegen dieses Buch auch als Plädoyer für ein weitreichendes Forschungskonzept im Bereich „Soziale Arbeit und Sport" dienen soll. Es umfasst grundlegende Konzeptionen dieser interdisziplinären Verbindung und legt damit einen konzeptionellen Grundstein, der dazu dienen soll, dass eine fortlaufende Auseinandersetzung mitsamt wissenschaftlich fundierter Forschung in diesem Gebiet angestoßen wird. Dabei soll sich insbesondere mit den Möglichkeiten und Herausforderungen der Sportsozialarbeit befasst werden. Als Vorschlag wird der Ansatz einer handlungs- und anwendungsorientierten Forschung gegeben. Die Forschungsprojekte sollen in Kooperation zwischen Wissenschaftler:innen und Praktiker:innen durchgeführt und gemeinsam evaluiert werden, wobei die gewonnenen Erkenntnisse zur Weiterentwicklung der entsprechenden Praxisinterventionen genutzt werden können. Dabei ist auch die konzeptionelle Zusammenführung etablierter Modelle und Theorien der Sozialen Arbeit und der Sportwissenschaft relevant. Solche neu entstandenen Theoriegebilde und Modellkonstruktionen müssen jedoch fortlaufend kritisch begutachtet und reflektiert werden. Insbesondere Studierende sollen mittels dieses Fachbuches spezifische Methoden vermittelt bekommen, um sich wissenschaftlich mit der Sozialen Arbeit und der Sportwissenschaft auseinanderzusetzen und sich ebendann absichtsvoll in forschungs- und anwendungsbezogenen Projekten mit der Sportsozialarbeit angemessen, kritisch-reflexiv und evaluierend einbringen zu können. Dieses Buch soll also einen Beitrag leisten zu dem von der Fachgruppe Bewegung, Sport und Körper der Deutschen Gesellschaft für Soziale Arbeit (DGSA) vorgetragenen Anliegen, „die Diskussion und Weiterentwicklung themenspezifischer Wissensbestände und Fragestellungen in Theoriebildung und Forschung sowie entsprechende Methoden und Handlungskonzepte und deren didaktische Vermittlung in Aus, Fort- und Weiterbildung" voranzubringen.

Infobox Deutsche Gesellschaft für Soziale Arbeit (DGSA)

Die Deutsche Gesellschaft für Soziale Arbeit (DGSA) ist die wissenschaftliche Fachgesellschaft für die Soziale Arbeit. Gegründet wurde die DGSA 1989, um die Disziplin und Profession der Sozialen Arbeit zu fördern und dadurch die Forschung, die Theorieentwicklung und die Lehre voranzutreiben. Dies geschieht mitunter durch die Veröffentlichung neuester wissenschaftlicher Erkenntnisse sowie durch die curriculare Weiterentwicklung. Somit soll die disziplinäre und professionelle Identität der Sozialen Arbeit immer schärfer umrissen werden. Zusätzlich besteht die Aufgabe der DGSA darin, sich mit Beiträgen in gesellschaftspolitische Debatten einzubringen und die Perspektive der Sozialen Arbeit darin zu vertreten. (vgl. Borrmann et al. 2023)

Außerdem sollen Ergänzungen zu dem vor einigen Jahren erschienenen Werk „Sportsozialarbeit: Strukturen, Konzepte, Praxis" von Löwenstein et al. (2020) erfolgen, in dem Sinne, dass konkrete Handlungsfelder vorgestellt werden und versucht wird, ein Anforderungsprofil an Sportsozialarbeiter:innen zu entwerfen.

Zunächst wird sich mit dem Begriff „Wissenschaft" an sich befasst. Was ist eine Wissenschaft und wie kann sie definiert werden? Insbesondere die Soziale Arbeit, aber auch die Sportwissenschaft sehen sich immer wieder mit Fragen nach ihrer Wissenschaftlichkeit konfrontiert, da es sich bei diesen Disziplinen grundlegend – nonchalant gesprochen – um praktische Hilfeleistung und körperliche Betätigung handelt. Eine ausführliche Darstellung der Profession und Disziplin Soziale Arbeit und des Sports sind somit einleitendes Grundlagenverständnis, worauf nachstehend mit der detaillierten Ausdifferenzierung der Sportsozialarbeit als eigenständiges Berufsfeld aufgebaut wird. Dabei werden zunächst einige grundlegende Charakteristika des Anforderungsprofils an Sozialarbeiter:innen aufgezeigt, das dann nachstehend mit dem Sportzusatz und den damit einhergehenden Ergänzungen vervollständigt wird. Hierbei wird sich zudem ein Interview mit einem ausgewählten Praxisvertreter finden, das mit dazu beiträgt, einen theoretischen Rahmen der Sportsozialarbeit abzudecken. Abschließend werden zwei ausgewählte Tätigkeitsfelder, Integration durch Sport und Sport mit Menschen mit Behinderung, differenziert dargestellt, damit ein besseres Bild von dem entstehen kann, was die Sportsozialarbeit als eigenes Berufsfeld zum Inhalt hat.

2 Soziale Arbeit und Sport als Profession und Disziplin

„The social sciences are largely hokum."

Sheldon Cooper, fiktiver Charakter aus der Serie „The Big Bang Theory",
Staffel 2, Ep. 13

Zusammenfassung

In diesem Kapitel wird aufgezeigt, was eine Wissenschaft konkret ausmacht. Darüber hinaus wird in diesem Zusammenhang auf den Unterschied zwischen Profession und Disziplin aufmerksam gemacht. Anschließend findet sich eine Auseinandersetzung mit der Sozialen Arbeit unter überprüfender Berücksichtigung der vorab aufgezeigten Definition von Wissenschaft. Dabei werden Argumente für und gegen eine „Wissenschaft Soziale Arbeit" angebracht. Darauffolgend wird eine Abhandlung über den Sportbegriff und die Sportwissenschaft zu finden sein, bei der verschiedene Definitionen und Modelle des Sports aufgelistet und gegenübergestellt werden. Den Abschluss bildet die Darstellung der bisherigen Auseinandersetzungen mit der Sportsozialarbeit.

2.1 Einleitung

„Bitte helfen Sie mir nicht, ich habe alleine schon genug Probleme" (Rauschenbach 1994: 1). Mit diesem Zitat beginnt Rauschenbach seine Abhandlung über Sozialpädagog:innen. War dies im Jahr 1994 noch eine recht treffsichere Beschreibung, so hat die Soziale Arbeit, die heute die Sozialpädagogik und die Sozialarbeit als Dachbegriff unter sich vereint, einen erheblichen Wandel erfahren.

Die seit den 2010er-Jahren unaufhörlich zutage tretenden Krisen wie z.B. die Fluchtbewegungen, die Covid-19-Pandemie oder der Krieg in der Ukraine, die sich in den verschiedensten Ausformungen manifestieren, haben indes eins gemein: Sie betreffen sozial oder finanziell schwache Personen, die unter Umständen zudem gesundheitliche Sorgen haben. Ihre ohnehin schon prekäre Stellung in der Gesellschaft wird hierdurch noch stärker tangiert. Die Schlagzeilen von vernachlässigten Kindern, Kindestötungen, Verwahrlosung oder zunehmender Obdachlosigkeit werden medial schnell auf das Berufsfeld der Sozialen Arbeit heruntergebrochen. Die „Soziale Arbeit hat versagt", wird in diesem Zuge einmal mehr festgestellt (vgl. Seithe 2010: 23).

Während der Covid-19-Pandemie wuchs die Zahl der durch die Jugendämter festgestellten Kindeswohlgefährdungen im ersten Pandemiejahr 2020 um 9 % auf insgesamt 60.600.

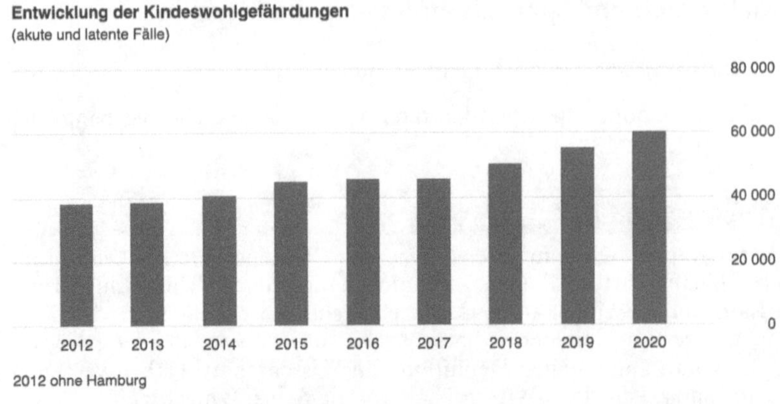

Abbildung 2: Entwicklung der Kindeswohlgefährdungen (Statistisches Bundesamt 2021)

Als Grund hierfür gibt das Statistische Bundesamt die Belastungen von Familien infolge von Schulschließungen und der Kontaktbeschränkungen an. Es konnte festgestellt werden, dass insbesondere Vernachlässigungen und psychische Misshandlungen besonders stark gestiegen sind.

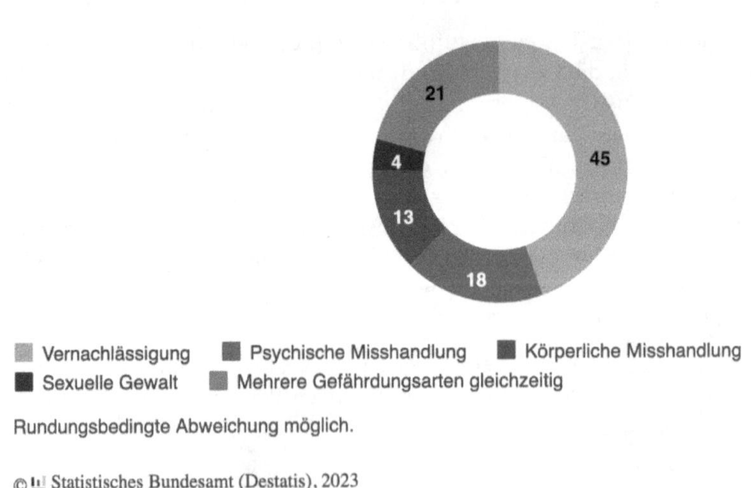

Abbildung 3: Arten der Kindeswohlgefährdung 2021 (Statistisches Bundesamt 2023)

Dass die Soziale Arbeit auch zukunftsorientiert die Lebenslagen der Menschen im Auge behalten und dementsprechend passende Hilfeleistungen anbieten sowie zuvörderst weiterhin professionell bearbeiten muss, ist die logische Schlussfolgerung.

Im Zuge der stetig wachsenden Kürzungen von Geldern der öffentlichen Hand zeigt sich jedoch aktuell die Tendenz zu einer Deprofessionalisierung und Qualitätsminderung in der Sozialen Arbeit (vgl. Helsper 2021: 203). Hierbei kann die schon lange über der Sozialen Arbeit hängende Frage nach ihrer disziplinären Ausrichtung eine neue Dynamik entwickeln und neue Erkenntnisse liefern, die wiederum zur Professionalisierung und Qualitätssicherung beitragen könnten. Die Frage nach der Wissenschaft Soziale Arbeit ist jedoch eine stark debattierte und somit nicht leicht zu beantworten. Ein Grund für die Deprofessionalisierung und Qualitätsminderung im Zuge der verminderten finanziellen Unterstützung könnte sich auch darin finden lassen, dass der breiten Öffentlichkeit nicht bewusst ist, was die Profession Soziale Arbeit zu leisten vermag. Daher wird im Laufe dieses Buches ein Blick auf die Disziplin und Profession der Sozialen Arbeit notwendig.

Weil eine Unterscheidung der Begrifflichkeiten Disziplin und Profession in diesem Zusammenhang unabdingbar ist, sollen die differenzierte Trennung sowie die gegenseitigen Einflussnahmen aufgezeigt werden.

Vorab wird jedoch, um den ersten Punkt – die fachdisziplinäre Ausrichtung im Zuge der Wissenschaftlichkeit Sozialer Arbeit – zu beleuchten, begutachtet werden, was sich überhaupt hinter dem Begriff Wissenschaft verbirgt.

2.2 Was ist Wissenschaft?

Der Begriff Wissenschaft ist semantisch so konzipiert, dass er in sich schon den Bedeutungsinhalt aussagt, den er darzustellen gewillt ist: Es wird Wissen geschaffen und bereitgestellt, zumeist, um prozesshaft zu einer Problemlösung beizutragen. Anders ausgedrückt, kann Wissenschaft auch als Überbegriff der menschlichen Forschung betrachtet werden, „deren Ziel es ist, Tatsachen über Bereiche der Natur sowie der geistigen, kulturellen, politischen, technischen und sozialen Lebenswelt auf systematisch strukturierte und methodisch kontrollierte Weise zu erkunden" (Brendel 2011: 2588). Ebenjene kontrollierte Erkundung von Tatsachen in den verschiedenen Bereichen zielt darauf ab, eindeutige Erkenntnisse, möglichst wahre und profunde Aussagen, Axiome oder Gesetze über einen spezifischen Gegenstandsbereich formulieren zu können, sie systematisch in Theorien zu überführen und sie ebendann strukturiert in Zusammenhangsverhältnisse zu bringen (vgl. Birgmeier/Mührel 2017: 67; vgl. Schurz 2011: 21). Darüber hinaus liegen auch klar formulierte Voraussetzungen vor, die eine Wissenschaft vorweisen muss, wie z.B. die fachbezogene Aussagenbegrenzung auf einen bestimmten gemeinsamen Gegenstand, die erkenntnismethodische Benennung und die Formulierung wissenschaftlicher Theorien. Auch muss dargelegt werden, anhand welcher methodischen Werkzeuge Wissen generiert werden darf (vgl. ebd.: 68f.). Im Gegensatz zu alltäglichem, subjektivem Erfahrungswissen erhebt die Wissenschaft das Ideal der Objektivität sowie das der intersubjektiven Nachvollziehbarkeit und Überprüfbarkeit (vgl. Brendel 2011: 2588). Traditionell wurde Wissen zum Selbstzweck generiert, doch mit Blick auf Disziplinen wie die Soziale Arbeit lässt sich feststellen, dass dieses Wissen auch einem anderen Zweck zu dienen hat, nämlich dem der praktischen Verwendungsfähigkeit (vgl. ebd.).

Wissenschaften wurden bereits im 19. Jahrhundert anhand verschiedener Merkmale kategorisiert, wie folgende Grafik veranschaulicht.

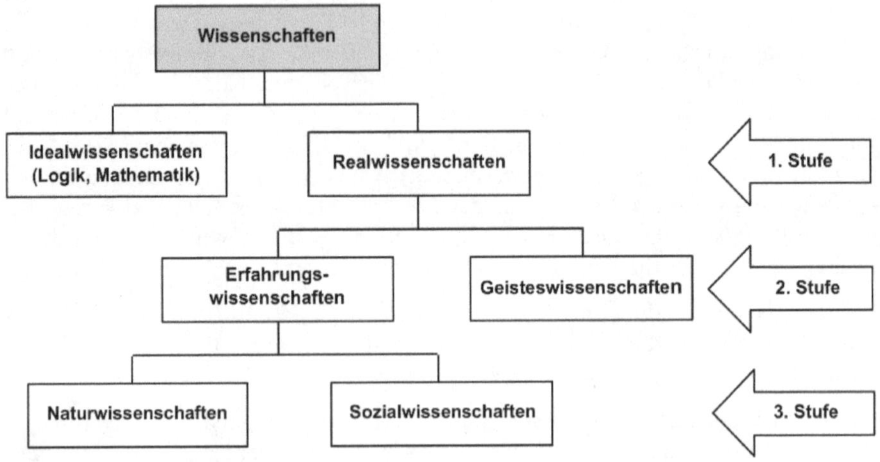

Abbildung 4: Traditionelle Klassifikation der Wissenschaften seit dem 19. Jahrhundert (Motzke 2014: 24)

Eine erste Differenzierung findet sich zwischen den Idealwissenschaften und den Realwissenschaften. Distinktionsmerkmal ist hierbei die Struktur des zu beobachtenden Gegenstandes. Während die Idealwissenschaften sich ausschließlich mit vernunftsbezogenen, strukturellen Idealen, also mit abstrakten Vorstellungen und Begrifflichkeiten beschäftigen, untersuchen die Realwissenschaften handhabbare Objekte, die in Raum und Zeit vorzufinden sind und unabhängig vom Menschen und seiner abstrakten Gedankenwelt existieren (vgl. Weingartner/Dorn 1980: 759).

In der nächsten Stufe, bei der Aufteilung in Erfahrungswissenschaften und Geisteswissenschaften, ist die Unterscheidung von äußeren und inneren Erfahrungen eminent. Die Erfahrungswissenschaften, wie z.B. die Naturwissenschaften und Sozialwissenschaften, haben äußere Erfahrungen zum Untersuchungsgegenstand, die Geisteswissenschaften befassen sich mit inneren Erfahrungen, wie z.B. seelischen Zuständen oder geistigen Phänomenen (vgl. Weingartner/Dorn 1980: 760).

Eine letzte Unterteilung in Natur- und Sozialwissenschaften wurde vorgenommen, um die methodische Verschiedenheit herauszustellen. Die Naturwissenschaften greifen auf planmäßige, reproduzierbare und intersubjektiv nachvollziehbare Experimente zurück, während sich die Anwendung des methodischen Repertoires in den Sozialwissenschaften als komplizierter erweist und die Ergebnisse daher auch zumeist interpretationsbedürftiger sind (vgl. Weingartner/Dorn 1980: 760).

2.3 Unterscheidung zwischen Disziplin und Profession

Bevor darauf näher eingegangen wird, inwieweit die Soziale Arbeit als Wissenschaft bezeichnet werden kann, empfiehlt es sich, eine grundlegende Unterscheidung zwischen den Begriffen Profession und Disziplin vorzunehmen. Erst mithilfe dieser Unterscheidung kann eine fruchtbare Diskussion bezüglich der Wissenschaftlichkeit der Sozialen Arbeit stattfinden.

Disziplinen sind „Sozialsysteme, d.h. Kommunikationsgemeinschaften von Spezialisten, die auf die gemeinsame disziplinkonstituierende Problemstellung verpflichtet sind und in der Regel keiner anderen Disziplin angehören" (Stichweh 1984: 50). Aus diesen Kommunikationsgemeinschaften heraus entwickelt sich dann sukzessive, fortlaufend moduliertes, in lehrbare Form gebrachtes Wissen (vgl. Stichweh 1984: 50). Es ergibt sich ein Wissenssystem, das als Wissenschaftsdisziplin bezeichnet werden kann. Die abzuleitenden Aufgaben der Disziplin sind die Forschung, die Generierung wissenschaftlichen Wissens und die Theoriebildung (vgl. Becker-Lenz/Müller 2009: 159).

Im Gegensatz dazu steht die Profession. So wie die Disziplin als Wissenssystem überschrieben werden kann, gilt für die Profession die Zuschreibung „Handlungssystem". Das durch die Disziplin zur Verfügung gestellte und als „wahr" festgeschriebene Wissen wird innerhalb der Profession auf ihre Wirksamkeit überprüft. Der Konnex der Profession gegenüber dem systemtheoretischen Wissen wird inhaltlich bestimmt durch die Indienstnahme von innerdisziplinärem Wissen innerhalb der professionellen Handlung. Ebenjenes Wissen wird in dem Verhältnis System-Umwelt erprobt und auf Kongruenz geprüft (vgl. Stichweh 1992: 50). Die Disziplin ist also von den unmittelbaren Anforderungen der Praxis abgespaltet „und nutzt diesen Freiraum zur Klärung von Voraussetzungen und Strukturen im Gegenstandsfeld, zur Klärung eines transparenten und überprüfbaren Zusammenhangs von Aussagen und empirischen Belegen, zur Abwägung von Folgen und Nebenfolgen, zur reflexiven Analyse und darin auch zum Entwurf von Optionen für die Gestaltung von Praxis" (Füssenhäuser/Thiersch 2011: 1635). Eine besonders komplexe Aufgabe ist dabei, diese Gestaltungsoptionen und den Wissenstransfer für die Praxis handhabbar und anwendbar zu machen. Dahingehend lässt sich festhalten: „Jede Wissenschaft, die auch gleichzeitig auf eine Handlungspraxis mit von ihr qualifizierten Professionellen verweist, ist mit [...] Schwierigkeiten und Herausforderungen eines ihrer Handlungspraxis angemessenen und gemäßen Wissenstransfers konfrontiert" (Merten 1994: 5).

2.4 Die Soziale Arbeit – eine Wissenschaft?

In Anbetracht des Gesagten erhebt sich die Frage, ob nun die Soziale Arbeit eine Wissenschaft ist. Wenn ja, was ist das besondere Kennungsmerkmal dieser Wissenschaftsdisziplin? Ist sie imstande, die vielzähligen Voraussetzungen an eine Wissenschaftsdisziplin zu erfüllen? Wie werden Erkenntnisse in der Wissenschaft Soziale Arbeit generiert, welche Methoden dafür verwendet, welche Theoriegebilde liegen vor?

2.4.1 Die Ausgangslage der Profession und Disziplin Soziale Arbeit

Lange Zeit galten die disziplinäre Identität sowie die professionsspezifischen Grenzen der Sozialen Arbeit als unscharf, vielmehr enigmatisch (vgl. Thole 1994: 253). Es wurden eine fehlende „disziplinäre Heimat" und „keine stabilen theoretischen, wissenschaftlichen und professionellen Koordinaten und Referenzpunkte" (Thole 1994: 253f.) konstatiert. Diese Bestandsaufnahme verleitete dazu, immer wieder die Wissenschaftlichkeit der Sozialen Arbeit infrage zu stellen.

Erst im Zuge des 20. Jahrhunderts wurde eine Akademisierung der Sozialen Arbeit vorangetrieben. Ein erhebliches Differenzierungsmerkmal von anderen Wissenschaften stellte jedoch die Tatsache dar, dass der Beginn nicht auf eine bahnbrechende neue Idee zurückzuführen ist, sondern auf soziale Probleme, die zur Handlung aufforderten (vgl. Rauschenbach 1991: 2). Nicht Universitäten oder Akademien waren die Wirkungsstätte der Vorreiter:innen Sozialer Arbeit, sondern vielmehr die Not und die Probleme, die sich insbesondere im Zuge der Industrialisierung im späten 19. Jahrhundert offenbarten und einer angemessenen Antwort bedurften.

„Soziale Arbeit fördert als Profession und wissenschaftliche Disziplin gesellschaftliche Veränderungen und Entwicklungen, den sozialen Zusammenhalt und die Ermächtigung und Befreiung von Menschen" (AvenirSocial 2014). Diese offizielle Definition der Sozialen Arbeit, formuliert von der *International Federation of Social Workers*, zeigt auf, dass die selbsternannte Aufgabenbeschreibung der Sozialen Arbeit Rückschlüsse darauf zulässt, dass nun eine Profession sowie Disziplin vorliegt und unablässig forciert wird.

Nachfolgend soll sich mit der Frage beschäftigt werden, welche Merkmale der Sozialen Arbeit heute zugeschrieben werden können, die ihre Wissenschaftlichkeit begründen. Demgegenüber soll jedoch auch kritisch begutachtet werden, welche Entwicklungspotenziale hierbei noch existieren, woraus die berechtigte Frage abgeleitet werden kann: Wieso ist die Soziale Arbeit eine Wissenschaftsdisziplin?

2.4.2 Sozialarbeitswissenschaft oder Sozialpädagogik?

Um eine wissenschaftliche Fundierung anzustreben, muss zunächst klar herauszulesen sein, mit was sich die Soziale Arbeit konkret beschäftigt.

Historisch betrachtet herrschen unzählige Definitionsvorschläge hinsichtlich des Gegenstandsbereichs Soziale Arbeit vor, die eine Basis für die Wissenschaftlichkeit bilden würden. Dieser Definitionspluralismus ist u.a. auch darauf zurückzuführen, dass die Soziale Arbeit lange Zeit in einer Zweiteilung – Sozialpädagogik vs. Sozialarbeit – gereift ist und sich demnach unterschiedlich pointierte Definitionen und Erkenntnisse herausgebildet haben.

Die Wissenschaft der Sozialarbeit kann gemeinhin eher als „Handlungswissenschaft" bezeichnet werden, während die Sozialpädagogik eher auf der Ebene der fachwissenschaftlichen Disziplin mit Grundlagenforschung und weniger Praxisbezug anzusiedeln ist.

Folgende Grafik belegt, wie seit den 1990er-Jahren diskursive Auseinandersetzungen anhand dieser beiden Begrifflichkeiten, auch einhergehend mit der Frage nach einer handfesten Wissenschaftlichkeit vorgetragen wurden.

Sozialpädagogik	Historie und „Klassiker" Sozialer Arbeit?	*Sozialarbeit*
■ *Pädagogik/Erziehungswissenschaft*		■ *Fürsorge-/Caritas /Diakoniewiss.*
Sozialpädagogik, Sozialarbeit, SAW, ■ *social work etc.*	Begriffsdiffusion?	*Sozialpädagogik, Sozialarbeit, SAW, social work etc.*
Sozialwiss. Soziale Arbeit ■ *Erziehung, Bildung, Sozialisation, Lernen* ■ *Multi-/Inter-/Transdisziplinär*	Pädagogik/EW?	*Geisteswiss. Soziale Arbeit* ■ *„face-to-face" (Rousseau)* ■ *„Pädagogischer Bezug" (Nohl)*
Sozialpädagogik ■ *Unter-/Gleichordnung/Loslösung von der Erziehungswissenschaft*	Wissenschaftssystem/ Bezugswissenschaften?	*Sozialarbeit* ■ *Unter-/Gleichordnung/Loslösung von der Sozialpädagogik bzw. EW*
Sozialpädagogik ■ *An Universitäten und an FH's (HAW's)*	Ausbildungsfragen?	*Sozialarbeit* ■ *Nur an FH's (HAW's)*
Sozialpädagogik ■ *Pädagogik, Psychologie, Soziologie etc.*	Curricula und Hochschulspezifika?	*Sozialarbeit* ■ *„Fächersalat"?*
Sozialpädagogik ■ *Zuständig für alle Belange der S.A.?*	Hochschul-/Disziplin-/Professionspolitik?	*Sozialarbeit* ■ *Entwicklung einer autonomen SAW*
Sozialpädagogik *Theorie – Disziplin – Erkennen…* ■ *(Disziplinbez.) Grundlagenforschung?* ■ *Forschungskompetenz*	Forschung?	*Sozialarbeit/Soziale Arbeit* *Praxis – Profession – Handeln…* ■ *Angewandte Forschung?* ■ *Professionelle Handlungskompetenz*
Sozialpädagogik (Universitäten) ■ *Zu theorielastig* ■ *Wenig Praxisbezug* ■ *„Wahrheiten"*	Theorie-Praxis-Dualismus und das Verhältnis von Disziplin und Profession?	*Sozialarbeit (FH;HAW)* ■ *„Mythos" Praxis* ■ *Wenig Theorie-/Forschungsbezug* ■ *„Wirksamkeiten"*

Abbildung 5: Die neun Diskursebenen in den „wilden 1990er-Jahren" (Birgmeier/Mührel 2017: 32)

Es werden auch zum heutigen Zeitpunkt noch Debatten darüber geführt, ob diese Zweiteilung wissenschaftlich bestehen bleiben muss, da sich die beiden Linien im Kern nach wie vor unterscheiden (vgl. Birgmeier/Mührel 2017: 112): Die Sozialpädagogik, die eher die Bildung, Erziehung und Sozialisation in den Vordergrund stellt und die Sozialarbeit, die Probleme in Not geratener Menschen, Entwicklungsbeeinträchtigungen und strukturelle Benachteiligungen zum Gegenstand hat.

Es müsste eine klare Abgrenzung zur universitär existierenden Sozialpädagogik, die den Erziehungswissenschaften zugeordnet werden kann und akademisch etabliert ist, vorgenommen werden, da sonst die Frage gestellt werden könnte, wieso es einer neuen Wissenschaft bedarf? Eine Antwort darauf wird immer wieder vorgetragen und lautet: Die Sozialpädagogik hat einen zu engen Rahmen, in dem nicht alle eminenten Themen der Sozialen Arbeit abgedeckt werden (vgl. Kraus 2012: 21).

Weder der in diesem Zusammenhang oftmals aufkommende Begriff Sozialarbeitswissenschaft noch die Sozialpädagogik sind demnach hierbei korrekt, sondern die semantische Neukonstruktion „Wissenschaft Soziale Arbeit". Nicht nur wegen der doch unterschiedlichen Inhaltsbereiche, sondern auch, weil die historisch unterschiedlich gewachsenen Stränge Sozialpädagogik und Sozialarbeit mittlerweile unter dem Dachbegriff Soziale Arbeit zusammengefasst werden (vgl. Namuth et al. 2013: 203f.).

2.4.3 Erwartungen und Anforderungen

Die Soziale Arbeit kann gemeinhin als Sozialwissenschaft bezeichnet werden (vgl. Engelke et al. 2016: 212). Oft fällt in diesem Zusammenhang der Begriff „Handlungswissenschaft", da die Soziale Arbeit in ihrem Handeln begründet ist und dahingehend ihre Rechtfertigung erhält (vgl. Birgmeier 2014: 13). Engelke et al. (2016: 212) kategorisiert die Soziale Arbeit grundlegend in die Gruppe der Menschenwissenschaften ein, die sich damit beschäftigen, „auf dringende Fragen der Zeit, die die Menschen und ihr Zusammenleben betreffen, angemessene Antworten zu finden, indem sie sich bei der Suche nach Antworten auf fundierte wissenschaftliche Untersuchungen stützen" (ebd.: 212).

Doch was ist der Gegenstand, was das definierte Ziel, der wesentliche Inhalt und die Funktion einer Wissenschaft Soziale Arbeit? Klare Antworten auf solche Fragen sind zwar in allen Wissenschaften präsent und erforderlich gestellt zu werden, doch die Soziale Arbeit verfügt noch nicht über eine über mehrere Jahrhunderte hinweg gewachsene Historie, sodass in den gegenwärtigen Diskursen nach wie vor eine tendenzielle Suche nach Selbstvergewisserung vorherrscht.

Bereits in den 1960er-Jahren finden sich erste Forderungen nach der Verwissenschaftlichung der Sozialen Arbeit (vgl. Pfaffenberger 1969). Dies wurde in den Jahrzenten darauf immer wieder erneut aufgegriffen und bestärkt (vgl. Lukas 1979: 181; vgl. Meusel 1976; vgl. Mühlum 1981; vgl. Rössner 1973).

Die rege Diskussion und die Notwendigkeit bei der wissenschaftlichen Autonomie und Weiterentwicklung der Sozialen Arbeit wurde auch durch die Gründung der

Deutschen Gesellschaft für Soziale Arbeit (DGSA) nachhaltig vorangetrieben. Eine wissenschaftliche Etablierung kann jedoch auch als Ergebnis dieser Debatten konstatiert werden (vgl. Kraus 2012: 28).

Die Erwartungen an die Soziale Arbeit als Wissenschaft sind jedoch so vielfältig, dass sich mitunter die Realität ernüchternd als unzureichend offenbart. Sie reichen von der Begründung einer eigenständigen Forschungstradition und systematischen Theorieentwicklung, die sich für die Praxis nutzbar machen lässt, bis hin zu einer wissenschaftsbasierten Ausbildung der Fachkräfte, einer innerdisziplinären Identität und interdisziplinären Abgrenzung, bei der das Verhältnis der Sozialen Arbeit zu seinen Bezugswissenschaften geklärt werden muss.

Darüber hinaus gelten auch als Aufgaben, dass konkrete soziale Zustände nach ethischen Prinzipien bewertet werden sollen und diese dann empirisch erforscht und als sozialer Zustand definiert sowie wissenschaftlich erklärt werden müssen. Auch soll „die Reflexion der gesellschaftlichen Funktion von Sozialer Arbeit sowie die Überprüfung der Interventionen Sozialer Arbeit mit wissenschaftlichen Methoden" (Motzke 2014: 31) vorangetrieben werden.

2.4.4 Argumente gegen die Wissenschaftlichkeit Sozialer Arbeit

Es wurde dargelegt, die Soziale Arbeit müsse eine Wissenschaft sein, um vollends Profession sein zu können und sich dann dahingehend praxisbezogen gesellschaftlich zu rechtfertigen.

Die gestellten Erwartungen scheinen rigide, sind jedoch widerspruchslos korrekt, denn eine Wissenschaft sollte nicht von innen leer und marode sein, sondern sich durch einen innerdisziplinären Theoriereichtum und systematisierte Forschungsarbeit ausdrücken.

Zuvorderst lauten die Einwände gegenüber der Wissenschaft Soziale Arbeit, dass schlichtweg keine plausible Rechtfertigung vorgetragen werden kann, wieso eine neue Disziplin geschaffen werden muss. Eine Begründung für eine neue Disziplin wäre z.B. die alleinige Wahrnehmung von spezifischen Aufgaben, die einzig der Sozialen Arbeit zugeordnet werden können. Doch die meisten Aufgaben werden bereits von anderen Disziplinen verschlungen, indem sie, innerhalb des etablierten Wissenschaftssystems, diese Aufgaben bereits erfüllen (vgl. Engelke et al. 2016: 215).

Wie bereits erwähnt, wird weiterhin die akademische Systematisierung infrage gestellt, da die Soziale Arbeit auch aus ihrer Tradition heraus ein reines Berufsfeld ist. Qualifizierungen können praxisnah innerhalb dieses Berufsfeldes absolviert werden, jedoch muss nicht aus jedem Berufsfeld direkt eine Wissenschaft entstehen. Die Stärke der Sozialen Arbeit liegt in ihrem Profil als praktische Tätigkeit und nicht in ihren theoretischen Fundierungen (vgl. ebd.).

Das von Werner Thole 1994 angesprochene Identitätsdesiderat (siehe Kapitel 3.1.) könnte heutzutage auch aus den mannigfaltigen Ausdifferenzierungen und Fach- und Berufsbezeichnungen, die der Sozialen Arbeit nahestehen, herausgelesen und bestätigt werden, wie Fürsorge, Sozialpädagogik, Sozialarbeit, Wohlfahrt, Erziehung, um nur einige zu nennen. Sind die vielzähligen Bezeichnungen nur eine Chiffre für ein und dasselbe oder existieren tatsächlich fachlich-inhaltliche Abgrenzungen? Vieles deutet daraufhin, dass kein einheitliches Sich-Selbst-Bewusstsein, keine Berufsidentität erwachsen ist und mithilfe der verschiedenen fachlichen Ausdifferenzierungen zwar wage in dieselbe Richtung gezielt wird, jedoch kein Ziel festgelegt wurde.

Auch die vielen vorgelegten Wissenschaftsbezeichnungen der Sozialen Arbeit wie Handlungswissenschaft, aber auch Reflexionswissenschaft, Wirklichkeitswissenschaft oder Querschnittswissenschaft zeugen von einer tendenziellen Konzeptionslosigkeit. Indem bewährte und allgemeingültige Wissenschaftsdefinitionen und -theorien als obsolet oder ideologisch diffamiert werden, erhebt die Soziale Arbeit den Anspruch, eine neue Wissenschaft anhand eigens formulierter Wissenschaftssprachbilder für sich zu schaffen (vgl. ebd.). Auch eine klar abgrenzbare Inhaltsdefinition der Wissenschaft Soziale Arbeit ist nach wie vor kaum vorhanden.

Die Soziale Arbeit fußt darüber hinaus zu einem großen Teil auf Werten und Normen, die jedoch, je nach Weltanschauung und/oder Religion, vollkommen diametral sein können, wohingegen sich die Wissenschaft wertfrei und sachlich offenbaren sollte.

Weiterhin verfügt die Soziale Arbeit über keine eigenen inhaltlichen wissenschaftlichen Theorien. Alle erkenntnismethodischen Strukturen sind ihren Bezugsdisziplinen, wie der Psychologie, der Soziologie, den Rechtswissenschaften etc. entlehnt und von dort aus moduliert. „Soziale Arbeit kann schon deshalb keine Wissenschaft sein, weil sie weder über eigene Forschungs- und Erkenntnismethoden noch über eigene Theorien verfügt" (Engelke et al. 2016: 215).

Exkurs: Theorieentwicklung in der Sozialen Arbeit

Unter Theorien können Systeme verstanden werden, die den Sinngehalt und die Grundprinzipien einer Wissenschaft ordnen und in ein Verhältnis zueinander bringen (vgl. Motzke 2014: 27). Dabei sind jedoch wissenschaftliche Voraussetzungen wie die Widerspruchsfreiheit, die Kompatibilität mit etablierten Wissensbeständen, die Überprüfbarkeit und die intersubjektive Nachvollziehbarkeit unabdingbar (vgl. Brendel 2011: 2588). Je nach Wissenschaftsgegenstand sowie kulturellem oder epochalem Kontext sind sie unterschiedlich vollständig und ihre Reichweite variiert (vgl. ebd.).
Auch die Soziale Arbeit muss, wenn sie sich als Wissenschaft definiert, ihre Erkenntnisse systematisch, nach wissenschaftlichen Voraussetzungen ordnen und in Verhältnis zueinander bringen.
Die Erkenntnistheorien, die für die Theorieentwicklung in der Sozialen Arbeit bedeutsam sind, sollen nun bruchstückhaft dargestellt werden. Dabei wird auf die Einteilung nach Engelke et al. (2016: 320) zurückgegriffen.

---

a. Der hermeneutische (geisteswissenschaftliche) Ansatz

Die Interpretation der alltäglichen Lebenswelt steht hierbei im Mittelpunkt. Absichtsvoll wird versucht, diese zu verstehen und Antinomien aufzudecken, um den Menschen aufzuklären und weiterzuentwickeln. Der Hermeneutik liegt zugrunde, dass Erleben, Ausdrücken und Verstehen verbunden sind, wobei jede Lebensäußerung eine individuelle und eine allgemeine Dimension beinhaltet. Der Einzelne steht somit in der interpretationsbedürftigen Verbindung zum Ganzen, da der Einzelne an sich sowie das Ganze unabhängig voneinander und in Korrelation begriffen werden müssen. Bei der hermeneutischen Methode sind das Verstehen, Auslegen und Deuten von Dokumenten sowie die für das Auslegen und Deuten konstituierenden Voraussetzungen, Mittel, Ziele und Kriterien anleitend. Theorien von Herman Nohl, Theodor Litt oder Eduard Spranger sind in der sozialpädagogischen Historie auf die hermeneutisch-geisteswissenschaftliche Herangehensweise zurückzuführen.

b. Der phänomenologische Ansatz

Hierbei wird über den mit den Sinnen zu erfassende Erfahrungsbereich hinausgegangen, um die ureigene, in der Natur der Sache liegende Lebenswirklichkeit zu erfassen. Der ideenbezogene Hintergrund ist der, dass davon ausgegangen wird, dass das Objektive nicht mit den Sinnen zu begreifen ist. Methodisch wird sich vom Unwesentlichen auf das Wesentliche vorgearbeitet, alle vorab aufgestellten Theorien und vorgefassten Meinungen werden negiert und alle Erklärungsversuche unterlassen. Alle Bedeutungen und Strukturen sind obsolet, die Vorstellungsmuster müssen variiert werden und beliebige Charakteristika werden verworfen, sodass das Subjekt seine immanente Selbstgegebenheit erfasst und sich selbst subjektiv deuten kann.

c. Der kritisch-rationale (empirisch-analytische, positivistische, naturwissenschaftliche) Ansatz

Bei diesem Ansatz sind alle wahrnehmbaren Gegebenheiten, die von der Vernunft erfasst werden können, Tatsachen. Alles, was gemessen, gewogen, gezählt werden kann, Form und Materie aufweist, gilt als wahr und faktisch. Grundannahme dieses Ansatzes ist, dass die Welt logisch aufgebaut ist, sie ist berechenbar und der Mensch kann sie anhand von empirischen Untersuchungen vernunftsbezogen erfassen.

Theorien sind, nach dem kritisch-rationalen Ansatz, widerspruchsfreie, allgemeingültige, falsifizierbare, wertfreie und intersubjektiv nachprüfbare Systeme.

d. Der kritisch-theoretische (dialektische, emanzipatorische) Ansatz

Jede rein technische Beschreibung der bestehenden Gesellschaft reicht nicht mehr aus, es muss als Vergleichsobjekt immer eine normative Vorstellung einer herrschaftsfreien und gerechten Gesellschaft dialektisch in Betracht gezogen werden. Insofern wird die Realität wertfrei betrachtet und interpretiert. Indem der Mensch reflexive Überlegungen hinsichtlich der Gesellschaft oder über sich als Individuum anstellt, kann er sich selbst ein Stück weit aufklären, emanzipieren und sich somit von den bestehenden Verhältnissen distanzieren. Methodisch wird hierbei oft hermeneutisch gearbeitet.

e. Der historisch-materialistische (dialektische, marxistisch-leninistische) Ansatz

Die dialektische Wirklichkeit resultiert aus dem Zusammenhang zwischen gesellschaftlicher Erfahrung und Theorie, wobei theoretische Systeme zum einen Erkenntnis liefern und zum anderen Mittel zur gesellschaftlichen Veränderung sind. Ökonomische Gesetzmäßigkeiten determinierten die Gesellschaft und auch die Wissenschaft. Das Ziel dabei ist die Überwindung der bürgerlich-kapitalistischen Gesellschaft durch das revolutionäre Proletariat, um die Natur zu beherrschen und das Ende der Klassengesellschaft herbeizuführen.

f. Die systemtheoretischen Ansätze

In den Systemtheorien wird jeder Sachverhalt als Theorie angesehen. Das Zusammenwirken aller Einzelelemente eines Systems sowie die Wechselwirkung des Systems mit der Umwelt werden als Forschungsgegenstand untersucht. Die Systemtheorien unterscheiden sich maßgeblich von den erkenntnistheoretischen Ansätzen, um die Welt zu erklären. Niklas Luhmann erfasste Systeme als Konstrukte, die durch spezifische Unterscheidungen konstituiert sind. In der Sozialen Arbeit wurde diese Herangehensweise von z.B. Baecker (1994: 95–100) übernommen und z.B. in Hilfe/Nichthilfe oder Fall/Nichtfall übertragen.

Im Zuge dieser Vielzahl an Erkenntnismethoden, die durch die Entlehnung aus ihren Bezugswissenschaften (siehe Infokasten in Kapitel 2.5.2) resultieren, ist ein entfremdeter Theoriepluralismus in der Sozialen Arbeit zu bekunden, weswegen nicht *die* eine Theorie Sozialer Arbeit vorliegt (vgl. Motzke 2014: 52). Es ist vielmehr von einem „Theoriedilemma" die Rede, da keine einheitlichen Voraussetzungskriterien für eine Theorieentwicklung vorzufinden sind, die es ermöglichen würden, ein autonomes, systematisiertes Zusammenführen vorherrschender Theorien zu bewerkstelligen (vgl. Rauschenbach/Züchner 2012: 154).

Die Soziale Arbeit findet darüber hinaus keine Erwähnung in Wissenschaftssystematiken und wird nicht an Universitäten gelehrt. Wie verhält sich die Soziale Arbeit gegenüber anderen Disziplinen? Ist sie auf einer Dimension mit der Psychologie, Soziologie oder Medizin anzusiedeln oder ist sie nur ein Konglomerat aus verschiedenen Disziplinen und fristet demnach ein Dasein als multifaktorielle Subdisziplin?

2.5 Wissenschaftsdisziplin Soziale Arbeit

Nachdem nun einige Argumente dafür angeführt wurden, warum die Bezeichnung Wissenschaft für die Soziale Arbeit unangemessen erscheinen würde, soll folgend aufgezeigt werden, was die Gründe dafür sind, wieso die Wissenschaftlichkeit der Sozialen Arbeit kein Zufall und auch nicht belanglos ist.

2.5.1 Argumente für die Wissenschaftlichkeit Sozialer Arbeit

Seit der Industrialisierung und der Entstehung der modernen Gesellschaften ist die Soziale Arbeit als Praxis und Wissenschaft immer weiterentwickelt worden (vgl. Engelke et al. 2016: 219). Diese Historie legt dar, dass die Soziale Arbeit seither ein fester Bestandteil moderner Gesellschaften ist. In dieser Zeit wurden von einigen Vorreiter:innen die wissenschaftliche Fundierung der Sozialen Arbeit gefordert. So zum Beispiel Ilse Arlt, die insistierte, es müsse eine exakte Kenntnis darüber vorherrschen, wie Menschen sich entwickeln, um der Aufgabe und der damit einhergehenden Verantwortung gewachsen zu sein, als „Fürsorger" in das Leben anderer einzugreifen (vgl. Arlt 2010: 6). Diese Erkenntnis, die, wie sie beschreibt, einzig „im Geiste der Wissenschaft" erlangt werden kann, betitelt sie als das Fundament der Fürsorge (ebd.: 6). Dies ist noch kein Beleg für die Wissenschaftlichkeit der Sozialen Arbeit, legt aber nahe, dass eine gereifte Autonomie mit langer fachdisziplinärer Tradition besteht, die von einigen frühen Vertreter:innen der Sozialen Arbeit vorangetrieben wurde. Somit schlägt die Reduzierung auf die Soziale Arbeit als reines Berufsfeld fehl. In dieser Zeit wurden zudem erste Profile einer Wissenschaft Soziale Arbeit entworfen, indem erste Berufstheorien, wie z.B. der Ecological Approach von Jane Adams oder das Case Work von Mary Richmond, entworfen wurden (vgl. Mühlum 2004: 16).

Die Soziale Arbeit hat sich seither als eine generell autonome Einzelwissenschaft innerhalb der Sozialwissenschaften etabliert und verfügt über eine stetig wachsende Aggregation philosophischer, historischer und ethischer Dimensionen (vgl. Thiersch 2005: 965).

Damit einhergehend ist auch festzuhalten, dass international die Bezeichnung „social work" seit mehr als 100 Jahren perpetuell als Begrifflichkeit für die Profession und Disziplin Soziale Arbeit verwendet wird. Die internationale wissenschaftliche Gemeinschaft ist demnach auch seit mehr als 100 Jahren existent (vgl. Engelke et al. 2016: 223). Mit wissenschaftlichen Kongressen und Konferenzen, internationalen Organisationen, die mit Mitgliedern aus aller Welt versehen sind, und internationalen sowie nationalen Zeitschriften wird die fortlaufende wissenschaftliche Auseinandersetzung mit der Sozialen Arbeit diskursiv vorangetrieben (vgl. ebd.: 219). Dabei werden die Forschung und die Lehre in der Sozialen Arbeit durch internationale Organisationen und Institutionen bereitgestellt, wobei neuste wissenschaftliche Modelle und Herangehensweisen entworfen und veröffentlicht werden (vgl. ebd.: 223f.). Zum Beispiel fördert die *International Association of Schools of Social Work* (IASSW) mit ihren vielzähligen Ausbildungsstätten die Entwicklung der Wissenschaft der Sozialen Arbeit. Hierbei entstehen jährlich unzählige Publikationen in vielen Sprachen der Welt, es werden Enzyklopädien, Standardwerke und internationale Fachzeitschriften herausgegeben (vgl. ebd.: 224).

In Deutschland wurde 2001 im Zuge einer Rahmenprüfungsordnung für den Studiengang Soziale Arbeit, die von der ständigen Konferenz der Kultusminister der Länder (KMK) akzeptiert wurde, eine Fachwissenschaft Soziale Arbeit etabliert (vgl. ebd.).

Dies führt zu einer generellen öffentlichen Anerkennung der Sozialen Arbeit als Wissenschaftsdisziplin, die nach und nach Konturen annimmt und von der Scientific Community fortlaufend ausgebaut wird. Dennoch sind die Fragen nach der Wissenschaftlichkeit Sozialer Arbeit nicht unbedeutend und unbegründet, denn es herrschen nach wie vor einige Defizite in der Fachdisziplin Soziale Arbeit vor, wie z.B. das erwähnte „Theoriedilemma".

2.5.2 Zukünftige Aufgaben für die Wissenschaftsdisziplin Soziale Arbeit

Da die Wissenschaft Soziale Arbeit nicht unhinterfragt als solche existiert, sollen nun folgend einige Aspekte dargelegt werden, die dazu beitragen könnten, die Wissenschaftlichkeit der Sozialen Arbeit nachhaltig zu erhärten.

Zunächst muss konstatiert werden, dass eine bestehende Debatte dazu beiträgt, die Konturen der Wissenschaft Soziale Arbeit zu schärfen. Auch kann erwähnt werden, dass eine fortlaufende diskursive Auseinandersetzung mit einem bestimmten Gegenstandsbereich Teil der Wissenschaft ist. Es erfordert Diskurs, es erfordert das Hinterfragen, es erfordert These und Antithese.

Es soll zunächst die Forschung in der Sozialen Arbeit beleuchtet werden. Eine ausgeprägte, den Kern des Gegenstandsbereichs der Sozialen Arbeit berührende Forschung könnte ein wichtiger Schritt hin zu einer gefestigteren Wissenschaftsgrundlage sein. Dabei muss aber der Gegenstandsbereich der Sozialen Arbeit noch schärfer definiert werden, damit hierbei Forschungsansätze generiert werden können. Soll einzig die Praxis der Sozialen Arbeit erforscht werden oder kann die Forschung der Sozialen Arbeit auch darauf abzielen, z.B. Vorschläge für ein gelingendes Leben zu machen (vgl. Kraus 2012: 28)? Darf sich die Soziale Arbeit in ihren Untersuchungen auch an Teilbereiche z.B. der Soziologie, Psychologie oder Kulturwissenschaften heranwagen oder bezieht sich die Forschung in der Sozialen Arbeit einzig auf die in der Praxis zur Anwendung kommenden Methoden, Techniken und Verfahren?

Kurzum, die Rahmenbedingungen der Forschung und der genaue Gegenstand des Forschungsinteresses müssten in Zukunft klar eingegrenzt und definitorisch begründet werden.

Zudem muss die Praxis nach wie vor kritisch reflektiert werden. Bestehende Methoden müssen evaluiert und gegebenenfalls weiterentwickelt oder aber verworfen und komplett neu begründet werden.

Auch ist unabdingbar, dass die Wissenschaft Soziale Arbeit fortlaufend neue Theorien entwickelt. Es wurde bereits in einem Exkurs auf die Theorieentwicklung in der Sozialen Arbeit eingegangen. Auch hier müssen bestehende theoretische Modelle kritisch begutachtet, evaluiert, mit anderen Modellen, möglicherweise auch interdisziplinär, verglichen und neu systematisiert werden. Jede Analyse einer praktischen Handlung kann immer nur vor dem Hintergrund einer bestehenden Theorie vollzogen werden (vgl. ebd.: 31). Demnach ist es immanent wichtig, neue Theorien zu entwerfen, damit die Praxis neu und aus anderen Perspektiven beleuchtet werden kann.

In diesem Zusammenhang sind auch interdisziplinäre Kollaborationen wichtiger Bestandteil, um die Theorieentwicklung voranzutreiben. Obendrein sind hierbei interdisziplinäre Begriffsklärungen und -definitionen bedeutungsvoll, damit interdisziplinäre Verständigungsbasen fundiert sind.

Zusätzlich sollte die Lehre in der Sozialen Arbeit darauf abzielen, Aufgaben und Problemstellungen herauszuheben und mit den Bezugswissenschaften in Verbindung zu bringen, damit gemeinsame Forschungsansätze Gegensätze, Widerstände und Widersprüchlichkeiten überwinden.

Infobox Bezugswissenschaften

Die Disziplin Soziale Arbeit greift auf inhaltliche Wissensbestände aus anderen wissenschaftlichen Disziplinen wie der Soziologie, der Psychologie, der Erziehungswissenschaft, der Rechtswissenschaft oder der philosophischen Ethik zurück. Diese Disziplinen sind somit Bezugswissenschaften der Sozialen Arbeit. Der Begriff der Bezugswissenschaft beschreibt also ein fächerübergreifendes Verhältnis dieser Einzelwissenschaften zur Disziplin Soziale Arbeit. Das heißt, sie bearbeiten die Frage- und Problemstellungen der Sozialen Arbeit aus ihrer jeweiligen disziplinären Sichtweise heraus. (vgl. Zdunek 2021) Als beispielhafte Bezugswissenschaft wird in Kapitel 2.7 die Rechtswissenschaft ausdifferenziert vorgestellt.

Grundsätzlich muss die Soziale Arbeit ein disziplinäres und professionelles Selbstverständnis, eine autonome Identität entwickeln. Nur wenn dies der Fall ist, kann auch eine fruchtbare Interdisziplinarität und eine eigenständige Wissenschaft entstehen.

2.6 Soziale Arbeit als Profession und Praxis

Wie zu Anfang dieses Kapitels bereits angeklungen ist, besteht ein Unterschied zwischen der Disziplin Soziale Arbeit und der Profession Soziale Arbeit.

Infobox Unterschied zwischen Disziplin und Profession Soziale Arbeit

Die Disziplin Soziale Arbeit untersucht wissenschaftlich den Ablauf der Praxis, wie dort gehandelt wird oder wie gehandelt werden könnte bzw. sollte. Die Profession Soziale Arbeit beschreibt ebendieses berufspraktische Handeln (vgl. Becker-Lenz/Müller 2009: 195). Dieses Handeln vollzieht sich in unmittelbarem Kontakt mit Klient:innen oder Strukturen in der Sozialen Arbeit, wobei das disziplinär bereitgestellte Wissen auf seine Anwendbarkeit überprüft wird. Auch in der Profession Soziale Arbeit wird somit Wissen generiert, das kausal an das berufspraktische Geschehen geknüpft ist. Daraus lassen sich ebenso Theorien ableiten, weswegen der Forschungsaspekt genauso in der Profession vorzufinden ist, sogar vorzufinden sein sollte (vgl. Motzke: 2014: 37ff.).

In diesem Zusammenhang werden praktische Sachverhalte bzw. Zusammenhänge, Aus- und Nebenwirkungen professioneller Handlungssysteme erforscht, mit dem Ziel, die tatsächliche Hilfeleistung der Sozialen Arbeit zu reflektieren. Das durch die praktische Handlung generierte Wissen muss dabei stets neu und nah am Handlungssystem Soziale Arbeit überprüft werden. Die Professionstheorien, die in diesem Prozess entstehen sollen, sind darauf ausgerichtet, konkrete Lebensrealitäten von Klient:innen zu bearbeiten und dabei gleichzeitig einen Soll-Zustand zu entwerfen. Dahingehend soll das professionelle Handeln fortlaufend verbessert werden (vgl. Rauschenbach/Züchner 2012: 156).

Demgegenüber kann auch noch die Praxis an sich als eigenständiges Element der Sozialen Arbeit abgegrenzt werden. Auch hierbei sind Theorieentwürfe entscheidend, um das praktische Handeln auf seine Anwendbarkeit zu überprüfen und in der Handlung Ablaufe zu optimieren. Mit Praxis ist der konkrete zeitlich-räumliche Rahmen gemeint, in dem Klient:in und Professionelle:r gemeinsam an der Hilfeleistung beteiligt sind und spezifische Methoden und Verfahren ihre Anwendung finden (vgl. Birgmeier/Mührel 2017: 58). Die in der Praxis entwickelten Theorien dürfen jedoch nicht mit Wissenschaftstheorien verwechselt werden. Hierbei sind Theorien hinsichtlich der spezifisch zur Anwendung kommenden Methoden, Verfahren und Techniken gemeint.

Zur besseren Übersicht folgt eine veranschaulichende Grafik.

	Disziplin-forschung	Wissen	Professions-forschung	Können	Praxis-forschung
Auftrag	Theoriegenerie-rung		Reflexion der Praxis		Optimierung der Praxis
Forschungs-typ	Wissenschaftliche, grundlagenbezogene Disziplinforschung		Reflexive und praxeologische Forschung		Handlungsorientierte Forschung
Wissens-dimension	Wissenschaftliches Wissen (Erklärungswissen)		Generalisierbares Professionswissen, angewandtes Wissen		Handlungswissen, praktisches Entscheidungswissen
Ziel-kriterium	Wahrheit		Wirksamkeit		Angemessenheit
		Verbesserung der Begründungskompetenz		Verbesserung der Handlungskompetenz	
Theorie-bezug	Eher hoch		Teilweise		Eher niedrig
Praxis-bezug	Eher niedrig		Tendenziell hoch		Hoch

Abbildung 6: Spezifika von Disziplin, Profession und Praxis (Motzke 2014: 41)

Von Spiegel (2013: 28–37) benennt vier wesentliche Phänomene, die eine Handlung in der Sozialen Arbeit maßgeblich prägen. Diese sollen nun kurz vorgestellt werden:

Das doppelte Mandat

Professionelle in der Sozialen Arbeit befinden sich in einem kontinuierlichen Spannungsfeld zwischen Hilfe und Kontrolle. Mit Hilfe sind die Bedürfnisse, die Interessen, aber auch die Rechtsansprüche von Klient:innen gemeint. Die Kontrolle bezieht sich in diesem Zusammenhang auf die Interessen des Staates bzw. auf die Kontrolle öffentlicher Steuerungsagenturen. Das Gleichgewicht zwischen diesen beiden Anforderungen auszutarieren, ist wichtiger Bestandteil des professionellen Handelns in der Sozialen Arbeit (siehe auch Infokasten zu Doppel- und Triplemandat in Kapitel 3.3).

Subjektorientierung

Die Praxis der Sozialen Arbeit zeichnet sich durch die von Subjekten vollzogene professionelle Handlung aus. Demnach können sich selektive Wahrnehmungen hinsichtlich bestimmter Ereignisse und Problemlagen einstellen. Die individuelle Realität wird bestimmt durch Erfahrungen und damit auch durch ein subjektiv geprägtes Vorverständnis von Sachverhalten. Die Modelle ihrer Wirklichkeit, ihrer systematischen Deutungsmuster und Zusammenhangsanalysen werden dementsprechend fortlaufend rekonstruiert und beeinflussen den Hilfeprozess. Insbesondere im Hilfeprozess ist jedoch von Bedeutung, die Perspektive und die Wahrnehmung der Klient:innen nachvollziehen zu können. Jedes individuelle Deutungsmuster einer Situation oder einer Problemlage, sei es das des/der Professionellen oder das des/der Klient:in, sollte gleichwertig nebeneinanderstehen. Fachkräfte in der Sozialen Arbeit müssen sich ihrer selektiven Wahrnehmung bewusst sein, ihre individuellen Deutungsmuster und Modelle der Realität offenlegen und nicht dogmatisch daran festhalten, damit eine adäquate Hilfeleistung angesetzt werden kann.

Technologiedefizit

Soziale Prozesse sind komplex und nicht vorhersehbar. Aus dieser Prämisse lässt sich folgern, dass es nicht möglich ist, Hilfeprozesse detailliert zu steuern, zu kontrollieren und Wirkungen angewandter Methoden zu prophezeien. Es können zwar ungefähre Entwicklungstendenzen ausgemacht werden, die anhand von Hypothesen festgehalten werden sollten, jedoch ist ihre Erfüllung stets unsicher (siehe auch Kapitel 3.6).

Koproduktion

Die Soziale Arbeit bietet personenbezogene soziale Dienstleistungen an. Die Besonderheit hierbei ist, dass sie zur selben Zeit produziert und konsumiert werden. Daraus folgt, dass keine Hilfeleistung vorproduziert werden kann, sondern ausschließlich in der Zusammenarbeit mit den Klient:innen geschieht. Interventionen in der Hilfeleistung sind somit von den Professionellen nicht einseitig zu planen, sondern in Koproduktion und im Dialog mit den Klient:innen. In diesem Zusammenhang lässt sich feststellen, dass stets ein Teil der Hilfeleistung – nämlich der des/der Klient:in – nie vom Professionellen übernommen werden kann. Eine

Dimension der Hilfeleistung bleibt daher immer in dem Verantwortungsbereich des/der Klient:in. Es muss also immer auf Dialog, Zusammenarbeit und den Willen zur Partizipation gesetzt werden.

Berufsethos

Zusätzlich zu den vier bereits genannten Phänomenen in der professionellen Praxis der Sozialen Arbeit ist die berufsethische Ausrichtung der Handlung konstitutiv für die Professionellen. Mittels des Berufskodexes werden Ziele und Standards in der professionellen Praxis festgelegt, um fehlender Fachlichkeit und Missbrauch vorzubeugen (vgl. Wildfeuer 2009: 32f.). Da die Hilfeleistungen in der Sozialen Arbeit oftmals in intimen Rahmen stattfinden, in denen keine von außen gesteuerte Kontrollinstanz die ethischen Anforderungen überprüfen kann, muss eine Selbstverpflichtung aus intrinsischer Motivation heraus stattfinden, damit in spezifischen beruflichen Situationen angemessen, an den ethischen Standards ausgerichtet, gehandelt werden kann.

Damit ein Berufsethos an Geltung gewinnt, werden Vergehen sanktioniert, bis hin zu einem Verbot der weiteren Ausführung des Berufs. Damit wird die moralische Selbstbindung konditioniert, die sich in der Sozialen Arbeit sehr weitläufig auf den persönlichen Lebenswandel, die Gesinnung, den Charakter, die Tugenden, aber auch auf die individuelle moralische Qualität der subjektiven Handlungen erstreckt (vgl. ebd.).

Der Gegenstand der ethischen Anforderungen an die Professionellen der Sozialen Arbeit muss fortlaufend wissenschaftlich analysiert und reflektiert werden, auch anhand von philosophischen Erwägungen, denn die Moral und was moralisch qualitative Handlungen sind, ist nicht immer eindeutig. Dennoch können gesellschaftlich akzeptierte Handlungen und bewährte Verhaltensmuster bestimmt werden, deren Einhaltung sich insbesondere im Handlungssystem der Sozialen Arbeit bewährt hat.

2.7 Recht als Bezugswissenschaft der Sozialen Arbeit

„Sozialrecht? – Nie gehört!" Recht ist eine elementar und fundamental grundlegende Bezugswissenschaft der Sozialen Arbeit. Recht unterliegt keinem reinen Selbstzweck, sondern muss als Bestandteil sozialer und gesellschaftlicher Prozesse und Veränderungen begriffen werden, sodass das Recht nicht von der sozialen Wirklichkeit zu trennen ist, sondern als wesentlicher Bestandteil dieser erscheint (vgl. Wabnitz 2018: 16f.).

Neben den klassischen Rechtsgebieten des Zivil- und Strafrechts nimmt vor allem das Sozialrecht eine wichtige Stellung in der Ausbildung von künftigen Sozialarbeiter:innen ein – und dies aus sehr gutem Grund. Viele Klient:innen in der Sozialen Arbeit beziehen Sozialleistungen: als Arbeitslose für Leistungen nach dem SGB II/III, als Empfänger:in von Sozialhilfe nach dem SGB XII, Jugendliche und Eltern im Kontext des SGB VIII, als Menschen mit Behinderungen nach dem SGB IX, sowie kranke und pflegebedürftige Menschen nach dem SGB V und SGB XI (vgl. Boetticher et al. 2022).

Braucht dieser Personenkreis Hilfe und/oder Unterstützungsleistungen, sind es Sozialarbeiter:innen, die eine helfende Hand reichen müssen. Hilfe und/oder Unterstützung in der Profession der Sozialen Arbeit sind jedoch keine Plattitüden, sondern spiegeln sich in einem Tätigwerden zu jemandes Unterstützung wider. Es bedarf inhaltlich fundierter und passgenauer Informationen darüber, welcher Träger in welcher Höhe und unter welchen Voraussetzungen Leistungen für die Klient:innen erbringen kann.

In der Ausbildung der Sozialen Arbeit ist es in der Lehrpraxis oft sehr schwer, die Studierenden für die Materie der Rechtswissenschaft zu motivieren oder gar zu begeistern. So haben die Studierenden – bewusst – ein Studium gewählt, welches das menschliche Miteinander und eben kein juristisches Gerangel um Sozialleistungen im Fokus hat. Würde man Studierende der Sozialen Arbeit fragen, mit welchen wissenschaftlichen Disziplinen sie ihr Studium in Verbindung bringen, würde die Antwort vermutlich lauten: „Psychologie oder Pädagogik". Recht wird wohl eher als Ausnahme empfunden werden, da dieses zudem als formal, unverständlich und gegenwartsfern empfunden wird.

Georg Wannagat, später Präsident des Bundessozialgerichts (BSG), forderte bereits im Jahr 1959: „Dem Sozialrecht [...] kommt eine derart große Bedeutung zu, daß dieser Bereich auch auf den Hochschulen gebührende Berücksichtigung finden müßte. Ohne die Kenntnis dieses Gebietes kann der Studierende die sozialen und gesellschaftspolitischen Probleme unserer Zeit kaum beurteilen [...]. Aus diesen Erwägungen sollte das Sozialrecht an allen Universitäten als eigene Disziplin gelehrt werden und Gegenstand von Prüfungen sein" (Wannagat 1959: 74).

Das (Sozial-)Recht dient als Scharnier zur Interdisziplinarität der Sozialen Arbeit. Der Sozialen Arbeit wird oft eine Generalzuständigkeit für gesellschaftliche Probleme nachgesagt, die von weiteren Dienstleistungserbringern allein kaum gelöst werden können, weder mit Geldleistungen noch durch Beratung und Betreuung.

Die Soziale Arbeit zeichnet sich durch die Begleitung von Menschen in deren Alltag aus, die sich oft auch in der Begleitung in behördlichen oder gerichtlichen Verfahren manifestiert.

Durch Art. 12 der UN-Behindertenrechtskonvention (UN-BRK) wird ein Recht auf die Anerkennung als „Rechtssubjekt" normiert. Als Rechtssubjekt bezeichnet die Rechtswissenschaft einen von der Rechtsordnung anerkannten (potenziellen) Träger von subjektiven Rechten und Pflichten (vgl. Walker/Brox 2023). Natürliche Personen – also Menschen – sind Träger von Rechten von Pflichten.

Neben der Begleitung von Klient:innen in der Lebenswelt bzw. dem Sozialraum, ist die Beschaffung und Versorgung mit materiellen Gütern wie Geld- oder Dienstleistungen (so z.B. Unterbringungsmöglichkeiten, Therapieplätze etc.) von elementarer Bedeutung. Der rechtliche Bezug ergibt sich hierbei aus § 38 SGB I, der einen Rechtsanspruch auf Sozialleistungen vorsieht. Für die Soziale Arbeit ergibt sich eine Verpflichtung für das Wissen um rechtliche Belange, um den Umgang mit Behörden sowie die Anwendung von Recht (vgl. Boetticher et al. 2022).

Sozialleistungen (§§ 18–29 SGB I) umfassen alle Bereiche des Lebens: Ausbildungsförderung, Arbeitsförderung, Arbeitssuche, Renten-, Kranken-, Pflege- und Unfallversicherung, Leistung bei Schwangerschaft, Familienleistungen, Kinder- und Jugendhilfe, die Eingliederungshilfe sowie die Leistungen zur Rehabilitation und Teilhabe behinderter Menschen.

Abschließend lässt sich sagen, dass Studierende oder Fachkräfte der Sozialen Arbeit ein professionelles Selbstverständnis entwickeln müssen, das Rechtswissen und deren Anwendung als Alleinstellungsmerkmal im Kontext sozialer Berufe (an-)erkennt. Daraus folgt der Anspruch, dass Sozialarbeiter:innen praktische Rechtsfragen verstehen und vor allem klient:innenorientiert lösen können. Da Fachkräfte bei der Vermittlung von Recht eine wesentliche Rolle einnehmen, sind sie folglich in allen Bereichen des Sozialstaates beratend tätig, sodass nur durch Rechtskenntnisse die Interessen der Klient:innen adäquat vertreten werden können.

Rechtswissen und dessen Anwendungskompetenz ist immer in Wechselwirkung miteinander zu verstehen und im Interesse der Klient:innen erfolgreich miteinander zu verknüpfen.

Die fehlende emotionale Verknüpfung zwischen Recht und der Sozialen Arbeit mag eine kurze Geschichte illustrieren:

An einem sonnigen Frühlingstag stehen nebeneinander in einer großen Parkanlage ein Maler, ein Schriftsteller, ein Komponist und ein Jurist. Der Maler sagt: „Wie schön! Ich male ein Bild mit den tollen, bunten Blumen." Der Schriftsteller sagt: „Ich schreibe ein Gedicht, am besten ein Liebesgedicht mit vielen Strophen." Der Komponist sagt: „Ich komponiere eine wunderbare Melodie." Alle drei vertiefen sich in ihre Fantasien und denken darüber nach, ein „Gesamtkunstwerk" zu erschaffen. Nur einer steht unbeteiligt am Rande und zeigt lediglich auf das Schild am Rande der Wiese, auf dem „Betreten verboten" steht.

Diese Barrieren und Sichtweisen sind stärker denn je abzubauen und Recht muss als wichtige, wenn nicht gar wichtigste Bezugswissenschaft der Sozialen Arbeit gesehen werden. Professionelles Rechtswissen dient als Grundlage für die Erschließung sozialer Probleme oder Notlagen (vgl. Stock et al. 2020).

Für den Fortgang dieses Buches wird nun explizit auf die Disziplin des „Sportrechts" Bezug genommen.

2.8 Sportrecht als Grundlage der Sportsozialarbeit

In der Bundesrepublik Deutschland waren im Jahr 2022 rund 28 % der Bevölkerung in Sportvereinen organisiert (vgl. Statista 2023). Sport ist mittlerweile eine gesellschaftliche Erscheinung.

Auf der Ebene des Verfassungsrechts wird der Begriff „Sport" nicht erwähnt. Aus dieser fehlenden Erwähnung darf jedoch nicht geschlossen werden, dass dieser Lebensbereich keinen verfassungsrechtlichen Schutz genießt.

Obgleich die Ursprünge einzelner Sportarten auf die Antike zurückgehen, ist der Sport in seiner heutigen – für alle Bevölkerungsgruppen umfassenden – Bedeutung, die weder nach sozialen Schichten noch nach Geschlecht, Lebensalter oder Staatsangehörigkeit trennt, konstituierend. Allerdings war Sport kein so wichtiger Bestandteil der Gesellschaft, als die Verfassungen der Weimarer Republik (1919) und das Grundgesetz der Bundesrepublik Deutschland (1949) geschaffen wurden. Daraus ist zu folgern, dass für den Verfassungsgeber keine Notwendigkeit bestand, die als Abwehrrechte ausgestalteten Grundrechte um sportbezogene Rechte zu erweitern (vgl. Lorenzmeier/Folz 2017: 928ff.).

In der Bundesrepublik Deutschland hat der Staat, anders als in anderen Ländern[1], kein generelles Sportgesetz erlassen. Es existieren lediglich Einzelbestimmungen, die nicht in einem Gesetz zusammengefasst sind, sondern im jeweiligen speziellen Gesetz zu finden sind.

Sport kann sich in verschiedenen Formen der Ausübung darstellen, so z.B. als Berufssport, Breitensport etc. Allen Formen sportlicher Betätigungen ist gemeinsam, dass sie ein Ausdruck des Grundrechts der freien Entfaltung der Persönlichkeit gemäß Art. 2 Abs. 1 GG sind. Sowohl das Bundesverfassungsgericht als auch das Bundesverwaltungsgericht gehen in ständiger Rechtsprechung davon aus, dass das Recht auf freie Entfaltung der Persönlichkeit als allgemeine Handlungsfreiheit zu verstehen ist (vgl. BVerfG 1957; vgl. BVerwG 1974).

Unzweifelhaft gehört die Ausübung des Sports unter den Schutzbereich des Art. 2 Abs. 1 GG und wird durch die allgemeine Handlungsfreiheit gedeckt (vgl. Lorenzmeier/Folz 2017: 947).

Ebenso ist der verfassungsrechtliche Schutz der sportlichen Betätigung in Sportvereinen sowie des Sportverbandwesens von der Vereinigungsfreiheit des Art. 9 Abs. 1 GG geschützt (vgl. ebd.). Der Umfang des Grundrechtsschutzes für Sportvereine und Sportverbände ist hingegen klärungsbedürftig. Neben dem Schutz auf das „Recht auf Entstehen/Bestehen" von Vereinen (vgl. BVerfG 2018), hat das Bundesverfassungsgericht völlig zu Recht entschieden, dass der Schutz auch auf einen „Eingriff in den Kernbereich des Vereinsbestandes und der Vereinstätigkeit" auszuweiten sei (vgl. BverfG 1971). Der Kernbereich einer Organisation ist ohne Zweifel in der Organisation und Durchführung des Sportbetriebs sowie der Ermöglichung sportlicher Betätigung zu sehen (vgl. Lorenzmeier/Folz 2017: 944). Folglich ist vereinsmäßig organisierte sportliche Betätigung durch das Grundrecht der Vereinigungsfreiheit verfassungsrechtlich geschützt.

Nachdem nun die Soziale Arbeit anhand der Betrachtung der Disziplin, Profession und Praxis eingehend dargestellt und auf grundlegende Fragen zum Recht in der Sozialen Arbeit und dem Sportrecht eingegangen wurde, soll nun überleitend eine

---

1 Beispielsweise Frankreich, Griechenland, Italien u.v.m.

Auseinandersetzung mit der zweiten Disziplin, die Gegenstand dieses Buches ist, der Sportwissenschaft, erfolgen.

2.9 Gegenstandsbestimmung Sport

Sport ist ein Kulturgut, das sich fortlaufend im Wandel befindet (vgl. Hottenrott et al. 2017: 287). Neue Sportarten und Bewegungsformen entstehen, neue Bewegungsräume werden erschlossen, nahezu alle Bevölkerungsgruppen sind beteiligt (vgl. ebd.). Dem Sport wird gesellschaftlich ein hoher Stellenwert zugesprochen. Erzieherische, massenmediale, ökonomische, politische und gesundheitsbezogene Dimensionen werden dabei immer wieder als Beispiele angeführt (vgl. Fahrner 2020: 19). Demnach ist eine wissenschaftliche Auseinandersetzung mit dem Sport unabdingbar.

Gleichwohl ist auch die akademische Anerkennung des gesellschaftlichen Phänomens Sport nicht selbstverständlich, da im Sport häufig eine rein körperliche Tätigkeit gesehen wird, der demnach keine Wissenschaftlichkeit zugesprochen werden kann. Der genaue disziplinäre Gegenstand der Sportwissenschaft ist dabei oftmals definitorisch unklar: Was macht die Sportwissenschaft aus und was kann von ihr geleistet werden? Zunächst soll jedoch ein Blick auf die Entstehung und Entwicklung des Sports, insbesondere in Deutschland, geworfen werden.

2.10 Entstehung und Entwicklung des Sports

Im 18. Jahrhundert stand in Deutschland im Zuge der Aufklärung der Gedanke einer ganzheitlichen Erziehung im Zentrum, der von Reformpädagogen mit der Entwicklung von Tugendhaftigkeit, Ausdauer, Abhärtung und Gesundheit umgesetzt wurde (vgl. Fahrner 2020: 26). Sogenannte *gymnastische Leibesübungen* wie Laufen, Schwimmen, Klettern, Werfen und Springen waren das dafür vorgesehene methodische Werkzeug, um die genannten Ideale zu erreichen.

Zu Beginn des 19. Jahrhunderts wurden die Leibesübungen mit politischen Ideen aufgeladen. Die Leibesübungen sollten für den Kampf gegen Napoleon und zur Überwindung der Kleinstaaterei dazu beitragen, dass leistungsfähige junge Männer eingesetzt werden können, um die national-patriotischen Ziele zu erreichen (vgl. ebd.: 26).

Ursprünglich entstand der Sport jedoch in England, wo sich im 18. Jahrhundert die als „sports" bezeichneten Spielformen von Konkurrenz und Wettstreit zu einem festen Bestandteil des gesellschaftlichen Lebens etablierten. Zu Beginn handelte es sich dabei noch um äußerst gefährliche, mitunter auch tödliche Wettkämpfe, mit der Zeit zivilisierten sich jedoch die jeweiligen Spielformen.

Auch damals fand sich schon der kommerzialisierte Ökonomiegedanke in Form von Wettspielen, der zur Erhärtung des Sports in der Gesellschaft beigetragen hat (vgl. Eisenberg 1999). Mehrere Tausend Zuschauer:innen gaben Wetten mit teilweise sehr hohen Beträgen ab, weswegen der Sport einigen Anforderungen genügen musste. Sieg und Niederlage klar feststellen zu können war dabei eminent wichtig, das Ergebnis durfte vor Beginn eines Wettkampfes nicht zu prognostizieren sein. Einheitliche Regeln mussten festgelegt werden, welche dann sogar schriftlich verfasst wurden. Diese Regeln sollten von einer unparteiischen Instanz kontrolliert werden (vgl. ebd.).

Nach und nach entwickelte sich der Sport mit den nun immer ausdifferenzierteren Regeln zur Angelegenheit der englischen bürgerlichen Mittelschicht und fand sogar Einzug in das englische Erziehungssystem (vgl. Eisenberg 2001: 391).

Ausgehend von Großbritannien verbreitete sich der Sport überall dort, wo britische Kolonien entstanden oder die britische Beteiligung an der Industrialisierung erkennbar war (vgl. ebd.: 19).

In Deutschland wurde der Lebensstil des klassischen britischen Gentleman imitiert, was sich darin äußerte, dass Sportarten wie Segeln, Golf und Tennis ihre immer aktivere und weitverbreitete Ausübung fanden (vgl. Fahrner 2020: 28).

Die Olympischen Sommerspiele 1972 in München markierten einen besonderen Entwicklungsabschnitt für den Sport in Deutschland, der sich u.a. dadurch gekennzeichnet hat, dass die politischen Komplikationen zwischen der Deutschen Demokratischen Republik (DDR) und der Bundesrepublik Deutschland (BRD), die schon Jahre zuvor anschwellten, auf der öffentlichen Bühne Sichtbarkeit erlangten (vgl. Krüger 1972).

> **Infobox Ost-West-Konflikt im geteilten Deutschland**
>
> Zwischen 1949 und 1989/90 ist Deutschland über vierzig Jahre lang in zwei Staaten geteilt: die demokratische Bundesrepublik Deutschland (BRD) im Westen und die kommunistische Diktatur der Deutschen Demokratischen Republik (DDR) im Osten. Die sich feindlich gegenüberstehenden „Blöcke" – West- und Ostdeutschland – leben in politisch, gesellschaftlich und wirtschaftlich grundverschiedenen Systemen. Konkurrenz und Abgrenzung kennzeichnen das Verhältnis beider Staaten. (vgl. Würz 2014)

Im Zuge der Befreiung Deutschlands in der Zeit der nationalsozialistischen Herrschaft nach dem Zweiten Weltkrieg im Jahr 1945 ergab sich nicht nur eine politische, sondern auch eine sportliche Trennung des Landes. Es bildeten sich zwei unterschiedliche Entwicklungslinien in der DDR und der BRD, die sich u.a. durch die Etablierung von zwei grundlegend verschiedenen Nationalen Olympischen Komitees (NOK) sowie zwei Sportdachverbänden auszeichneten (vgl. M. Krüger 2009: 248). Es wurden zum ersten Mal in der Geschichte zwei unterschiedliche Mannschaften aus Deutschland in den Wettkampf entsandt (vgl. M. Krüger 2009: 239). Die Olympischen Spiele waren somit nicht nur Austragungsort von sportlichen Wettkämpfen, sondern auch des politischen Machtvergleichs zweier unterschiedlich ausgerichteter Sportsysteme aus Deutschland (vgl. M. Krüger 2009: 248; vgl. Streppelhoff 2022: 32).

Hierbei zeigte sich eine deutliche Dominanz der DDR, die wie kein anderer Staat der Welt zu der Zeit den Spitzen- und Leistungssport so intensiv förderte (vgl. Balbier 2007: 137; vgl. M. Krüger 2009: 237). Die Leistungsstärke, die Effizienz und der Erfolg der DDR waren das Ergebnis einer systematisch vorangetriebenen

Arbeit seit Beginn der 1950er-Jahre, in denen sukzessive eine Modernisierung des Leistungssports stattfand (vgl. Balbier 2007: 137f.). Die Einrichtung wissenschaftlicher Forschung, Systematisierung, Institutionalisierung und Bürokratisierung in der DDR galt international als sportliches Vorbild (vgl. M. Krüger 2009: 237). Der Staat unterstützte die Modernisierung der Sportstrukturen, sodass die Wissenschaft sowie Talente, Nachwuchssportler:innen und Athlet:innen weiterhin gefördert wurden (vgl. Balbier 2007: 141; vgl. M. Krüger 2009: 241). 1950 wurde die Deutsche Hochschule für Körperkultur (DHfK) in Leipzig eröffnet und stellte sogleich ein wichtiges Element für die wissenschaftlich-systematische Leistungssportförderung in der DDR dar. Die Hochschule wurde als sozialistische Kaderschmiede für den internationalen Leistungs- und Hochleistungssport angesehen (vgl. M. Krüger 2009: 241)

In Westdeutschland hingegen blockierten die Universitäten zunächst das Bestreben nach einer institutionalisierten, akademisch anerkannten Sportwissenschaft (vgl. ebd.: 243). Erst Ende der 1960er-Jahre wurde die sportwissenschaftliche Forschung in der BRD durch die Errichtung von Professuren an einigen Universitäten vorangetrieben (vgl. Grupe 1996: 363; vgl. M. Krüger 2009: 243). Da die Olympischen Sommerspiele 1972 im eigenen Land bevorstanden und der Konkurrenzgedanke gegenüber der DDR in der Instrumentalisierung des Sportwettbewerbs offenbar wurde, fand ein Paradigmenwechsel in der BRD hinsichtlich der Einstellung gegenüber dem Sport statt. Die sogenannten Institute für Leibesübungen metamorphosierten zu Instituten für Sportwissenschaft, es entstand sogar das Bundesinstitut für Sportwissenschaft in der Bundesrepublik (vgl. Balbier 2007: 138; vgl. M. Krüger 2009: 244).

In den 1960er-Jahren wurde auch der Breiten- und Freizeitsport maßgeblich gefördert, da sich der organsierte Sport vornehmlich auf Wettkampfangebote und Leistungsförderung reduzierte. Es wurde davon ausgegangen, dass der Breiten- und Leistungssport in wechselseitiger Abhängigkeit zueinanderstand, da sich aus der Förderung der breiten Basis das Potenzial von Leistungsspitzen versprochen wurde. Aber auch der Gesundheitsgedanke wurde immer mehr mit dem Sport in Verbindung gebracht. Breitensportreformen wie z.B. die Errichtung von Erholungs-, Spiel- und Sportanlagen wurden initiiert, um die Gesundheitsprävention durch körperliche Aktivität, aber auch Entspannung und Geselligkeit zu ermöglichen (vgl. Mörath 2005: 26).

Im Zuge der Wiedervereinigung Deutschlands 1990 wurden die Sportsysteme der DDR und der BRD zusammengefügt, sodass die im Osten gegründeten Landessportbünde in den westlichen Dachverband Deutscher Sportbund aufgenommen wurde. Auch die Vereinigung der beiden Nationalen Olympischen Komitees fand statt (vgl. Deister 2019). Doch erst 16 Jahre später formierte sich der Deutsche Olympische Sportbund (vgl. ebd.). Heute ist der DOSB mit mehr als 27 Millionen Mitgliedern in ca. 90.000 Sportvereinen die größte deutsche Bürgerbewegung und repräsentiert Leistung, Gesundheit, Lebensfreude und Wertevermittlung (vgl. DOSB 2023).

Der Sport und seine Institutionen sind kulturgebunden und einer dementsprechenden fortlaufenden Veränderung unterworfen. Somit ist der Bedeutungswandel des Sports, ausgehend von einem Import aus England, der sich zur Angelegenheit wohlhabender Gentlemen offenbarte, hin zu einer Auffassung von Sport als anstrengende, leistungs- und wettkampforientierte Leibesübung Ausdruck einer Kulturentwicklung seit Beginn des 20. Jahrhunderts (vgl. M. Krüger 2021: 27). Sport und Bewegung sind zudem ein wesentlicher „Teil moderner, sportlicher Freizeitverbringung sowie der damit verbundenen Kultur- und Freizeitindustrie geworden [...]" (ebd.: 27).

Der Sport wurde also historisch-kulturell und sozial, in Abhängigkeit von der jeweiligen Kultur, neu konstruiert und kann mithin als Tradition bezeichnet werden (vgl. ebd.: 24). Die moderne Semantik des Sportbegriffs ist auch durch seine identitätsstiftende Rolle durch physische, körperkulturelle und spielerische Elemente bereichert worden. Doch nicht nur die Identitätsstiftung, sondern auch unterschiedliche politische, kulturelle und soziale Funktionen müssen in der fortlaufenden Entwicklung und Neukonstruktion des Sports immer in Betracht gezogen werden (vgl. ebd.: 27).

2.11 Definitionen des Sportbegriffs

Der Sport genießt eine hohe Bedeutung und Attraktivität in der heutigen Gesellschaft. Die Alltagskommunikation ist gespickt mit Begriffen rund um den Sport sowie mit dem Sportbegriff an sich. Große Events finden im Namen des Sports statt, Massenmedien berichten, es wird fortlaufend neue, bessere Sportkleidung entworfen. Überall erhält man Ernährungstipps basierend auf den neusten wissenschaftlichen Erkenntnissen, die das Versprechen hochhalten, die sportliche Leistung massiv zu steigern. Zusätzlich entwickeln sich immer neue Trendsportarten (vgl. Fahrner 2020: 17). Sportlich zu sein bedeutet gut auszusehen, obwohl eine solche Einschätzung zunächst keine tatsächlichen Aussagen über die Sportlichkeit einer Person zulässt. Kurzum: Der Sport ist überall zu finden. Diese Tatsache führt jedoch auch zu einem immer unschärferen Bild vom Sportbegriff. Was ist Sport eigentlich? Was zeichnet ihn aus? Auf diese Frage soll nun im Folgenden eingegangen werden, indem der Sportbegriff definiert wird.

Für Schliermann et al. (2013: 2) ist Sport eine „selbstbestimmte senso-motorische Aktivität, die leistungsfrei oder leistungsorientiert in organisierter oder unorganisierter Form als wesentlicher Bestandteil eines selbstbestimmten Lebens stattfindet." Sport sollte aber auch von den Alltagsaufgaben, die mit erhöhtem Energieaufwand betrieben werden, wie z.B. Gartenarbeit, abgetrennt werden. Solche Aufgaben sind verbunden mit Rationalisierung, Effizienz und Erfolgssicherheit, während sportliche Leistungen sich durch Unproduktivität, freiwillige Selbstschwernis und soziale Regelung auszeichnen (vgl. Emrich/Prohl 2008: 11; vgl. Heinemann 2007: 33). Auch sind solche Kontexte, in denen zwar sportliche Elemente verwendet werden, jedoch die Intention nicht der Sport an sich ist, wie z.B. bei Sporttherapien oder psychomotorischen Aufgaben, nicht dem Sport zugehörig.

Zur besseren Übersicht ist die Einteilung in verschiedene Kategorien sportlicher Aktivität nützlich.

Rehabilitationssport

Im Zentrum des Rehabilitationssports steht die Heilbehandlung bzw. die Wiedererlangung oder Aufrechterhaltung von Gesundheit (vgl. Kosel/Froböse 1999: 24ff.). Er wird oft nach einer entsprechenden medizinischen Diagnose verordnet (vgl. ebd.). Rehabilitationssport ist demnach auch nicht auf Leistung ausgerichtet, sondern, wie bereits erwähnt, um von den gesundheitlichen Vorteilen des Sports zu profitieren und mehr Bewegung in den Alltag zu integrieren (vgl. Froböse 2014: 20). Die gesundheitlichen Vorteile können z.B. mehr Ausdauer und Kraft, die Verbesserung von Koordination und Flexibilität oder die Stärkung des Selbstbewusstseins sein (vgl. Anneken et al. 2014: 8).

Freizeit- und Breitensport

Hierbei sind weder die gesundheitlichen Vorteile noch die Leistung die anleitenden Motive, sondern die individuelle Motivation und Freude an Bewegung sowie dem dazugehörigen sozialen Miteinander (vgl. Gabler 2002). Kennzeichnend für den Freizeitsport ist auch, dass er nicht in einem organisierten Rahmen stattfindet (z.B. Joggen, Inlineskaten etc.), während der Breitensport schon in organisieren Vereinsstrukturen angeboten wird.

Vereinssport

Sportvereine sind soziale Organisationen, die nicht auf Profitmaximierung ausgerichtet sind, sondern deren Zielsetzung sich auf die Bereitstellung von Sportangeboten für deren Mitglieder beschränkt und somit auch ein Angebot der aktiven Freizeitgestaltung darstellt (vgl. Nagel 2008: 121). Die Ausdifferenzierung in der Interpretation dieser Zielsetzung variiert jedoch stark. Während einige Sportvereine die Intention verfolgen, möglichst leistungsorientiert aufzutreten und den größtmöglichen sportlichen Gewinn, oftmals auch nur in einer spezifischen Sparte, anzustreben, sind andere Sportvereine darauf aus, ein weitgefächertes Angebot darzubieten und verantwortungsbewusst Offenheit sowie Aufgeschlossenheit als Teil eines sozialen Miteinanders zu präsentieren (vgl. ebd.: 123).

Merkmale von Sportvereinen sind die freiwillige Mitgliedschaft, die Unabhängigkeit vom Staat, die Orientierung an den Interessen der Mitglieder, die demokratischen Entscheidungsstrukturen und die ehrenamtliche Mitarbeit (vgl. Thiel/Mayer 2009: 82).

Leistungs- und Wettkampfsport

Der Leistungssport lässt sich als sportliche Aktivität definieren, „für die umfangreiche Trainingsleistungen, Wettkampfbezug und das Erreichen persönlicher Höchstleistungen charakteristisch ist" (Tillmann 2022: 325). Häufig in Konkurrenzsituationen ausgetragen, müssen im Leistungssport klare Regeln und Normen sowie quantifizierbare Parameter festgelegt werden, damit über Sieg und Niederlage geurteilt werden kann. Zudem existieren bestimmte Leistungsdimensionen im Sport anhand derer diese Wertungen vorgenommen werden können (vgl. Güllich 2021: 118f.). Zum einen wird die motorisch-körperliche Dimension, in der z.B. Schnelligkeit, Ausdauer, Kraft, Beweglichkeit etc. als Maßstäbe dienen, bestimmt (vgl. ebd.). Hierbei werden die Ergebnisse oft in Zeiten, Distanzen, Gewichten Treffer- oder Punktzahlen angegeben. Außerdem wird die künstlerisch-ästhetische Dimension angeführt. In dieser Dimension wird die Ausführung eleganter, anmutiger, harmonischer Bewegungen beurteilt. Nebenher dient auch die intellektuell-kognitive Dimension als Größe, bei der die sachgerechte Anwendung des Regelwerkes, taktische Entscheidungen, Wahrnehmungsleistungen, Kenntnisse über Techniken oder Kreativitätsleistungen Merkmale sind. Als letzter Aspekt kann die kooperative Dimension genannt werden, in der ein effektives Zusammenspiel innerhalb einer Mannschaft als Kennzeichen dient (vgl. ebd.).

Gleiche Ausgangsbedingungen und ein offenes Ergebnis vor dem Wettkampf sind ebenso kennzeichnend, wie die Kategorisierung in Leistungsklassen anhand von Geschlecht, Alter oder Gewicht (vgl. Tillmann 2022: 325).

2.11.1 Nominaldefinition von Heinemann

Klaus Heinemann (2007: 56ff.) entwirft eine Definition des Sports, bei der er vier Variablengruppen unterscheidet.

Die erste Variable ist die *konstituierende Variable*, die seiner Ansicht nach allen Erscheinungsformen des Sports gemeinsam ist.

Hierbei ist zuerst die allgemeine *Körperbezogenheit* zu nennen. Der Sport ist gekennzeichnet durch einen spezifischen Umgang mit dem Körper, wobei jeweils koordinative oder konditionelle Fähigkeiten erforderlich sind.

Nachstehend betont er die *Leistungsbezogenheit*. Sportliche Aktivitäten sind tendenziell leistungsbezogen: schnell laufen, weit werfen etc.

Außerdem sind *soziale Normen* bestimmend für den Sport. Dahingehend werden Ziele festgelegt, bei denen die Legitimation der zum Einsatz kommenden Mittel zur Erreichung der Ziele bestimmt sowie eine generelle Haltung des Sportethos eingefordert wird.

Als letzten Punk nennt Heinemann die *Unproduktivität*. Durch den Sport wird nichts produziert, es herrschen keine Erwägungen hinsichtlich seiner Nützlichkeit vor, er ist weitestgehend konsequenzlos und existiert auch hinsichtlich seiner Ergebnisse nur um seiner selbst willen (vgl. ebd.).

Als nächstes benennt er die *strukturgebende Variable*. Diese zielt ab auf die möglichen strukturellen Organisationsformen des Sporttreibens, wie z.B. die Schule oder der Sportverein.

Weiterhin erkennt er die *einwirkende Variable*, die sich mit den jeweiligen Kontexten beschäftigt, auf die der Sport einwirkt, wie z.B. Medien (Medienberichterstattung), Wirtschaft, Politik etc.

Die letzte Variable bezeichnet er als die *begleitende Variable*. Darunter versteht er z.B. Führungsstile oder Karrierechancen im Sport.

Einige Punkte, wie Grenzfälle von Sportarten oder z.B. der Interpretationsspielraum des Leistungsgedankens, sind bei dieser Definition noch unscharf. Jedoch werden hier einige wichtige Beiträge für die Diskussion des Sportbegriffs gemacht.

2.11.2 Realdefinition des ehemaligen DSB

Der Wissenschaftliche Beirat des DSB[2] hat 1980 einige wesentliche Dimensionen festgehalten, die den Sportbegriff definitorisch umreißen sollen (vgl. Wissenschaftlicher Beirat des DSB 1980).

Motorische Aktivität

Sporttreiben erfordert immer die motorische Aktivität des Menschen, die kennzeichnend für den jeweils betreffenden Sport sein muss. Dafür müssen immer mehrere koordinative oder konditionelle Fähigkeiten erlernt und trainiert werden, wie z.B. Kraft, Ausdauer oder Schnelligkeit. Die Art, das Ausmaß und die Qualität menschlicher motorischer Fähigkeiten bestimmen maßgeblich das Ergebnis seiner sportlichen Handlungen. Als Abgrenzung wird benannt, dass alle Handlungen, „bei denen die motorischen Aktivitäten des Menschen nicht unmittelbar angewendet oder in den Anwendungszusammenhang leistungsbestimmend einbezogen werden" (Wissenschaftlicher Beirat des DSB 1980: 438), nicht als Sport bezeichnet werden können. Darunter fallen z.B. Denkspiele, Hunderennen oder Modellbau.

Bedeutungsinhalt

Die sportlichen Handlungen werden als unmittelbarer Ausdruck (Symbol, Zeichen) menschlicher Kultur verstanden. Sie bedürfen darüber hinaus einer eigenständigen Organisation, Handlungsstrategien und Taktiken, da sie sich als Formen der Alltagsbewegung auf künstlicher Ebene befinden. Gegenüber Alltags- und Arbeitsmotorik sind die sportlichen Handlungen tendenziell unproduktiv, sind nicht auf Kommerz ausgerichtet und nicht an Zwänge gebunden. Grundsätzliche Offenheit und Vielfalt sind dabei als Ausdruck sportlicher Handlungen bestimmend. Alle sportbezogenen Handlungen, die jedoch nicht den Charakter des Selbstzwecks innehaben, können nicht als Sport bezeichnet werden. Zum Beispiel ist beim Angeln das Ziel der Fischfang, Sportangeln hingegen ist eher auf den Bewegungsablauf fokussiert und kann deswegen wieder als Sport bezeichnet werden.

Leistung

Die Ausrichtung von sportlichen Handlungen lässt sich konstatieren auf den Erwerb, Erhalt und Optimierung motorischer Fähigkeiten, wobei Anstrengungen und Belastungen auf unterschiedlichen Ebenen in Kauf genommen werden müs-

---

2 Der DSB und das NOK treten nun seit vielen Jahren als DOSB auf.

sen. Subjektive Ansprüche erheben sich dabei oftmals zum grundsätzlichen Prinzip sportlichen Handelns. Leistung und Wettbewerb werden auch im organisierten Sport als grundlegende Prämissen angesehen. Ritualisierte motorische Handlungen, wie kulturelle Tänze oder Wanderungen, werden hierbei nicht zum Sport gezählt.

Sportorganisationen

Um Sport treiben zu können, insbesondere auch gemeinsam, bedarf es sozialer Gebilde wie Mannschaften, Crews, Abteilungen, Vereine, Verbände etc.

Folgende Voraussetzungen sind für einen Sportverband konstitutiv:

- die durchgehende Organisation von der Orts- zur internationalen Ebene,
- ein überregional vereinbartes Wettkampfsystem,
- eine überregional vereinbarte Regelordnung.

Sportregeln

Die inner- und intersektionalen Organisationsgebilde müssen Regeln für die sportlichen Handlungen bestimmen, die als verbindlich gelten und auch als diese angenommen werden.

Ethische Werte

Die sportliche Handlung muss begleitet werden von Grundwerten und Leitideen, wie z.B. dem Fairplay, der Unversehrtheit des Gegners, der Chancengleichheit und des Teamgeistes. Eine Missachtung dessen ist als Missachtung des Sports an sich anzusehen.

Erlebnisformen

Erlebnisse und Erfahrungen, die bei der sportlichen Handlung gemacht werden, sind als ganzheitlich zu betrachten. Fitness, Vitalität, Selbstbeherrschung, Bewegungsgestaltung, Ästhetik, Abenteuer, Risiko, Spannung im Wettbewerb können hierfür als Beispiele ganzheitlicher Erfahrungsräume dargestellt werden.

2.12 Modelle des Sports

Folgend sollen zwei Modelle des Sportes aufgezeigt werden, die die Schwächen der Definitionen von Sport zu tilgen versuchen.

2.12.1 Modell von Hägele

Hägele (1982: 195ff.) entwirft ein Modell des Sports, das zwischen einem inneren und einem äußeren Horizont des Sports sowie einem nichtsportlichen Grenzbereich unterscheidet.

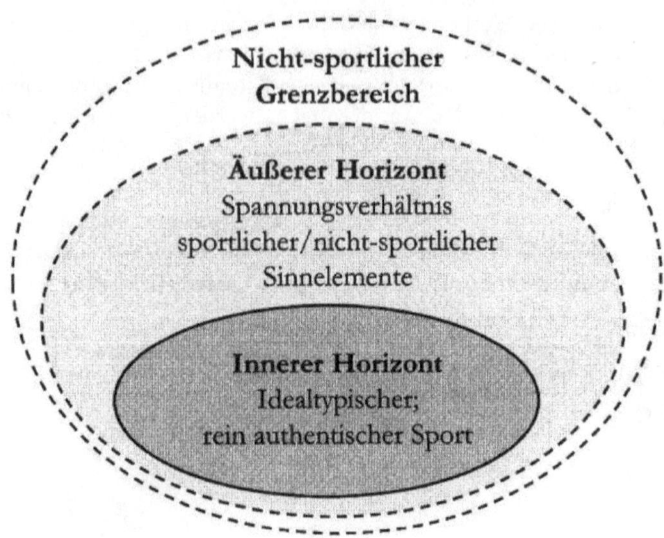

Abbildung 7: Hägeles Sportmodell (Hägele 1982: 199)

Der *innere Horizont* in Hägeles Sportmodell kennzeichnet die Vision eines genuinen Sports. Dieser hat idealtypisch die sportlich-motorische Aktivität, den
sportlichen Gegenstandsbereich, nämlich das Sich-Erleben und die Selbstverwirklichung, die sportliche Leistung (personenbezogen und erlebnisorientiert) sowie
die sportlich-soziale Beziehung (Fairplay und das Solidaritätsprinzip) zum Inhalt.
Diese sportlich-motorischen Handlungen orientieren sich am allgemeingültigen
Regelwerk, finden innerhalb eines organisierten Wettkampfbetriebs statt und
kennzeichnen sich durch diszipliniertes Training.

Die nichtsportliche Lebenswelt, in der sich der Sport jedoch inkarniert, verhält
sich gegenüber dem genuinen Sport in einem Austausch- und Spannungsverhältnis. Die idealtypischen Merkmale des inneren Horizonts werden im *äußeren Horizont* zwangsläufig entwertet, moduliert und zersplittert. Dies geschieht u.a. durch
selbstbestimmte Regeln, nicht standardisierte Räume oder sportexterne Motive
wie Gesundheit oder Fitness.

Im *nichtsportlichen Grenzbereich* sind die sportlich-motorischen Handlungen weit
entfernt von den idealtypischen Merkmalen des inneren Horizonts. Gesundheitliche, massenmediale, wirtschaftliche und politische Motive veranlassen, dass der
Sport funktionalisiert und instrumentalisiert wird.

2.12.2 Modell von Digel

Auch Helmut Digel hat ein Modell des Sports entworfen, in dem er zwischen fünf
verschiedenen Ebenen unterscheidet (vgl. Digel 1984: 61).

Organisierter Wettkampfsport

Beim organisierten Wettkampfsport sind vornehmlich Leistungsvergleiche und das Ergebnis in Form von Sieg oder Niederlage bedeutungsvoll. Das Ziel in diesem Zusammenhang ist, an Wettkämpfen teilzunehmen, die nach international gültigen Regeln durchgeführt werden. Die sportliche Aktivität ist hierbei Ausdruck eines langfristigen, disziplinierten Trainings. Normalerweise findet dieses Training in Mannschaften statt.

Sport ohne organisierten Wettkampf

Diese Art des Sports wird meist von Sportvereinen in offenen Organisationsformen angeboten. Als Gegenstück zum Alltag der Menschen ist er in der Bevölkerung sehr beliebt. Hierbei sind körperliche, personale, soziale und materielle Dimensionen Erfahrungswerte, die mit dieser Art der Sportaktivität verbunden sind.

Instrumenteller Sport

Sport wird hier als Instrument bzw. soziale Dienstleistung eingesetzt, um eine bestimmte Wirkung und Funktion innerhalb der Gesellschaft zu erzielen. Beispiele sind hierbei die Sozialisation von Kindern und Jugendlichen, die Integration von Menschen mit Migrationshintergrund oder die Inklusion von Menschen mit Behinderung. Außerdem können präventive oder rehabilitative Funktionen eine Rolle spielen. Diese Form wird von Sportvereinen oder medizinischen Dienstleistungsunternehmen übernommen.

Alternativsport

Kreative, alternative Lebensstile werden durch spezifische Bewegungs- und Körperkulturen zum Ausdruck gebracht. Beispiele für solche offenen Organisationsformen sind z.B. Wakeboarding oder Slacklinen.

Berufssport

Die Wettbewerbe des Berufssports sind meist auf kommerziellen Profit und massenmediale Aufmerksamkeit ausgerichtet. Demnach wird versucht, möglichst viel Sensation und Spannung zu generieren, um bei den Zuschauer:innen Erwartungen zu wecken. Spieler:innen, Trainer:innen etc., die im Berufssport tätig sind, sind meist mittels Arbeitsverträge an einen gewerblichen Betrieb gebunden.

Die aufgezeigten Definitionen und Modelle des Sports sollen sich gegenseitig ergänzen und befruchten. Jede Definition besitzt Stärken und Schwächen in ihrer jeweiligen Schwerpunktsetzung. Zwangsläufig finden nicht alle relevanten Definitionsbereiche in einem generalisierten Definitionsversuch ihre konkret-detaillierte Ausdifferenzierung. Eine dialektische Vorgehensweise unter Einbezug der aufgezeigten Definitionen und Modelle scheint dazu beizutragen, dass Sport immer besser verstanden werden kann. Keine Definition und kein Modell kann für sich alleine den Sport in seiner Ganzheit erfassen und bestimmen, sondern einzig im

Austausch von Erkenntnissen der verschiedensten Ansätze wird der Sport immer konkreter, breiter und allumfassender verständlich.

2.13 Sportwissenschaft

Nach der eingehenden Auseinandersetzung mit dem Sportbegriff, soll nun im Folgenden dargestellt werden, was der zentrale Gegenstand der Sportwissenschaft ist. Denn es wird teilweise auch hierbei, wie bei der Sozialen Arbeit bereits aufgezeigt, moniert, dass die Sportwissenschaft nur ein Konglomerat aus verschiedenen Teildisziplinen sei, bei denen bloß sozial-, geistes- und naturwissenschaftliche Aspekte hinzugezogen und verarbeitet werden (vgl. Burk/Fahrner 2020: 53). Im Zuge dieser Interdisziplinarität werden auch vielfältige Zugänge, Definitionsversuche, Theorien, Terminologien und Modelle offenbar, was zwangsläufig zu Kontroversen führt (vgl. ebd.). Ziel der Sportwissenschaft soll es laut Hägele (1995: 90f.) sein, die verschiedenen Teildisziplinen, wie z.B. die Sportpädagogik, die Sportgeschichte, -medizin, -psychologie, -soziologie, aber z.B. auch die Trainingswissenschaft nicht gegeneinander auszuspielen, sondern sie unter der Sportwissenschaft zu vereinen. Gegenstand der Sportwissenschaft sind also medizinische (Neurowissenschaften, Physiologie), bewegungswissenschaftliche (Biomechanik, Trainingswissenschaft, Sportmotorik, Sportinformatik/-technologie), verhaltens- und sozialwissenschaftliche (Sportpsychologie, Sportökonomie, Sportsoziologie) und geisteswissenschaftliche (Sportpädagogik, Sportgeschichte, Sportphilosophie) Perspektiven (vgl. Van Meurs et al. 2022: 129).

2.13.1 Entstehung und Entwicklung in Deutschland

Die Sportwissenschaft ist wie die Soziale Arbeit eine noch recht junge Disziplin, die sich – wie bereits aufgezeigt und in der Parallele zur Sozialen Arbeit – dadurch kennzeichnet, dass ihr unterschiedliche Fächer angehören (vgl. Tillmann 2022: 321). Die Anfänge einer Wissenschaft des Sports sind auch deswegen nicht genau zu definieren. Es wird jedoch grundsätzlich davon ausgegangen, dass die Theorien der Leibesübungen um die Wende des 18. zum 19. Jahrhunderts als Beginn konstatiert werden können (vgl. Geldbach 1980: 166; vgl. Grupe 1996: 362). Doch erst zwischen 1960 und 1970 wird die Sportwissenschaft als autonome Fachdisziplin mit akademischen Institutionen in Deutschland etabliert, da insbesondere die Nachkriegszeit geprägt war durch eine Forderung, die Leibesübungen wissenschaftlich zu fundieren (vgl. Balbier 2007: 150ff.). Durch die Institutionalisierung der Sportwissenschaft, wie etwa 1970 durch die Deutsche Sporthochschule in Köln (BRD), die Deutsche Hochschule für Körperkultur (DDR) oder das Bundesinstitut für Sportwissenschaft (BRD), sind Strukturen geschaffen worden, die die Geltung der Sportwissenschaft bestärkten (vgl. Tillmann 2022: 323). In diesem Zusammenhang können auch die Gründungen der Fachzeitschrift *Sportwissenschaft* und der Deutschen Vereinigung für Sportwissenschaft (dvs) genannt werden. Im Zuge der Olympischen Sommerspiele in München 1972 wurde die Förderung und wissenschaftliche Unterstützung des Leistungssports in Ost und West durch zahlreiche Kampagnen, wie das vom DSB propagierte Programm

„Sport für alle", das regelmäßiges Sporttreiben auch sportvereinsferner Menschen initiieren sollte, weiter forciert (vgl. Hottenrott et al. 2017: 288).

Die Entwicklung immer neuer Institute für Sportwissenschaft an den Universitäten war die Konsequenz.

2.13.2 Definition und Verortung im Wissenschaftssystem

Heute ist die Sportwissenschaft als wissenschaftliche Disziplin und institutionelles Fach weitgehend anerkannt (vgl. Krüger 2022: 60). Hottenrott et al. (2017: 289) beschreiben sie wie folgt:

> Die Sportwissenschaft befasst sich im weitesten Sinne mit den individuellen und sozialen Bedingungen, Ausprägungen, Wirkungen und Funktionen von Sport, Bewegung und körperlicher Aktivität. Sportwissenschaftliche Forschung weist eine hohe disziplinäre Binnendifferenzierung auf, die in den vergangenen Jahren neben der strukturellen und personalen Kopplung zu den Bezugswissenschaften auch durch eine zunehmende interdisziplinäre Vernetzung gekennzeichnet ist.

Darüber hinaus konstatieren sie eine Methoden- und Theorievielfalt in der Sportwissenschaft, da sie eine Vielzahl an gesellschaftlich relevanten Themen beobachtet und demnach auf das Methodeninventar der Sozial- und Humanwissenschaften zurückgreift. Methoden wie z.B. Beobachtung, Befragung, Experiment, Hermeneutik, Biografieforschung und soziometrische Methoden, was eigentliche Methoden der klassischen Sozialwissenschaften sind, finden auch in der Sportwissenschaft Anwendung (vgl. Rethorst 2002: 202). Doch hat auch die Sportwissenschaft eigene Methoden, wie z.B. die systematische Spielbeobachtung, biomechanische Modellbildung, sportmotorische Tests oder Verfahren der Sportunterrichtsanalyse (vgl. Bös et al. 2016; vgl. Perl 2002: 15f.; vgl. Witte 2019).

Fröhlich et al. (2020: 1) definieren die Sportwissenschaft im Gegensatz zur sportlichen Praxis als eine Perspektive, die eingenommen wird, um „Sport, sportliche Phänomene oder auch das Sporttreiben selbst zu ergründen, zu beschreiben, zu verstehen und zu erklären und somit ein besseres Wissen und weitergehende Kenntnisse im und über den Sport zu erhalten." Sie schlussfolgern, dass die Sportwissenschaft den empirischen Sozial- und Humanwissenschaften zugeordnet werden kann, wie folgende Grafik nochmals belegt.

Abbildung 8: Verortung der Querschnittswissenschaft Sportwissenschaft im Kanon der Fachdisziplinen des Wissenschaftssystems. (Fröhlich et al. 2020: 2) (leicht moduliert)

Sozial- und Humanwissenschaften untersuchen den Menschen und dem zugehörig die gesellschaftlichen Sachverhalte, in denen der Mensch lebt (vgl. ebd.: 2). Ein Großteil der Beobachtungsinhalte der Sportwissenschaft kann dieser Grundprämisse zugeordnet werden (vgl. ebd.).

2.13.3 Aufgaben und Ziele der Sportwissenschaft

Das Ziel der Sportwissenschaft ist es, den Gegenstand Sport in der Grundlagenforschung so exakt wie möglich und in allen seinen Facetten, mitsamt den wesentlichen Charakteristika, zu definieren, gegenüber Gegensätzen abzugrenzen und empirisch zugänglich zu machen (vgl. Fröhlich et al. 2022: 78f.). Da der Sport jeweils unterschiedlich bzw. mit jeweils unterschiedlichen Schwerpunktsetzungen definiert werden kann, wie bereits aufgezeigt worden ist, ist das Ziel schwer zu erreichen. Auch hinsichtlich der Abgrenzung zu anderen Tätigkeiten (z.B. Bewegung, körperliche Aktivität etc.) sind noch einige Hürden zu nehmen. Hierbei sind diametrale Äußerungen hinsichtlich der Zugehörigkeit oder Abgrenzung der Bewegung im Verhältnis zum Sport zu begutachten. Ist Bewegung Teil der Sportwissenschaft oder eine autonome Disziplin – Bewegungswissenschaft? Exemplarisch dient diese Konzeptionsverschiedenheit bezüglich der Begriffsabgrenzung, um aufzuzeigen, dass auch in der Sportwissenschaft die Definition des Sportbegriffs wichtig ist und ausgehend davon Theorien und Gegenstandsbestimmungen gebildet werden.

In der Anwendungsforschung ist das Ziel der Sportwissenschaft, Probleme aus verschiedenen Anwendungsfeldern des Sports zu lösen und die daraus generierten Ergebnisse und Erkenntnisse in die Sportpraxis oder andere Gesellschaftsbereiche zu transferieren (vgl. Hottenrott et al. 2017: 289). Die Praxisforschung der Sportwissenschaft beschäftigt sich mit aktuellen Fragestellungen in der Sportpraxis und bearbeitet diese wissenschaftlich, damit Erkenntnisse unmittelbar in der Praxis auf die Probe gestellt werden können (vgl. ebd.).

Prinzipiell liegt die Aufgabe der Sportwissenschaft also darin, die komplexen, ausdifferenzierten Phänomene „Sport, Bewegung und körperliche[] Aktivität wahrzunehmen, zu beschreiben, zu analysieren und zu erklären sowie Orientierungen und Entscheidungshilfen für die Verbesserung der vielfältigen Praxis zu entwickeln" (vgl. ebd.: 288). In dem Zuge werden eben nicht nur Erkenntnisse und Wissen generiert, sondern es steigt auch der Bedarf an wissenschaftlich ausgebildeten Fachkräften. Diesen Bedarf abzudecken ist ebenso Aufgabe der Sportwissenschaft. Zusätzlich muss die Sportwissenschaft ihre disziplinäre Autonomie in Lehre und Forschung sichern, ihre Ressourcen noch mehr für den Wissenstransfer nutzen und somit die Marke „Sportwissenschaft" in der Öffentlichkeit verankern. Die Anzahl und Ausrichtung der sportwissenschaftlichen Studiengänge müssen in der sich aktuell stark entwickelnden Erweiterung beobachtet werden. Demzufolge muss aufgepasst werden, dass die fachdisziplinäre Identität nicht langsam von innen ausgehöhlt wird. Zudem ist die Etablierung einer Internationalisierung anzustreben, damit sich im Wissenschaftswettbewerb behauptet werden kann und somit Forschungsausstattungen generiert werden können.

Nebenher muss die Sportwissenschaft kontinuierlich zur gesellschaftlichen Werteerziehung und Wertebildung, zur Förderung bürgerlichen Engagements und der Vereinskultur, zum Umgang mit dem demografischen Wandel, zur Integration von benachteiligten Personen- und Randgruppen, zur sport- und bewegungsgerechten Planung in den Kommunen sowie zu einer Veränderung des Bewegungsverhaltens und der zunehmenden körperlichen Inaktivität beitragen (vgl. ebd.: 289).

2.14 Status quo der Sportsozialarbeit

Nachdem die Soziale Arbeit und die Sportwissenschaft eingehend untersucht worden sind, soll nun begutachtet werden, inwieweit eine Interdisziplinarität dieser beiden vorgestellten Disziplinen bereits stattgefunden hat oder sogar schon stattfindet.

Auf rein praktischer Ebene ist es bereits lange Zeit üblich, sportive Elemente in der Sozialen Arbeit einzusetzen. Jane Addams verwendete schon in den 1880er-Jahren sportorientierte Ansätze in der Sozialen Arbeit als sie in ihrem „Hull House" Freizeit- und Sportprogramme etablierte, die als ein Weg für Kinder gesehen wurden, an gesunden Aktivitäten teilzunehmen, abseits von Straßenbanden und innerstädtischen Problemen (vgl. Azzarito et al. 2004: 387; vgl. Vincent 1994: 236).

Infobox „Hull House"
Das Hull House ist eine soziale Einrichtung in Chicago, das von Jane Addams 1989 zur Bekämpfung sozialer Probleme errichtet wurde. Chicago war gegen Ende des 19. Jahrhunderts geprägt von Korruption, mafiösen Strukturen und Kartellen. Als Folge daraus resultierten riesige Abfallberge auf den Straßen, giftiges Trinkwasser, Krankheiten, schlechte Luft und extremer Lärm durch Fa-

briken, Arbeitslosigkeit, Alkoholismus und fehlende Bildung. Diese Umstände veranlassten Jane Addams dazu, dieses Haus zu errichten, anfangs nur, um einen Begegnungsort zu schaffen, in dem Menschen Kunst und Kultur nähergebracht wird. Schnell kamen jedoch Sprachunterricht, Koch- und Nähkurse sowie andere Angebote hinzu. (vgl. Reynolds 2017: 15f.)

Seit den 1980er-Jahren wurden auch in Deutschland zahlreiche Projektideen entworfen und letztendlich damit Strukturen geschaffen, die als Grundlage die Bestrebung hatten, sport- und bewegungsorientierte Angebote in den Handlungsfeldern der Sozialen Arbeit anzubieten (vgl. Löwenstein et al. 2020: 13). Insbesondere in der Jugendhilfe zeigte sich der Einsatz von Sport und Bewegung als effektive Methode (vgl. Zajonc/Koerber 2021). Immer wieder wurden in diesem Zug Kooperationen von Sportorganisationen und sozialen Diensten etabliert (vgl. ebd.).

Wie dargelegt wurde, haben sich die Soziale Arbeit und die Sportwissenschaft nach langjähriger Infragestellung als akademische Disziplinen etabliert. Ihr Aufgaben- und Forschungsspektrum wird fortlaufend erweitert, was mitunter auch dazu führt, dass sich bestimmte Themenbereiche und Forschungsgegenstände überschneiden. Als Beispiele sind Entwicklungsförderung, Bildung, Partizipation, Demokratieentwicklung, Gewaltprävention oder Gesundheitsförderung zu nennen. Eine synergetische Kooperation ist bislang jedoch nur fragmentarisch anhand einiger weniger Tagungen oder regionaler Netzwerke zu beobachten (vgl. Seibel 2013: 20). Ein Novum stellte die im September 2023 von der DGSA veranstaltete Tagung „Bewegung, Sport und Körper in der Sozialen Arbeit" dar.

Auch die in dem Bereich Sportsozialarbeit veröffentlichten wissenschaftlichen Beiträge sind rar und eng beschränkt auf eine geringe Anzahl an Personen. Vornehmlich sind es Autoren, die in der Sozialen Arbeit anzusiedeln sind, die den Sportbezug in ihre konzeptionellen Überlegungen miteinbeziehen, wie z.B. Peter Becker mit seiner Verankerung der bewegungsbezogenen Sozialarbeit oder die Erwähnung des Sports in Form eines eigenen Kapitels im „Handbuch Sozialarbeit – Sozialpädagogik" aus dem Jahr 2001 (vgl. Becker 1994; vgl. Krüger 2001). So sieht die Soziale Arbeit die Sportwissenschaft mittlerweile als Bezugsdisziplin (vgl. Löwenstein et al. 2020: 17).

In der sportwissenschaftlichen Diskussion jedoch fanden sozialpädagogische Konzepte oder Ansätze lange Zeit keine große Beachtung (vgl. Seibel 2013: 19). Erst im Zuge der Etablierung von Ganztagsschulen, die eine außerschulische Nachmittagsbetreuung forcierten und wo sich Bewegungs- und Sportangebote als passend herausgestellt haben, fanden sich erste wissenschaftliche Studien, die aus der Perspektive der Sportwissenschaft eine „Sozialpädagogisierung des Sports" beobachteten (vgl. Albert/Ruf 2021: 26). Gleichzeitig sahen Kritiker:innen darin auch eine Entwertung der Sozialen Arbeit, da sozialpädagogisch ungeschulte Trainer:innen nun fachfremde Aufgaben übernahmen (vgl. Michels 2007: 13; vgl. Pilz 2002: 8f.). Der anfängliche Enthusiasmus, die Persönlichkeitsentwicklungs- und Bildungspotenziale auszuschöpfen, flachte jedoch schnell wieder ab, da deutlich wurde, dass durch Sport nicht per se die multiplen Potenziale ausgeschöpft werden können, sondern es Fachpersonal bedarf, das methodische Fertigkeiten mitbringt, die Sportangebote ebenso zu konzipieren, dass die Wirkpotenziale auch zum Nutzen maximiert werden können (vgl. Brettschneider et al. 2002; vgl. Schliermann/Stoll 2008: 160). Aus diesem Grund wurde auch der Ruf nach qualifiziertem Fachpersonal, das Sportangebote nach spezifischen Konzeptionen fachgerecht ein- und umsetzt, immer lauter. Diese Forderung geht einher mit der Notwendigkeit, das interdisziplinäre Feld der Sportsozialarbeit noch schärfer zu umreißen, indem z.B. die wissenschaftliche Zusammenarbeit stärker gefördert wird. Zusätzlich besteht der Druck, die Effektivität der Sportsozialarbeit herauszustellen und abzubilden. Die derzeit finanziell bereitgestellten Mittel beizubehalten und darüber hinaus auch zu erweitern dürfte ausschließlich über die Legitimation durch wissenschaftliche Studien erfolgen, die herausstellen, dass der Sport effektiv zur Lösung sozialer Probleme beitragen kann. Auch um ein konkretes Anforderungsprofil an Sportsozialarbeiter:innen zu stellen, das als Grundlage zur Ausbildung von professionellem Fachpersonal in diesem Gebiet herangezogen werden kann, sollte die wissenschaftliche Auseinandersetzung und Kollaboration intensiviert werden. Dazu gehört, dass die Sportsozialarbeit konkrete Arbeitsfelder erfasst und diese sukzessive ausbaut. Auch muss klar definiert werden, welche Personen und Institutionen diejenigen sind, die Sportsozialarbeit anbieten und betreiben. Es herrschen zurzeit vielzählige Anbieter:innen vor (vgl. Albert/Ruf 2021: 27). Mittlerweile existieren auch Angebote der sportbezogenen Sozialen Arbeit, die weder vom organisierten Sport noch von der professionellen Sozialen Arbeit, sondern von Anbieter:innen zwischen diesen Systemen ausgehen (vgl. Zajonc/Pilz 2014).

Reflexions- und Diskussionsfragen

- Was ist Wissenschaft?
- Was ist der Unterschied zwischen Profession und Disziplin?
- Ist die Bezeichnung Wissenschaft für die Soziale Arbeit Ihrer Meinung nach gerechtfertigt?
- Wie und durch welche Maßnahmen ist eine zunehmende Etablierung der „Wissenschaft Soziale Arbeit" zu bewerkstelligen?
- Welche der Definitionen und Modelle des Sports finden Sie am treffendsten? Begründen Sie.
- Was ist der Gegenstand der Sportwissenschaft?
- Seit wann gibt es die Sportwissenschaft?
- Erläutern Sie kurz die Entwicklung der wissenschaftlichen Disziplin „Sportwissenschaft".
- Was ist das Ziel einer Wissenschaft vom Sport?
- Halten Sie die Etablierung eines eigenständigen Forschungsfeldes „Sportsozialarbeit" für sinnvoll?
- Welche Gefahren könnten darin liegen, die Sportsozialarbeit unabhängig zu konstituieren?

Übungen

1. Suchen Sie sich eine Definition oder ein Modell des Sports aus und versuchen Sie, es mit Ihren eigenen Worten wiederzugeben.
2. Entwerfen Sie eine eigene Definition des Sports.
3. Diskutieren Sie in einer Gruppe die zukünftigen Herausforderungen und Potenziale der Sportsozialarbeit.

Weiterführende Literatur

Soziale Arbeit als Wissenschaft

Becker-Lenz, R./Müller, S. (2009). Die Notwendigkeit von wissenschaftlichem Wissen und die Bedeutung eines professionellen Habitus für die Berufspraxis der Sozialen Arbeit. In: R. Becker-Lenz/S. Busse/G. Ehlert/S. Müller (Hrsg.), *Professionalität in der Sozialen Arbeit: Standpunkte, Kontroversen, Perspektiven* (2. Aufl., S. 195–221). Wiesbaden: VS Verlag für Sozialwissenschaften

Birgmeier, B. (2014). *Handlungswissenschaft Soziale Arbeit: Eine Begriffsanalyse*. Wiesbaden: Springer.

Birgmeier, B./Mührel, E. (2017). *Wissenschaftliche Grundlagen der Sozialen Arbeit*. Frankfurt am Main: Wochenschau Verlag.

Engelke, E./Spatscheck, C./Borrmann, S. (2016). *Die Wissenschaft Soziale Arbeit: Werdegang und Grundlagen*. Freiburg: Lambertus-Verlag.

Kraus, B. (2012). Was ist und soll eine Wissenschaft der Sozialen Arbeit? Antworten und Fragen. In: S. B. Gahleitner/B. Kraus/R. Schmitt (Hrsg.), *Über Soziale Arbeit und über Soziale Arbeit hinaus. Ein Blick auf zwei Jahrzehnte Wissenschaftentwicklung, Forschung und Promotionsförderung* (S. 19–29). Detmold: Jacobs.

Sportwissenschaft

Drexel, G. (2002). *Paradigmen in Sport und Sportwissenschaft*. Schorndorf: Hofmann.

Burk, V./Fahrner, M./König, S. (2013). *Einführung in die Sportwissenschaft*. München: UVK-Verlagsgesellschaft.

Fröhlich, M./Mayerl, J./Pieter, A./Kemmler, W. (2020). *Einführung in die Methoden, Methodologie und Statistik im Sport*. Heidelberg: Springer Spektrum.

Güllich, A./Krüger, M. (2022). *Grundlagen von Sport und Sportwissenschaft*. Berlin: Springer.

Hottenrott, K./Baldus, A./Braumann, K.-M./Hartmann-Tews, I./Holzweg, M./Kuhlmann, D./Seyfarth, H./Strauß, B./Sygusch, R./Vogt, L. (2017). Memorandum Sportwissenschaft. *German Journal of Exercise and Sport Research*, 47(4), S. 287–293.

Krüger, M./Emrich, E. (2013). Die Wissenschaft vom Sport. In: A. Güllich/M. Krüger (Hrsg.), *Sport: Das Lehrbuch für das Sportstudium* (S. 9–23). Heidelberg: Springer Spektrum https://doi.org/10.1007/978-3-642-37546-0_2

Willimczik, K. (2001). *Sportwissenschaft interdisziplinär: ein wissenschaftstheoretischer Dialog*. Hamburg: Czwalina.

Sportsozialarbeit

Albert, K./Ruf, W. (2021). Sport(wissenschaft) und Soziale Arbeit – Rückblicke, Einblicke, Ausblicke. Standpunkt: Sozial, 31, S. 20–33.

Albert, M./Hurrelmann, K./Langness, A./Quenzel, G. (2006). Eine pragmatische Generation unter Druck – Einführung in die Shell Jugendstudie 2006. In: K. Hurrelmann/M. Albert (Hrsg.), *Jugend 2006. eine pragmatische Generation unter Druck. 15. Shell Jugendstudie* (S. 31–48). Frankfurt am Main: Fischer Taschenbuch Verlag.

Becker, B./Bindel, T./Heinisch, S. (2018). Sport in sozialer Verantwortung. *German Journal of Exercise and Sport Research*, 48(1), S. 110–119.

Brettschneider, W.-D./Kleine, T./Brandl-Bredenbeck, H. P. (2002). *Jugendarbeit in Sportvereinen – Anspruch und Wirklichkeit; Eine Evaluationsstudie.* Schorndorf: Hofmann.

Breuer, C. (2002). *Das System der sozialen Arbeit im organisierten Sport.* Köln: Sport und Buch Strauss.

BZgA. (2015). *Kinder stark machen im Sportverein.* https://shop.bzga.de/pdf/33715000.pdf

Deutscher Bundestag. (2005). *Zwölfter Kinder- und Jugendbericht. Bericht über die Lebenssituation junger Menschen und die Leistungen der Kinder- und Jugendhilfe in Deutschland.* https://www.bmfsfj.de/resource/blob/112224/7376e6055bbcaf822ec3 0fc6ff72b287/12-kinder-und-jugendbericht-data.pdf

Dräbing, R. (2006). *Kinder brauchen Bewegung: Bewegung in der Jugendhilfe? Eine kritische Situationsbeschreibung von Bewegung, Spiel und Sport in der stationären Jugendhilfe.* Aachen: Meyer & Meyer Verlag.

Fessler, N./ Seibel, B. (1998). *Sport und soziale Arbeit: Ergebnisse des Werkstattgespräches am 22. und 23. September 1997 in der Evangelischen Akademie Bad Boll.* Schorndorf: Verlag Karl Hofmann.

Gerschel, S./Simon, T./Zeyn, J. (2023). *Lehrbuch Soziale Arbeit mit Fußballfans.* Weinheim: Beltz Juventa

Gieselbrecht, G./Seibel, B. (1997). Das Sport-Erziehungskonzept der Freiburger Turnerschaft. In: N. Fessler/S. Ziroli (Hrsg.), *Zusammenarbeit von Schule und Verein im Sport* (S. 134–143). Schorndorf: Karl Hofmann.

Gieß-Stüber, P. (2005). *Interkulturelle Erziehung im und durch Sport* (Bd. 3). Münster: LIT Verlag

Gilles, C. (2003). Kicker, Fußball, Kletterwand... Zur konzeptionellen Einbindung von Sport, Bewegung und Abenteuer in der Offenen Kinder- und Jugendarbeit. In: J. Koch/L. Rose/J. Schirp/J.Vieth (Hrsg.). *Bewegungs- und körperorientierte Ansätze in der Sozialen Arbeit: Bsj-Jahrbuch 2002/2003* (S. 17–30). Opladen: Leske + Budrich.

Gilles, C. (2007). Sportschuhe reichen nicht! Bewegung, Sport und Abenteuer in der Sozialen Arbeit. *Sozial Extra, 31(12)*, S. 9–10.

Kleindienst-Cachay, C. (2006). „Durch Sport zu mir!" – Leistungssport und Identitätsentwicklung junger muslimischer Frauen in Deutschland. In: D. Blecking/P. Gieß-Stüber (Hrsg.), *Sport bewegt Europa: Beiträge zu interkulturellen Verständigung* (S. 104–117). Baltmmannsweiler: Schneider Verlag.

Koch, J./Rose, L./Schirp, J./Vieth, J. (2013). *Bewegungs- und körperorientierte Ansätze in der Sozialen Arbeit: bsj-Jahrbuch 2002/2003.* Opladen: Leske + Budrich.

Kreft, D. (1997). Jugendhilfe und Sport – oder: Ist Vereinssport Jugendarbeit? *Neue Praxis, 27(4)*, S. 337–343.

Kreft, D. (2005). Soziale Arbeit und Sport. *Unsere Jugend, 0(6)*, S. 243–248.

Krüger, M. (2001). Sport und Soziale Arbeit. In: H.-U. Otto/H. Thiersch (Hrsg.), *Handbuch Sozialarbeit – Sozialpädagogik* (S. 1813–1827). München: Reinhardt.

Löwenstein, H./Ott, C. (2017). Der Pragmatismus in Erlebnispädagogik und sportbezogener Sozialer Arbeit. *Soziale Arbeit, 66(8)*, S. 299–305.

Löwenstein, H./Steffens, B./Kunsmann, J. (2020a). Sportsozialarbeit: Potentiale und Notwendigkeit. *Standpunkt: Sozial, 31*, S. 9–19.

Löwenstein, H./Steffens, B./Kunsmann, J. (2020b). *Sportsozialarbeit: Strukturen, Konzepte, Praxis.* Stuttgart: Kohlhammer Verlag.

Löwenstein, H./Steffens, B./Kunsmann, J. (2021). Soziale Arbeit mittels Sport – Soziale Arbeit für den Sport. *Sozialmagazin 1–2/2021.*

Marquard, P. (2005). Jugendhilfe und Sport. *Soziale Arbeit, 54(4)*, S. 135–142.

Nagel, M./Breuer, C. (2004). Soziale Ungleichheiten im Sport. *German Journal of Exercise and Sport Research, 34*, S. 236–239.

Pilz, G. A. (2006). Sport und Prävention – Wie viel Soziale Arbeit, Prävention kann der organisierte Sport leisten? Einführende Gedanken zum 11. Deutschen Präventionstag. *Kerner, Hans-Jürgen, Marks, Erich: Internetdokumentation Deutscher Präventionstag. Hannover* Http://Www. *Praeventionstag. de/Html/GetDokumentation. Cms.*

Rittner, V./Breuer, C. (1999). Soziale Offensive im Jugendsport. Dokumentation des Fachforums im Rahmen des Aktionsprogramms „Entwicklung und Chancen junger Menschen in sozialen Brennpunkten". *Entwicklung und Chancen junger Menschen in sozialen Brennpunkten.* https://www.bsj-freiburg.de/fileadmin/www.bsj-freiburg.de/Dokumente/S posa/Literaturliste_SPOSA.pdf

Scheid, V./Seibel, B. (1999). *Hort an der Schule: Evaluation eines Modells in Baden-Württemberg.* Schorndort: Hofmann.

Scheid, V./Simen, J./Buttendorf, T. (1999). *Soziale Funktionen des Sports.* Schorndorf: Hofmann.

Schmidt, W./Hartmann-Tews, I./Brettschneider, W.-D. (2003). *Erster Deutscher Kinder- und Jugendsportbericht.* Schorndorf: Hofmann.

Schneider, S./Coric, J. (2006). Modelle zur Sportpartizipation von Kindern und Jugendlichen. Ein Literaturreview. *unsere jugend, 0(6),S.* 249–259.

Seibel, B. (1998). Der Sport als Thema in der Ausbildung an den Fachhochschulen für Sozialwesen. *Sport und Soziale Arbeit,* S. 83–92.

Seibel, B. (2004). *Sport und soziale Arbeit: ein Modellprojekt der Evangelischen Fachhochschule Freiburg, der Südbadischen Sportschule Steinbach und der Badischen Sportjugend Freiburg* (Bd. 1). Münster: LIT Verlag.

Süssmuth, R. (2005). *Streetsoccer & Co.: wie Integration gelingen kann.* Hamburg: Ed. Körber-Stiftung.

Wahl, W. (2003). *Sport-, bewegungs- und körperorientierte Soziale Arbeit – ein Thema für die Sozialarbeitswissenschaften?* https://www.yumpu.com/de/document/view/4409758/s port-bewegungs-und-korperorientierte-soziale-arbeit

3 Sportsozialarbeit professionell gestalten

Zusammenfassung

In den folgenden Kapiteln (3., 4. und 5.) wird sich mit der Sportsozialarbeit eingehend auseinandergesetzt. Zunächst werden grundlegende Arbeitsweisen und Charakteristika der Sozialen Arbeit vorgestellt, die dann nachstehend mit in die Erläuterung der Sportsozialarbeit einfließen. Dabei werden sich ein praktisch ausdifferenziertes Anforderungsprofil an Sportsozialarbeiter:innen sowie Orientierungshilfen der Sportsozialarbeit im Verhältnis zur Sozialen Arbeit finden.

3.1 Einführung

Im Zuge der Auseinandersetzung mit der Sportsozialarbeit ist die Definition der Aufgabenbereiche von Sportsozialarbeiter:innen wesentlich. Welche Anforderungen existieren an Sportsozialarbeiter:innen? Welche handlungsmethodischen und pädagogischen Prinzipien bilden die Basis des Berufsbildes von Sportsozialarbeiter:innen?

In diesem Kapitel wird ein solches Berufsbild skizziert, um es sukzessive zu vervollständigen.

3.2 Die Komplexität des Anforderungsprofils

Damit das Berufsbild von Sportsozialarbeiter:innen mitsamt dem dazugehörigen Anforderungsprofil umrissen werden kann, empfiehlt es sich, zunächst ein Blick auf das Berufsbild von Sozialarbeiter:innen zu werfen. Hierbei wird deutlich, dass sich eine klar formulierbare Konstruktion der Anforderungen an Sozialarbeiter:innen als kompliziert erweist. Bastian (2017: 26) deutet auf das Fehlen eines Anforderungsprofils in Tätigkeitsfeldern der Sozialen Arbeit hin, obwohl in den letzten Jahren Diskussionen hinsichtlich der Verberuflichung, Verfachlichung, Akademisierung und Professionalisierung der Sozialen Arbeit zunahmen. Auch Thole (2012: 31) identifiziert diese Problematik und führt sie zurück auf eine nach wie vor während „Nicht-Identität" der Sozialen Arbeit:

> Sie hat keinen eindeutigen, klar zu benennenden Ort in der Praxis, kein einheitliches Profil der Ausbildung, keine selbstverständliche, von allen ihren VertreterInnen geteilte disziplinäre Heimat, keine stabilen theoretischen, wissenschaftlichen und professionellen Grundannahmen. Im Kern scheint nicht einmal hinreichend geklärt, welcher Art die Theorie zu sein hat, die die Sozialpädagogik braucht. (Thole 2012: 31)

Insbesondere die plurale Theorie- und Konzeptionslandschaft der Sozialen Arbeit erschwert es den Sozialarbeiter:innen, einheitliche, klar fundierte Handlungsparameter vorzufinden. Ein identifizierbarer Grund dafür ist die Ermangelung an „gemeinsam geteilten Wissens- und Erkenntnisquellen" (Bastian 2017: 26), da die Soziale Arbeit auf Wissen und Erkenntnissen aus unterschiedlichen Bezugsdisziplinen baut, um demnach ihre professionelle Praxis auszurichten (vgl. Schumacher/Babo 2011). Die „wissenschaftlichen und professionellen Koordinaten- und Referenzsysteme" (Thole/Küster 2013: 15) stammen „im Falle der Sozialarbeit [...] aus sehr unterschiedlichen wissenschaftlichen Quellen, und z.T. stehen sie auch zueinander in Konflikt" (Schütze 1992: 147). Dieser Zustand führt dazu, dass je nach Tätigkeitsschwerpunkt oder individueller theoretischer Präferenzen, Methoden aus den Bezugswissenschaften zur Hilfe genommen werden, die sich für spezifische Fälle als wirksam und effektiv auslegen lassen. Es ist also eine offene Frage der Interpretation eines jeden Einzelnen, welche Methode in einem bestimmten Fall Anwendung finden soll:

> Der Unterschied der Sozialarbeit zu den übrigen Professionen liegt im Wesentlichen nur in dem Umstand, dass diese – angesichts der Komplexität, Totalität und Vielschichtigkeit ihrer Problembereiche, aber auch aufgrund wissenschaftsimmanenter, fallanalyse-„feindlicher" Entwicklungen in den eigentlich sozialarbeitsfundierenden Sozialwissenschaften – nie ein in ihrem Tätigkeitsbereich vorherrschendes, eindeutig abgegrenztes Paradigma entwickeln konnte. (Schütze 1992: 163)

Es lässt sich also festhalten, dass eine einheitliche Definition eines Anforderungsprofils für Sozialarbeiter:innen nicht abschließend möglich ist, da nach wie vor keine klar abgrenzbare Identität der Sozialen Arbeit mit ihren wissenschaftlichen Theorien und Methoden vorliegt. Dennoch soll folgend der Versuch unternommen werden, einige wesentliche Eckpfeiler des Anforderungsprofils von Sozialarbeiter:innen zu umreißen. Anschließend wird ebenjenes Anforderungsprofil mit dem Sportzusatz in Verbindung gebracht, sodass schlussendlich ein fortschrittliches Anforderungsprofil des Berufsbildes – Sportsozialarbeiter:in – aufgezeigt werden kann.

Übung:

Überlegen Sie kurz, wie Sie die Tätigkeit von Sozialarbeiter:innen definieren würden. Welche Anforderungen und Voraussetzungen müssen an Sozialarbeiter:innen gestellt werden? Welche Berufsfelder der Sozialen Arbeit kennen Sie? Können Sie vielleicht sogar einige Methoden der Sozialen Arbeit benennen? Tauschen Sie sich ggf. darüber mit einer anderen Person aus.

3.3 Anforderungsprofil Sozialarbeiter:in

Der Deutsche Berufsverband für Soziale Arbeit e.V. (DBSH) stellt einige elementare Rahmenbedingungen des Berufsbilds der Sozialen Arbeit und somit auch wichtige Anforderungsmerkmale an die Berufsgruppe vor. Nachfolgend soll in Anlehnung daran das Berufsbild von Sozialarbeiter:innen aufgezeigt werden.

3.4 Grundlegende Voraussetzungen

Die gesamtgesellschaftliche Rechtfertigung einer Berufsgruppe ist fundamental entscheidend, um ihre Relevanz innerhalb der Gesellschaft klar herauszustellen. „In jeder Gesellschaft entstehen soziale Probleme, die von den Betroffenen aus eigener Kraft nicht bewältigt werden können" (DBSH 2009: 22). In einer Gesellschaft, die die Würde des Menschen achtet und sich als Sozialstaat auszeichnet, müssen demnach Angebote „zur Verhütung, Minderung und Bewältigung von Problemen und Notständen" (ebd.: 22) gemacht werden.

Nach dem Gebot der „Hilfe zur Selbsthilfe" handelnd, richten Sozialarbeiter:innen ihre Hilfe an Menschen, die ihre Probleme nicht aus eigener Kraft, mittels ihrer eigenen Ressourcen bewältigen können. Sozialarbeiter:innen sind staatlich beauftragt, personenbezogene Dienstleistungen in den Tätigkeitsfeldern der Sozialen Arbeit anzubieten und diese darüber hinaus, mitunter auch durch die gesammelten Erfahrungen, in Vorschläge für die Realisierung einer sozialen Gemeinschaft als Gesellschaft umzuwandeln (vgl. ebd.).

Die Arbeitsfelder offenbaren sich hierbei als hochgradig divers, da sich die Hilfe grundsätzlich an „Personen aller sozialen Schichten und Altersstufen, Gruppen, Gemeinwesen und Unternehmen, die einer Unterstützung, Förderung oder Begleitung bedürfen oder von einer Notsituation bedroht bzw. betroffen sind" (ebd.: 22) richtet.

Hierbei müssen sie sich neben dem doppelten Mandat der Hilfe aufseiten der Klient:innen und der Kontrolle vonseiten des Staates, auch gegenüber der eigenen Profession rechtfertigen, wobei das Doppelmandat zum Triplemandat metamorphosiert. Sie sind also zum einen den Bedürfnissen der Klient:innen verpflichtet, erbringen sozialstaatliche Leistungen und sind dabei auch dazu aufgerufen, soziale Veränderungen in der Gesellschaft, mitunter durch politische Initiativen, zu erwirken.

> **Infokasten: Doppel- und Triplemandat**
>
> Das Doppelmandat in der Sozialen Arbeit bezeichnet die Notwendigkeit von Professionellen, sich zwischen den Ansprüchen von Staat und Klient:in zu bewegen, also zwischen Hilfe und Kontrolle. Dies kann mitunter zu Widersprüchlichkeiten führen. Im Zuge der Professionalisierung der Sozialen Arbeit wurde das Doppelmandat durch ein weiteres Mandat ergänzt, nämlich durch das der Selbstverpflichtung von Professionellen im Hinblick auf die eigene Profession, konkret also auf ethische Prinzipien in Theorie und Praxis der Sozialen Arbeit. Dies soll zum einen zur Etablierung der Sozialen Arbeit als Wissenschaft beitragen, zum anderen wird sich auf die Menschenrechte und die soziale Gerechtigkeit berufen. Somit wird das Doppelmandat zum Triplemandat. (vgl. Staub-Bernasconi 2018: 113)
>
> Beispiel Kindeswohlgefährdung:
> Die Mutter eines Kindes, dessen Wohl gefährdet scheint, ist die Klientin einer Sozialarbeiterin. Diese ist bemüht, die Mutter in ihrer Lebensführung zu unterstützen. (Anspruch: Hilfe für Klientin)
> Der Fachlichkeit der Sozialen Arbeit entsprechend ist die Sozialarbeiterin darüber hinaus bemüht, optimale Bedingungen für ein geschütztes Aufwachsen des Kindes zu gewährleisten. (Anspruch: Professionelle Selbstverpflichtung auf ethische Prinzipien der Sozialen Arbeit)

Zusätzlich ist sie dem Jugendamt als zuständige staatliche Institution verpflichtet, die einerseits der öffentlichen Fürsorge gerecht werden muss und andererseits an möglichst geringen Kosten interessiert ist. (Anspruch: Kontrolle des Staates)

Eine professionelle Handlungsbasis ist dabei durch einen ethischen Wertekodex, den die *International Federation of Social Workers* (IFSW) in den „Code of Ethics" und die DBSH in den „Berufsethischen Prinzipien" vorlegt, fundiert. Zu den Wertorientierungen werden auch die Menschenwürde, Freiheit, Gleichberechtigung und Solidarität gemäß den Prinzipien des demokratischen sozialen Rechtsstaates gezählt.

3.5 Berufsfelder von Sozialarbeiter:innen

Grundsätzlich liegt die primäre Aufgabe und damit einhergehend auch die Funktion von Sozialarbeiter:innen, wie bereits angeklungen ist, in der Förderung und Unterstützung von in Not geratenen oder benachteiligten Personen oder Personengruppen. Dabei liegt vornehmlich die präventive Abwendung und/oder Bewältigung und die Begleitung in aktuellen Problemlagen sowie die Öffentlichkeitsarbeit und das Lobbying für die Interessen Benachteiligter im Zentrum des Aufgabenspektrums. Dies vollzieht sich oftmals mithilfe von psychosozialer und sozialprofessioneller Beratung und Unterstützung.

Im gesellschafts- oder organisationspolitischen Kontext sind problematische Entwicklungen wie z.B Ausgrenzungsprozesse aufzudecken und mit Vorschlägen konstruktiver Gegenmaßnahmen zu erwidern. Hierbei liegt die Aufgabe von Sozialarbeiter:innen darin, das zivilgesellschaftliche Engagement durch gezielte Aktivierung und Förderung der Selbsthilfe bzw. durch die Unterstützung der Selbstorganisation zu beleben.

Klient:innen werden in der Sozialarbeit ganzheitlich betrachtet, was bedeutet, dass Sozialarbeiter:innen „am gesamten Lebenszusammenhang der KlientInnen interessiert [sind]" (Pantucek 2009: 2). Beispielsweise muss die sozialräumliche Entwicklung der Lebensbedingungen notwendigerweise immer mitberücksichtigt werden. Diese Gemeinwesenarbeit befähigt die dort lebenden Personen, Mitverantwortung für ihre Lebenssituation zu übernehmen. Die damit verbundenen Chancen für bessere Lebensbedingungen im Zuge von Selbstwirksamkeitserfahrungen führen dazu, dass Menschen ihre Interessen selbst bearbeiten und steigern können.

Infobox Gemeinwesenarbeit

Die Gemeinwesenarbeit ist ein Konzept der Sozialen Arbeit, bei dem u.a. soziale und kommunalpolitische Aufgaben im Zentrum stehen, um die demokratischen Verhältnisse zu stärken. Es werden also ganzheitlich Lebenszusammenhänge begutachtet, mit dem Ziel, materielle (Wohnraum, Existenzsicherung), immaterielle (Qualität sozialer Beziehungen, Partizipation, Kultur) und infrastrukturelle (Verkehrsanbindung, Einkaufsmöglichkeiten, Grünflächen) Verbesserungen zu erwirken.

Zusätzlich arbeiten Sozialarbeiter:innen immer ressourcen-, d.h. nicht defizitorientiert und sind darüber hinaus an kein spezifisches Setting gebunden, sondern agieren im Alltagsgefüge ihrer Klient:innen (vgl. Pantucek 2009). Die aufsuchende Sozialarbeit kann hierbei als Beispiel dienen.

Bei der Hilfeleistung liegt der Fokus von Sozialarbeiter:innen mitunter auch auf der Förderung der Zusammenarbeit aller an der Hilfe beteiligten Personen und Organisationen. Diese Vernetzungs- und Kooperationsprozesse dienen als Erweiterung der Beratung. Dabei spielen Sozialarbeiter:innen eine zentrale Rolle in der Kommunikation und Steuerung der Prozesse, um die Hilfeleistung so wirksam wie möglich zu gestalten.

Auch die unter Aspekten von sozialen, gesundheitlichen und psychischen Bedürfnissen erfolgende Beratung und Unterstützung in z.B. Unternehmen liegt im Aufgabengebiet von Sozialarbeiter:innen. Hierbei ist vorderstes Interesse, inwieweit unternehmens- und personalpolitische Strukturen Problemlagen bei Mitarbeiter:innen hervorrufen. In diesem Zusammenhang wirken häufig erlassene Gesetze oder Richtlinien, die nicht im sozialen Sinn erdacht wurden, kontraproduktiv, problemerzeugend oder -verschärfend.

Nicht alle Aufgaben von Sozialarbeiter:innen werden von jeder tätigen Person gleichzeitig und regelmäßig übernommen. Dies ist stark abhängig von dem jeweiligen Aufgabengebiet, in dem gearbeitet wird. Nachfolgend sollen zwei Berufsfelder der Sozialarbeit beispielhaft dargestellt werden.

3.5.1 Kinder- und Jugendarbeit

Die Kinder- und Jugendarbeit in der Sozialen Arbeit ist ein Tätigkeitsfeld, das sich an alle Menschen bis zum 27. Lebensjahr richtet. Das Hauptziel dieses Tätigkeitsfeldes liegt darin, Kinder und Jugendliche auf dem Weg zu selbstbestimmter Autonomie und gesellschaftlich-demokratischer Verantwortlichkeit zu begleiten (vgl. Sturzenhecker/Richter 2012: 469f.). Darüber hinaus ist die Förderung sozialen Engagements aufseiten der Kinder und Jugendlichen intendiert. Es wird also versucht, eine ganzheitliche politische Bildung zu forcieren, um die Kinder und Jugendlichen als nächste Generation dafür auszurüsten, eine stabile Gesellschaft mit soliden demokratischen Verhältnissen zu kreieren (vgl. Münder et al. 1991). Dieses Tätigkeitsfeld der Sozialen Arbeit ermöglicht es Kindern und Jugendlichen, sich soziale und sachliche Kompetenzen anzueignen, indem sie den Umgang mit Heterogenität lernen, aber auch üben, Konflikte zu bewältigen und Verantwortung zu übernehmen (vgl. Delmas/Scherr 2005). Das Aufeinandertreffen Andersdenkender bietet einen Lernort für geschlechtliche Identitätsbildung, interkulturelle Erfahrungen und auch ästhetische Selbstinszenierung (vgl. Müller et al. 2008: 91).

Die Kinder- und Jugendarbeit findet vornehmlich im Kontext von Trägern der öffentlichen Jugendhilfe statt. Aber auch Verbände oder Vereine bieten Kinder- und Jugendarbeit an. Die Jugendverbandsarbeit sowie die offene Kinder- und Jugendarbeit werden dabei immer wieder als die zwei großen institutionellen Beispiele genannt (vgl. Deinet 2005: 14).

Charakteristisch für die Kinder- und Jugendarbeit ist die Freiwilligkeit und die Interessenorientierung (vgl. Sturzenhecker 2004: 445). Das bedeutet, Kinder und Jugendliche können selbstbestimmt und unaufgefordert, frei nach ihren Interessen, Angebote der Kinder- und Jugendarbeit wahrnehmen. In der Kinder- und Jugendarbeit herrschen keine vorgefertigten Strukturen mitsamt theoretischen Leitlinien oder Leistungserwartungen vor, sondern einer der Leitgedanken und Ansätze ist die partizipative Arbeit, die sich vornehmlich durch die allumfassende Mitgestaltung der Kinder und Jugendlichen in der Arbeit auszeichnet (vgl. ebd.). Eine ganzheitliche Auseinandersetzung mit dem Selbst, seinen Fähigkeiten, der Wahrnehmung der eigenen Stimme, der Selbstwirksamkeit und der (Um-)Welt ist also die anleitende Prämisse, die intendierte Wirksamkeitserwartung. Das Konzept der Subjektorientierung bietet dabei eine wichtige theoretische Grundlage (vgl. Scherr 1997). Jedoch sind auch andere grundlegende Orientierungen, wie die Aneignungs- und Sozialraumorientierung (vgl. Deinet 2002), die Genderorientierung (vgl. Rose 2002) oder die Cliquenorientierung (vgl. Krafeld 1996: 81ff.) häufig Ansätze in der Kinder- und Jugendarbeit.

3.5.2 Soziale Arbeit im Gesundheitswesen

Dienste der Gesundheitsförderung sind für die Soziale Arbeit sogenannte sekundäre Settings, da sie eher gesundheitsbezogen sind statt sozialarbeitsbezogen (vgl. Cowles 2012: 22). Trotz dessen ist die Soziale Arbeit im Gesundheitswesen elementar. Insbesondere bei Menschen, die durch eine Erkrankung aus ihren lebensweltlichen Bezügen herausgerissen wurden und dadurch die Alltagsbewältigung eine große Herausforderung darstellt. Soziale, ökonomische, rechtliche und verwaltungsbezogene Aspekte sind dabei oftmals wichtige ressourcenspezifische Elemente, die eine Wiedereingliederung in Gesellschaft und soziale Lebenswelt gewährleisten können, was dazu führt, dass die betroffenen Menschen wieder ihren Alltag meistern können (vgl. H.-G. Homfeldt 2012: 489). In diesem Zusammenhang sind besonders Schlüsselkompetenzen wie ein ausgeprägtes (Krisen-)Management, Beratung, Betreuung, Ressourcenaktivierung, Kooperation mit Angehörigen und eine interdisziplinäre Arbeitsweise wichtig, um das genannte Ziel zu erreichen (vgl. ebd.).

Sozialarbeiter:innen werden im Gesundheitswesen oftmals bei der psychosozialen Versorgung psychisch Kranker, bei Suchtkranken, in Reha-Kliniken oder in der Sozialpsychiatrie in ambulanten, teilstationären oder stationären Einrichtungen eingesetzt (vgl. ebd.). Tätigkeitsbezogene Schwerpunkte hierbei sind Gesundheitshilfe, Gesundheitsförderung, Gesundheitsvorsorge und die kommunale Gesundheitsberichterstattung (vgl. ebd.).

3.6 Handlungsmethodisches Repertoire von Sozialarbeiter:innen

In der Profession der Sozialen Arbeit haben sich im Laufe der Zeit eine Vielzahl an erprobten und bewährten Handlungsmethoden herausgebildet, die im Prozess der praktischen Tätigkeit als wirksame Verfahren oder Handlungsmöglichkeiten herangezogen werden können. Unter Methoden kann grundlegend eine „wissensbasierte Anleitung zum planvollen, strukturierten Vorgehen zur Erreichung eines anvisierten Ziels" (Galuske/Müller 2011: 588) verstanden werden. Die Anwendung von Methoden in dem Sinne der eben genannten Definition führt zu gesteigerter gesellschaftlicher Anerkennung, einer Verberuflichung und Professionalisierung der Sozialen Arbeit in modernen Gesellschaften (vgl. Galuske 2018: 993).

Handlungsmethoden sollen dabei helfen, einen exakten Leitfaden hinsichtlich der Bewältigung von vielschichtigen Alltagssituationen vorliegen zu haben, der sich in konkreten Plänen und dem notwendigen „Handwerkszeug" ausdifferenzieren lässt. Das professionelle Handeln in der Sozialen Arbeit soll somit routinisiert werden, die Komplexität der Anforderung wird reduziert, aber vor allem soll auch klar und verständlich nach innen und außen kommunizierbar sein, wie ein spezifisches Vorgehen auszusehen hat. Es reicht nicht mehr aus, sich von einer bestimmten Ahnung oder einem Gefühl zum Handeln verleiten zu lassen, sondern klar strukturierte und vorab zu berechnende Ergebnisse werden im methodischen Handeln in der Sozialen Arbeit erwartet und vorausgesetzt. Prognostizierbare Resultate stärken die Soziale Arbeit als Profession. Aus Intuition wird Kalkulation.

Infobox Handlungsmethoden

Handlungsmethoden in der Sozialen Arbeit sind bestimmte standardisierte Verfahren, um (meist) soziale Problematiken zu lösen. Durch die Anwendung von Handlungsmethoden wird vermieden, dass nicht jede Person aus einem subjektiven Gefühl heraus mittels unreflektierter Vorgehensweisen versucht, sozialen Problematiken abzuhelfen, sondern erprobte, berechenbare, normierte Vorgangsweisen nach einem bestimmten Ablaufplan Anwendung finden.

Doch wurde in den letzten Jahren auch immer wieder Kritik an der zu stark routinisierten Vorgehensweise bei der Arbeit mit nicht vorhersehbaren Verlaufen angebracht (vgl. Galuske 2013: 115ff.). Die Arbeit mit Menschen, die Besonderheit jeder einzelnen Lebenslage, die Eigenheiten der Lebenswelten, der sozialen Beziehungen etc. seien, wie bereits erwähnt, zu komplex und zu verschiedenartig, als dass sie technologisiert und in gerade Bahnen gebracht werden können, lautet der gewichtigste Einwand. Auch Studierenden- und Sozialarbeitsbewegungen übten ab den späten 1960er Jahren grundlegende Kritik an den klassischen Methoden der Sozialen Arbeit. Die Kritikpunkte beliefen sich auf die fehlende theoretische Fundierung von „Helfen" bzw. der Hilfebeziehung, auf die fehlende Differenz zwischen gesellschaftlicher und fachlicher Wahrnehmung von Hilfe und Kontrolle und auf die Pathologisierung der Klient:innen durch medizinisch oder therapeutisch geprägte und individualisierende Modelle (vgl. ebd.). Aber auch die Entlastung der Gesellschaft von strukturellen Problemlösungen durch das Ausblenden illegitimer Macht- und Herrschaftsverhältnisse gehörte zu den Kritikpunkten (vgl. ebd.). Weiterhin wird angeführt, dass die Praxis bzw. die Ausbildung in der Sozialen Arbeit wesentlich stärker gesellschaftstheoretisch und gesellschaftskritisch ausgerichtet ist, was zu einem höheren Anteil sozial- und politikwissenschaftlicher Theorien führt. Methoden in der Sozialen Arbeit sind jedoch nicht inhaltlich weiterentwickelt oder stärker wissenschaftlich fundiert worden, wodurch die Methodendebatte weitgehend zum Erliegen kommt und ihre historischen, fachlichen und konzeptionellen Traditionslinien verliert, ohne neue Ansätze und Verfahren zu entwickeln (vgl. Kreft und Müller 2019: 19). Zudem sind fachliche Ansprüche aus theoretischer und gesellschaftsbezogener Kritik methodisch schwer aufgreifbar und im fachlichen Handeln oft nicht einlösbar, was zu fehlenden Handlungskompetenzen und Handlungssicherheit führt. Im Endeffekt steht die Verhinderung stärkerer Professionalisierung der Sozialen Arbeit als Berufsgruppe mit eigenen Zuständigkeiten und spezifischen Verfahren (vgl. Galuske 2013: 123ff.).

3.7 Charakteristika methodischen Handelns in der Sozialen Arbeit

Grundsätzlich ist das Handeln in der Sozialen Arbeit eng gebunden an die Probleme und das alltägliche Leben der Klient:innen. Somit existieren viele mögliche Ansatzpunkte für professionelle Eingriffe, da fast jedes Problem im Leben von Klient:innen zum Gegenstand von Interventionen gemacht werden kann. Diese Allzuständigkeit führt oft dazu, dass nicht ein Problem gesondert angegangen werden kann, sondern viele Probleme zugleich, unter Verlust der Problemlösungseffektivität, bearbeitet werden. Es muss zudem immer im Einzelfall und alltagsnah begutachtet werden, welche Methode zum Einsatz kommen wird. Die Soziale Arbeit ist geprägt durch Paradoxien und Ambivalenzen, also nicht immer ganz eindeutig zu benennende Elemente und Strukturen (vgl. Walter 2017: 15f.). Es kann z.B. nicht immer davon ausgegangen werden, dass die Klient:innen die zur Einsetzung kommende Hilfeleistung auch wirklich als hilfreich erleben. Andererseits kann ein ausschließliches Eingehen auf die Bedürfnisse und Wünsche der Klient:innen auch zu einer Passivität führen und nicht zur Selbsthilfe, wie sie von der Sozialen Arbeit im Credo „Hilfe zur Selbsthilfe" eigentlich intendiert ist. Auch das Changieren zwischen Routine und Flexibilität oder zwischen allgemeinem Wissen und Anwendung im Einzelfall in der Sozialen Arbeit muss beachtet werden. Eine universell anwendbare Methode, die immer perfekt wirkt, existiert somit nicht (vgl. Galuske/Müller 2011: 592). Sozialarbeiter:innen sind zudem dem Prinzip der strukturierten Offenheit verpflichtet (vgl. Walter 2017: 75). Methodisches Handeln ist nicht planbar. In diesem Zusammenhang ist die Schwerpunktsetzung auf Dialog und Partizipation im Prozess der Hilfeleistung elementar. Die Klient:innen sollen ihr Wissen und Können aktiv mit einbringen dürfen, damit in Koproduktion die Problemlösung erarbeitet wird.

Das methodische Handeln in der Sozialen Arbeit findet oft im Rahmen einer Interprofessionalität statt, was dazu führen kann, dass methodische Ansätze verschiedener Professionen sich gegenüberstehen (vgl. ebd.). Gerade in der Inter- oder Multiprofessionalität ist es demnach eminent, dass die Soziale Arbeit wissenschaftlich begründete Methoden vorweisen kann, da hierdurch der Status und das Ansehen der Sozialen Arbeit als Profession und Disziplin positiv hervorzuheben ist. Zusätzlich ist auch in diesem Zusammenhang das Triplemandat in der Sozialen Arbeit wieder zu erwähnen. Die Anwendung einer Methode muss immer auch im Hinblick auf die Kontrolle vonseiten des Staates evaluiert werden.

Nachfolgend wird eine Auflistung der wesentlichen Methoden in der Sozialen Arbeit nach Galuske/Müller (2011: 606) zu finden sein (siehe Abbildung 9). Es wird hierbei aufgrund untergeordneter Relevanz darauf verzichtet, auf jede Methode einzeln einzugehen und sie zu beschreiben.[3] Einige ausgewählte Methoden werden in Kapitel 4 noch im Kontext der Sportsozialarbeit aufgezeigt.

Direkt interventionsbezogene Konzepte und Methoden		Indirekt interventionsbezogene Konzepte und Methoden	Struktur- und organisationsbezogene Konzepte und Methoden
Einzelfall- und primärgruppenbezogene Methoden	Gruppen- und sozialraumbezogene Methoden		
Soziale Einzelhilfe	Soziale Gruppenarbeit	Supervision	Qualitätsmanagement, Qualitätssicherung, Personalführung und -entwicklung, Organisationsentwicklung
Methoden der Beratung (B), z. B. sozialpädagogische B., klientenzentrierte B., systemische B.	Gemeinwesenarbeit	Selbstevaluation	
	Erlebnispädagogik		
	Themenzentrierte Interaktion		
	Empowerment		Jugendhilfeplanung
Multiperspektivische Fallarbeit	Streetwork/ aufsuchende Sozialarbeit		
Case-Management	Soziale Netzwerkarbeit		
Mediation			
Rekonstruktive Sozialarbeit			
Familientherapie			
Familie im Mittelpunkt			

Abbildung 9: Handlungskonzepte und Methoden (Galuske/Müller 2011: 606)

---

3 Für eine vertiefte Auseinandersetzung mit den Handlungsmethoden der Sozialarbeit werden u.a. Braches-Chyrek (2019), Kreft/Müller (2019), Stimmer (2020) und Galuske (2013) empfohlen.

4 Neues Arbeitsfeld Sportsozialarbeit

Nachdem nun das Anforderungsprofil von Sozialarbeiter:innen schemenhaft aufgezeigt wurde, soll nun folgend das Anforderungsprofil von Sportsozialarbeiter:innen dargestellt werden. Hierbei muss die Frage aufgeworfen werden, was sich durch den Sportzusatz konkret verändert. Welche neuen Anforderungen kommen nun hinzu? Fallen möglicherweise auch einige Anforderungen an Sozialarbeiter:innen mit dem Sportzusatz weg? Was ist das Besondere an der neuen Berufsbezeichnung „Sportsozialarbeiter:in"?

4.1 Anforderungsprofil von Sportsozialarbeiter:innen

Eine Konzeptualisierung des Anforderungsprofils von Sportsozialarbeiter:innen liegt bislang noch nicht vor. Die folgende Auseinandersetzung bezieht sich ausschließlich auf praktische und theoretische Erfahrungen und Vermutungen, es kann bislang auf keine empirischen Daten zurückgegriffen werden. Zusätzlich wird sich der strukturellen Konzeptualisierung des Anforderungsprofils eines Schulsozialarbeiters vom Kooperationsverbund Schulsozialarbeit (2009: 35f.) bedient.

Anforderungen an Sportsozialarbeiter:innen unterscheiden sich kaum im Vergleich zu Sozialarbeiter:innen im Allgemeinen. Der Sportzusatz kann im Sinne einer Prägung verstanden werden. Die nachstehende Konzeptualisierung soll einer Zweiteilung dieser Zusatzprägung in „Sport als neue Methode" und „Sport als neues Handlungsfeld" von Sportsozialarbeiter:innen folgen. Bislang gibt es keine klassischen Ausschreibungstexte für ein solches Berufsfeld. Wie das Interview in Kapitel 5 zeigt, sind auch langjährige Sozialarbeiter:innen, die bereits im Tätigkeitsfeld Sport unterwegs sind, mit dem Terminus Sportsozialarbeiter:in nicht vertraut.

4.2 Sport als neue Methode und neues Handlungsfeld in der Sozialen Arbeit

Sportsozialarbeiter:innen richten ihre Hilfeleistung entweder zuvorderst am Angebot des Sports als geeignete Methode aus oder behelfen sich des Sports als Methode im Zuge ihrer Hilfeplanung. Spezifische Anforderungen an Sportsozialarbeiter:innen werden im Folgenden zu finden sein.

> **Infobox Hilfeplanung**
>
> Die Hilfeplanung ist der Gesamtprozess einer Hilfeleistung in der Sozialen Arbeit. Sie reicht von der Beratung und Beteiligung über die Bedarfsfeststellung und Aufstellung des Hilfeplans bis hin zur Beendigung einer Einzelfallhilfe und findet in § 36 SGB VIII seine gesetzliche Grundlage.

Diese neue methodische Ausrichtung kann mithilfe einer dreiteiligen Gliederung zusätzlich veranschaulicht werden.

1. Unmittelbare Methode:
   Sport als zielgerichtete Methode, um direkten Einfluss auf das in der Hilfeleistung stehende Individuum zu nehmen

2. Konnektor
   Sport als Methode der aufsuchenden Sozialarbeit (Sport als Vehikel, um Zielgruppen zu erreichen)
3. Bildungserfolg
   Sport als Bildungsraum (sportliche Aktivitäten ausprobieren, gemeinsam mit anderen zusammen Sport treiben – soziale, mitunter auch interkulturelle Bildung, physische und psychische Veränderungen erfahren)
   (vgl. Becker et al. 2018: 114)

Diese Einteilung bietet eine übergeordnete Orientierung, die im weiteren Verlauf dieses Kapitels in ihren einzelnen Ausgestaltungen an der beispielhaften Darstellung der Anforderungen an Sportsozialarbeiter:innen aufgezeigt werden wird.

Zusätzlich eröffnen sich durch den Sport vielzählige neue Handlungsfelder. Es handelt sich dabei um „mehr als die Summe der Sportarten, Sportaktivitäten und Sportgelegenheiten. Sport ist ein Teil des alltäglichen Lebens vieler Menschen geworden" (Grupe/Krüger 2007: 69). Demnach bietet der Sport einen Raum, dessen sich bedient werden kann, um sozialarbeiterisch im Alltag der Klienten anzuknüpfen. Somit lässt sich zuerst einmal festhalten, dass Sportsozialarbeiter:innen grundlegend in allen Handlungsfeldern der Sozialarbeit eingesetzt werden können. Vielmehr lässt sich die Eigenart anhand der spezifischen methodischen Besonderheiten charakterisieren.

Sport als zielgerichtete Methode der direkten Einflussnahme auf das Individuum

Zuletzt sind vornehmlich gruppenspezifische Projekte im Kontext des Coachings, des Sportsozialmanagements oder der (Profi-)Sportbetreuung entstanden (vgl. Loebbert 2016: 2017f.; vgl. Löwenstein et al. 2020: 44). Neben der Anwendung sportorientierter Methoden in der Suchthilfe und der Kinder- und Jugendarbeit sind in den letzten Jahren auch bei der Sozialen Arbeit im Gesundheitswesen (Krankenhaus, Rehabilitationseinrichtung etc.), im Sozial- und Bildungswesen und in der klinischen Sozialarbeit häufiger Methoden des Sports zur Hilfe genommen worden (vgl. Löwenstein et al. 2020: 47). Da in den vergangenen Jahren die wissenschaftliche Erkenntnis, dass der Sport eine Vielzahl an gesundheitsbezogenen Wirkungen mit sich bringt, populär geworden ist, wird versucht, diese Erkenntnisse auch in die Praxis der Sozialarbeit zu implementieren. In diesem Kapitel werden beispielhaft die Tätigkeit in der Fanarbeit sowie in der Nachmittagsbetreuung dargestellt.

Sport als Methode der aufsuchenden Sozialarbeit

Der Sport in allen seinen Facetten bietet jedoch zusätzlich einiges an Handlungsfeldern, in denen sozialarbeiterische Tätigkeiten bislang noch wenig angesiedelt waren, nun aber in der neuen Berufsbezeichnung „Sportsozialarbeiter:in" eine neuartige Rechtfertigung und Bedeutsamkeit erlangen.

Beispielhaft kann hierbei die Fansozialarbeit genannt werden, bei der die Sportsozialarbeiter:innen anhand von aufsuchender Sozialarbeit mit Fangruppen aller Art arbeiten (vgl. Busch 2017). Aber auch die Migrationssozialarbeit, in der Sport als Methode der Integration Anwendung findet, ist in den letzten Jahren zum populären Handlungsfeld der (Sport-)Sozialarbeit geworden. Das Handlungsfeld Migration wird in Kapitel 6 näher beleuchtet.

> **Infobox aufsuchende Sozialarbeit**
>
> Aufsuchende Sozialarbeit bedeutet, dass die jeweiligen Zielgruppen, wie z.B. Klient:innen in betreuten Wohnformen, Cliquen oder Peergroups, dort aufgesucht werden, wo sie sich aufhalten. Die übliche Vorgehensweise verhält sich so, dass die Klient:innen die Angebote wie z.B. die Beratungsstelle oder das Jugendamt eigenständig aufsuchen müssen. Bei der aufsuchenden Sozialarbeit ist die Vorgehensweise genau umgekehrt. Oft werden Sozialräume, wie z.B. ein Stadtteil, dahingehend analysiert, wo sich die Zielgruppe aufhält, um dann anschließend mit einem Angebot zu der Zielgruppe zu gehen und nicht andersherum.

Sport als Bildungsraum

Auch im Sinne gesellschaftspolitischer Ziele sind Soziale Arbeit und Sport in der Verbindung bedeutsam. Beispielsweise in Bezug auf gleichberechtigte soziale Teilhabe, Inklusion oder Diversität innerhalb der Gesellschaft kann der Sport mitunter als Vehikel dienen, um eine Sensibilität gegenüber Andersdenkenden zu initiieren. Hierbei sind vornehmlich sozialpädagogische Angebote in Einsatzorten, die sich durch eine heterogene Bevölkerung auszeichnen, essenziell, um soziale Kompetenzen in diesen Bevölkerungssegmenten zu fördern.

Einen Überblick über die umfassenden Praxis- und Arbeitsfelder der Sportsozialarbeit in den Arbeitsfeldtypen der Sozialarbeit soll die folgende Grafik (Abbildung 10) nach Albert/Ruf (2021) darstellen:

Arbeitsfeldtypen Sozialer Arbeit	Arbeitsfelder Sportsozialarbeit
Kinder-, Jugend- und Familienhilfe	■ frühkindliche Bildung und Erziehung (Sport- und Bewegungsangebote für Kleinkinder und ihre Eltern) ■ Kinderbetreuung (Kindertageseinrichtungen mit Fokus auf Sport und Bewegung) ■ Sport im Ganztag ■ Sport in der Schulsozialarbeit ■ Kinder- und Jugendarbeit (z.B. im Sport im Verein, in Gruppen, in offenen Kinder- und Jugendtreffs/-zentren, mobile Jugendarbeit) ■ Jugendfreizeitarbeit und Jugendverbandsarbeit (Sport- und Bewegungsangebote auf Jugendfreizeitfahrten, Ferienfreizeiten, internationalen Begegnungen, sportliche/sportbezogene Jugendbildung) ■ Jugendsozialarbeit (Sportangebote für von Benachteiligung betroffene Kinder und Jugendliche z.B. in offenen Kinder- und Jugendtreffs/-zentren, Mädchen- und Jungenzentren, mobile Jugendsozialarbeit, Sport mit gewaltbereiten und/oder von Delinquenz bedrohten Kindern und Jugendlichen) ■ Hilfen zur Erziehung (Sportangebote in der Betreuungshilfe, in der sozialpädagogischen Familienhilfe, in der Heimerziehung, geschlossenen Unterbringen, im Jugendstrafvollzug)
Erwachsenenbezogene Soziale Hilfe	■ Sport- und Bewegungsangebote zur Wiedereingliederung in den Beruf ■ Projekt zur Befähigung von Jugendlichen am Übergang ■ Sport und Bewegung mit Obdachlosen ■ Sport und Bewegung mit Geflüchteten ■ Resozialisierungsmaßnahmen und -hilfen (Sport und Bewegung im Strafvollzug oder der Bewährungshilfe) ■ Fansozialarbeit
Soziale Altenarbeit	■ Sport- und Bewegungsangebote im Senior*innenclub und -Service Center ■ Sport- und Bewegungsangebote in der Senior*innentagespflege ■ Sport- und Bewegungsangebote im Senior*innen(pflege)heim

Arbeitsfeldtypen Sozialer Arbeit	Arbeitsfelder Sportsozialarbeit
Sozialpädagogische Angebote im Gesundheitssystem	▪ Sport- und Bewegungsangebote in der Suchthilfe ▪ Sport und Bewegungsangebote für Menschen mit psychischen Erkrankungen ▪ Sport- und Bewegungsangebote für Krebspatient*innen ▪ Sport- und Bewegungsangebote für Menschen mit Behinderung ▪ Gesundheitspräventive Angebote
Sozialraumbezogene Soziale Arbeit	▪ Gemeinwesenarbeit/Stadteilarbeit (Spielraumplanung, Spielplatzgestaltung, Sportraumplanung) ▪ Soziale Netzwerkprojekte in Kooperation mit dem organisierten Sport ▪ Kommunale Bildungslandschaften, lokale und regionale Bildungsnetzwerke

Abbildung 10: Praxis- und Arbeitsfelder von Sportsozialarbeit (Albert/Ruf 2021: 23)

4.3 Notwendige Kenntnisse von Sportsozialarbeiter:innen

Neben den vorab in Bezug auf die allgemeinen Kompetenzen von Sportsozialarbeiter:innen schon erwähnten grundlegenden Kenntnissen, werden nun Voraussetzungen an das Profil von Sportsozialarbeiter:innen genannt. Diese finden sich in der folgenden Aufzählung:

▪ Sportsozialarbeiter:innen setzen sich mit den unterschiedlichen und diversen Lebenswelten und -kulturen der Klient:innen (Herkunft, sexuelle Orientierung etc.) auseinander. Auch der jeweilige Sozialraum des Arbeitsortes, z.B. des Vereins, sollte bekannt sein.

▪ Sportsozialarbeiter:innen sind mit den Vor- und Nachteilen des Sports als Handlungsmethode sowie mit dem Konstrukt „Sport" als Ganzes mit seinen vielfältigen Strukturen und Ausformungen (Sportarten, Funktionen, Öffentlichkeit etc.) vertraut und verfolgen die aktuellen Entwicklungen im Sport (z.B. neue Trendsportarten)

▪ Sportsozialarbeiter:innen setzen den Sport als Methode nicht ausschließlich und unreflektiert ein, um die multiplen Problemlagen der Klient:innen zu bewältigen, sondern bedienen sich auch der anderen Handlungsmethoden der Sozialen Arbeit.

▪ Sportsozialarbeiter:innen besitzen ein physisch-anatomisches, sportwissenschaftliches und sportpsychologisches Grundverständnis.

▪ Sportsozialarbeiter:innen besitzen eine tendenzielle Affinität zum Sport, was sich entweder durch regelmäßiges Sporttreiben oder durch die intensive Befassung mit dem jeweiligen sportbezogenen Handlungsfeld auszeichnet.

■ Sportsozialarbeiter:innen kennen die vielfachen gesundheitlichen Vorteile des Sports und setzen gezielte Impulse, um diese zu erwirken. Dafür sind Kenntnisse über Anwendungsfelder sowie Modelle der Gesundheitserziehung[4] Voraussetzung.

■ Sportsozialarbeiter:innen sind geübt in der Anleitung von Gruppen sowie in der Durchführung von Sport- und Trainingseinheiten.

■ Sportsozialarbeiter:innen kennen die aktuellen und relevanten Forschungsergebnisse in den Bereichen Sport und Soziale Arbeit und lassen diese auch aktiv in ihre Arbeit mit einfließen.

■ Sportsozialarbeiter:innen kennen die (sport-)rechtlichen Grundlagen der Sozialen Arbeit.

4.4 Kommunikation und Kooperation in der Sportsozialarbeit

Sportsozialarbeiter:innen treffen im Zuge ihrer Arbeit mit unterschiedlichen Personenkreisen zusammen. Dazu gehören Kinder und Jugendliche, Trainer:innen, Eltern, Vertreter:innen von Vereinen, Schulen, sozialen Einrichtungen und anderen Institutionen sowie Fachkräfte im Sozialraum. Hieraus ergibt sich die Aufgabe, eine kooperative Zusammenarbeit der beteiligten Institutionen und Akteure zu forcieren und diese dann perspektivisch zu koordinieren. Zusätzlich ist von Vorteil, sich aktiv als wirkungsvoller Akteur im Sozialraum in bestehende Kooperationen und Netzwerke zu investieren und diese mitzugestalten.

■ Sportsozialarbeiter:innen regen multilaterale Kommunikationsprozesse und -wege an und vermitteln absichtsvoll und zielgerichtet im Sinne der Klient:innen zwischen den unterschiedlichen Personenkreisen. Hierbei sind sehr spezifische und stark ausgeprägte Kommunikationskompetenzen erforderlich.

■ Sportsozialarbeiter:innen stellen sicher, dass durch ihre integrativen Kompetenzen allen Personen(-gruppen) eine gleichberechtigte und selbstbestimmte Teilhabe an den Angeboten der Sportsozialarbeit gewährleistet ist und handeln aktiv und entschlossen gegen Ausgrenzung und Stigmatisierung.

■ Insbesondere ist eine ausgeprägte Teamfähigkeit eine unabdingbare Voraussetzung in der Sportsozialarbeit, die durch ihre mitunter auch interdisziplinäre Arbeit soziale Kompetenzen zur Grundlage bestimmen muss. Zusätzlich erforderlich sind Sicherheit und Autorität im Auftreten, da der Sport als Auslöser von gesteigerter Emotionalität aggressionsgeladene Situationen initiieren kann.

4.5 Orientierungshilfen für Sportsozialarbeiter:innen

Sportsozialarbeiter:innen stehen unverändert in der beruflichen Bedingung, Menschen in problematischen Lebenssituationen durch verschiedene Methoden wie z.B. dem Case-Management oder einem Hilfeplan etc. zur Seite zu stehen. Um das Gelingen dieser Tätigkeiten zu optimieren, ergeben sich noch einige Leitplanken

---

4 Zur weiteren Vertiefung siehe Blättner/Waller (2018), Franzkowiak (2003) Homfeldt (2002).

in der praktischen Arbeitsweise von Sportsozialarbeiter:innen. Beispielhaft werden nur einige wenige, jedoch relevante aufgezeigt:

Sozialraumorientierung

Sportsozialarbeiter:innen sind gefordert, den Sozialraum des Einsatzortes zu kennen, zu beobachten und fortwährend neu, unter den sich einstellenden Entwicklungen zu analysieren. Dies geschieht unter der Prämisse der ganzheitlichen Perspektive auf die Klient:innen. Der Sozialraum, namentlich der Stadtteil (Kiez), seine (sport- und gesundheitsbezogene) Infrastruktur (Sportplätze, Fahrradwege etc.), die (sportbezogenen) Institutionen (Sportvereine, Schulen, Jugendamt), (sportbezogene) Freizeitangebote, Familien etc. sind Werkzeuge von Sportsozialarbeiter:innen. Er/Sie vernetzt die kommunalen (sportbezogenen) Akteure wie Sportvereine, Schulen, freie Träger, Initiativen untereinander und ist bestrebt, den Sozialraum zu öffnen.

Sportsozialarbeiter:innen verknüpfen darüber hinaus den Bildungsraum Sport mit der Lebenswelt der Klient:innen. Infolgedessen können wirksame Erfahrungen gemacht und Lernprozesse angestoßen werden. Durch die Gemeinwesen- und Sozialraumorientierung werden kommunale und regionale Vernetzungen hergestellt, die eine sportbezogene Hilfestruktur herstellen.

Prävention

Eine weitere wesentliche handlungsmethodische Kompetenz von Sportsozialarbeiter:innen ist die präventive Arbeit. Frühzeitig sollen Fehlentwicklungen, wie die Tendenz zu aggressivem, gewalttätigem Verhalten, Benachteiligungen innerhalb von Personengruppen oder innerhalb der Gesellschaft wie Rassismus oder Nationalismus erkannt und durch zielgerichtete Handlungsmethoden bearbeitet werden. Dies kann durch gewaltpräventive Methoden, Mediation und Konfliktregelung, sozialpädagogisches Gruppentraining oder soziale Gruppenarbeit erreicht werden.

Dies eröffnet für Sportsozialarbeiter:innen die Möglichkeit, in unterschiedlichen Settings (Sportverein, Bolzplatz, soziale Einrichtung, Freizeitgruppen etc.) jeweils angemessene Angebote zu machen und gruppendynamische Prozesse anzuregen und zu begleiten.

Interkulturelle und geschlechtsspezifische Arbeit

Hierbei hat der Aspekt der interkulturellen und geschlechtersensiblen Sozialen Arbeit eine große Bedeutung. Gerade im Sport treffen Menschen unterschiedlicher Herkünfte, Religionen und Weltanschauungen aufeinander, was oft zu Konflikten führen kann, wie z.B. beim Münchner Olympia-Attentat zu begutachten war, als eine palästinensische Terrororganisation einen Anschlag auf die israelische Mannschaft verübte (vgl. Gasparini/Cometti 2010: 81; vgl. Oberloskamp 2012). Im Sport können andersdenkende Menschen, auch aus verschiedenen Herkünften, füreinander sensibilisiert werden, wodurch interkulturelle Lernprozesse angestoßen sowie Rücksicht, Toleranz und Akzeptanz eingeübt werden können.

Partizipation

Sportsozialarbeiter:innen initiieren Möglichkeiten der Partizipation und fördern eigenverantwortliches Handeln, z.B. durch die Heranführung und Ausbildung von Schiedsrichter:innen. Entscheidungsprozesse sind von Mitwirkung geprägt und jede Person, die möchte, wird aktiv miteinbezogen, mitunter auch durch die Verleihung wichtiger Funktionen innerhalb von Projekten der Sportsozialarbeit.

Qualitätsentwicklung

Sportsozialarbeiter:innen bedienen sich fortlaufend Methoden der Qualitätsentwicklung[5]. Sie reflektieren und evaluieren ihre Arbeit mithilfe von geeigneten Werkzeugen, wie z.B. der Supervision.

Übungen

- Überlegen Sie kurz, ob Sie mit den Anforderungen an Sportsozialarbeiter:innen übereinstimmen. Diskutieren Sie, welche Anforderungen Sie für weniger wichtig halten und welche für sehr wichtig. Was für Anforderungen und welche Methoden würden Sie noch hinzufügen? Überlegen Sie auch im Hinblick auf praktische Erfahrungen oder Erlebnisse, die Sie gemacht haben.
- Wie würden Sie sich selbst einschätzen: Würden Sie die nötigen Kompetenzen mitbringen, um die Anforderungen zu erfüllen? Wären Sie interessiert daran, Sportsozialarbeiter:in zu werden, wenn Sie das Anforderungsprofil lesen? Wie könnte das Anforderungsprofil noch attraktiver gestaltet werden?
- Wählen Sie sich eine Methode der Sozialen Arbeit aus (als Hilfestellung siehe Abbildung 9 in Kapitel 3.6) und erarbeiten Sie ein Konzept, in dem diese Methode in der Sportsozialarbeit Anwendung finden kann.

---

5 Für weitere Informationen zur Qualitätsentwicklung in der Sozialen Arbeit, siehe Herrmann/Müller (2019).

5 Etablierung von Sportsozialarbeit

Zusammenfassung

Folgend wird die Etablierung der Sportsozialarbeit beispielhaft und bruchstückhaft anhand verschiedener möglicher Arbeitsfelder dargelegt. Als Beispiele dienen die Fanarbeit und die Rolle der Sportvereine in der Ganztagsbetreuung. Am Ende dieses Kapitels findet sich ein Interview mit Stefan Schatz, dem Geschäftsführer des Trägervereins Jugend und Sport e.V. Zudem ist er verantwortlich für die beiden Hamburger Fanprojekte „HSV-Fanprojekt" und „Fanladen St. Pauli", das Straßenfußball-Projekt „KiezKick – Fußball für alle!" und die Fanbeauftragten des FC St. Pauli. In diesem Interview wird die zukünftige Rolle der Sportsozialarbeit diskutiert und ihre praktische Umsetzungsfähigkeit auf den Prüfstand gestellt.

Wie bereits im Anforderungsprofil dargelegt, zeichnet sich die Soziale Arbeit in ihrer Praxis durch ein hohes Maß an pädagogischem Handeln aus. Dies lässt sich ebenso auf einige Tätigkeitsfelder im Sport übertragen. Seit einigen Jahren rücken diese beiden Tätigkeitsfelder daher näher zusammen. Inzwischen gibt es Studiengänge in der Sozialen Arbeit mit einem Schwerpunkt im Sport oder komplette Studiengänge, die beide Tätigkeitsfelder abdecken. Auch in der Berufspraxis haben sich Tätigkeiten etabliert, die die Felder Soziale Arbeit mit Sport und Bewegung verbinden. Diese können sich in verschiedenen Bereichen befinden. So gibt es Angebote im offenen Ganztag, die einen sportlichen Schwerpunkt haben, dann gibt es Sportangebote in sogenannten sozialen Brennpunkten, die Jugendlichen ein Ventil und eine Perspektive aufzeigen sollen. Gerade die Sportart Fußball schafft es, vor allem über viel persönliches Engagement, solche Projekte zu initiieren.

Ganz andere Tätigkeitsfelder sind im Bereich der Fanarbeit. Auch die organisierten Fanszenen betreiben Soziale Arbeit, indem sie verschiedene Gruppen zusammenbringen und integrativ agieren (siehe Interview Kapitel 5.5). Auch über diese speziellen Beispiele hinaus betrachtet zeigt sich, dass in der Verbindung der Sozialen Arbeit und den Werten des Sports eine große Passung bestehen kann. Gerade an der Vereinsbasis spielt die integrative Kraft des Sports eine wichtige Rolle in der Gesellschaft. Im Sport werden zumeist Vorurteile und Barrieren abgebaut und Konflikte, die es außerhalb gibt, häufig überwunden. Insbesondere in den bereits angesprochenen sogenannten sozialen Brennpunkten sorgen Sportvereine für Begegnungen zwischen Personengruppen, die sonst wenig Berührungspunkte miteinander haben.

5.1 Sportsozialarbeit – Querschnittsaufgabe

Nachdem nun ein breiter Überblick über die Verknüpfung von Sport und Sozialer Arbeit hergestellt wurde, werden in diesem Kapitel zwei Handlungsfelder vorgestellt, wo die beiden Arbeitsbereiche bereits in der Praxis miteinander verknüpft sind.

Erstens wird dies die Fanarbeit sein, die sich dem Fußball versucht zu nähern und die verschiedenen Interessengruppen zusammenbringt.

Zweitens widmet sich dieses Kapitel zudem der Sportsozialarbeit bei Kindern im Vorschul- oder jungen Schulkinderalter. Aufgrund des gesetzlichen Anspruchs auf einen Betreuungsplatz finden sich immer mehr Angebote, wo der Sportverein als Bildungspartner die Betreuung übernimmt. Vor allem bei großen Mehrspartenvereinen gibt es bereits ein Angebot in der Bildungsträgerschaft von Sportvereinen. Abgeschlossen wird dieses Kapitel mit einem Blick auf das große Ganze, indem die Rolle der Sportvereine in der Gesellschaft noch einmal betrachtet wird.

> **Infobox Gesetzlicher Anspruch auf Ganztagsbetreuungsangebote**
>
> Seit dem 1. August 2013 haben Kinder ab dem ersten Lebensjahr bis zum Schuleintritt einen Rechtsanspruch auf Förderung in der Kindertagesbetreuung. Wenn die Kinder aus dem Kindergarten in die Grundschule kommen, stehen viele Eltern vor der Herausforderung, eine bedarfsgerechte Betreuungsmöglichkeit zu finden. Mehr Kinder sollen von ganztägigen Bildungs- und Betreuungsangeboten profitieren und Familien mit Schulkindern Familie und Beruf besser miteinander vereinen können. Deshalb haben sich die Regierungsparteien im Koalitionsvertrag der 19. Legislaturperiode darauf geeinigt, einen Rechtsanspruch auf Ganztagsbetreuung für Grundschulkinder auf den Weg zu bringen. Das Ganztagsförderungsgesetz (GaFöG) trat im Oktober 2021 in Kraft (vgl. BGBl. 2021, Nr. 71, S. 4602). (vgl. BMFSFJ 2023)

5.2 Fanarbeit

Die Fanarbeit im Fußball hat sich in den letzten Jahren zu einem wichtigen Bereich der Sozialen Arbeit entwickelt (vgl. Kotthaus 2021: 625). Fußballfans sind leidenschaftlich und engagiert, aber manchmal auch mit Problemen konfrontiert (vgl. ebd.: 626). Durch die große Popularität des Fußballs werden besonders viele Personengruppe angesprochen. Ebenso ist Fußball ein Phänomen, was die gesamte gesellschaftliche Breite abdeckt und somit auch alle Probleme, die die Gesellschaft hat, widerspiegelt. Das Stadion ist ein stimulierender Sozialraum, wo auch Kriminalität und Soziale Probleme zutage treten. Dies ist ein idealer Anknüpfungspunkt für die soziale Arbeit. Fußball ist dann der Ankerpunkt, der die Soziale Arbeit mit jungen Menschen zusammenbringt. Dies ist ein klassisches Beispiel für Sportsozialarbeit.

Das gut vernetzte Arbeitsgebiet der Fanprojekte umfasst dabei Mitarbeiter:innen mit verschiedenen Ausbildungen (sport-, sozial- und humanwissenschaftlichen oder kriminologischen Qualifikationen) sowie Praktiker:innen, um die Komplexität abbilden zu können und maximale Wirkung zu erzielen (vgl. Gerschel et al. 2023: 13). In diesem Kapitel werden wir uns mit der Bedeutung der Sozialen Arbeit in der Fanarbeit im Fußball auseinandersetzen und die verschiedenen Ansätze und Herausforderungen untersuchen, die dabei auftreten können.

5.2.1 Die Bedeutung der Sozialen Arbeit in der Fanarbeit

Die Fanarbeit im Fußball geht weit über die Organisation von Fanclubs und Fanveranstaltungen hinaus. Sie hat auch eine wichtige soziale Funktion. Fußballfans identifizieren sich mit ihrem Verein und schließen sich oft in Gruppen zusammen (vgl. Smith/Ingham 2003: 259). Diese Gruppen bieten ein Gefühl der Zugehörigkeit und Gemeinschaft, können aber auch Konflikte und Spannungen mit anderen Fangruppen oder der Gesellschaft insgesamt mit sich bringen (vgl. Rudolph et al. 2017: 141).

Hier kommt die Soziale Arbeit ins Spiel. Sozialarbeiter:innen in der Fanarbeit fungieren als Vermittler:innen zwischen den Fans und anderen Akteur:innen wie Vereinen, Polizei und Behörden. Sie bieten Unterstützung, Beratung und konstruktive Lösungsansätze für die Herausforderungen, mit denen Fans konfrontiert sind. Dies kann von der Bewältigung von Gewalt und Diskriminierung bis hin zur Förderung sozialer Integration und persönlicher Entwicklung reichen (vgl. Kotthaus et al. 2021: 628f.).

Ein weiterer Ansatz ist die Unterstützung und Beratung von Einzelpersonen. Sozialarbeiter:innen stehen Fans zur Seite, die mit persönlichen Problemen wie Sucht, psychischen Belastungen oder sozialer Isolation zu kämpfen haben. Sie bieten ihnen eine Anlaufstelle und helfen bei der Vermittlung zu weiteren Hilfsangeboten.

Zusätzlich zur individuellen Unterstützung spielen auch Gruppenangebote eine wichtige Rolle. Sozialarbeiter:innen organisieren Fanprojekte, in denen Fans sich austauschen, Freundschaften knüpfen und gemeinsam an sozialen Projekten teilnehmen können. Dies fördert den Zusammenhalt und die soziale Integration der Fans.

5.2.2 Herausforderungen in der Fanarbeit

Die Soziale Arbeit in der Fanarbeit steht auch vor einigen Herausforderungen. Eine der größten ist die Akzeptanz der Fans. Manche Fans betrachten eine mögliche Intervention als Einmischung oder Kontrolle von außen und reagieren ablehnend darauf (vgl. Schiefer/Stichling 2017: 77ff.). Hier ist es wichtig, Vertrauen aufzubauen und die Fans aktiv in die Gestaltung der Fanarbeit einzubeziehen.

Ein weiteres Problem sind begrenzte Ressourcen und finanzielle Einschränkungen. Die Fanarbeit ist oft von knappen Budgets abhängig, was die Umsetzung umfassender Programme und Projekte erschwert. Es ist daher wichtig, dass staatliche Institutionen und Fußballvereine die Bedeutung der Sozialen Arbeit anerkennen und angemessene Ressourcen zur Verfügung stellen (vgl. Kotthaus et al. 2021: 634).

> **Schlussfolgerung**
>
> Die Soziale Arbeit in der Fanarbeit im Fußball spielt eine bedeutende Rolle bei der Förderung eines positiven und respektvollen Miteinanders der Fans. Durch präventive Maßnahmen, individuelle Unterstützung und Gruppenangebote tragen Sozialarbeiter:innen dazu bei, Konflikte zu reduzieren, soziale Integration zu fördern und persönliche Entwicklungsprozesse anzustoßen. Trotz einiger Herausforderungen bleibt die Fanarbeit im Fußball ein wichtiger Bereich der Sozialen Arbeit, der weiterentwickelt und gestärkt werden sollte, um den Bedürfnissen der Fans gerecht zu werden.

5.3 Sportvereine als Trägervereine in der Bildung

Die Bedeutung von Bewegung und sportlicher Aktivität im frühkindlichen Alter wird zunehmend erkannt (vgl. Ketelhut et al. 2005; vgl. Neville et al. 2021; vgl. Telama et al. 2014; vgl. Utesch et al. 2019). Kinder, die frühzeitig an Sport und körperliche Aktivität herangeführt werden, profitieren nicht nur von den positiven Auswirkungen auf ihre körperliche Gesundheit, sondern auch von den zahlreichen Lerneffekten und sozialen Kompetenzen, die durch Sport vermittelt werden können (vgl. Bedard et al. 2020; vgl. Haugen et al. 2013; vgl. Hess/Scheithauer 2010; vgl. Petitpas/Champagne 2000; Weiss et al. 1990). In diesem Kapitel werden wir uns mit der Rolle von Sportvereinen als Bildungspartner in der Nachmittagsbetreuung für Vorschulkinder befassen und die positiven Einflüsse von Bewegung im frühkindlichen Alter mit dem Fokus auf Sport als gesellschaftlicher Querschnittsaufgabe untersuchen.

5.3.1 Sportvereine als Bildungspartner

Sportvereine können eine wichtige Rolle als Bildungspartner in der Nachmittagsbetreuung für Vorschulkinder einnehmen (vgl. Heim et al. 2013; vgl. Thieme 2013; vgl. Züchner/Rauschenbach 2011). Sie bieten qualifizierte Trainer:innen und Übungsleiter:innen, die den Kindern altersgerechte sportliche Aktivitäten anbieten und sie dabei unterstützen, ihre motorischen Fähigkeiten zu entwickeln. Darüber hinaus können Sportvereine auch Bildungsinhalte in ihr Programm integrieren, die den Kindern wichtige soziale Kompetenzen und Werte vermitteln.

Die Zusammenarbeit zwischen Sportvereinen und Kindertagesstätten oder Schulen ermöglicht eine ganzheitliche Förderung der Kinder. Durch die enge Zusammenarbeit können die sportlichen Aktivitäten in den pädagogischen Kontext eingebettet werden und so zur umfassenden Entwicklung der Kinder beitragen. Sportvereine können beispielsweise Themen wie Fairplay, Teamgeist und Respekt in ihren Trainings- und Spielangeboten thematisieren und den Kindern dadurch wichtige Werte vermitteln (vgl. Naul 2011: 23).

5.3.2 Positive Einflüsse von Bewegung im frühkindlichen Alter

Bewegung und sportliche Aktivität haben vielfältige positive Einflüsse auf die Entwicklung von Vorschulkindern (vgl. Eime et al. 2013; vgl. Felfe et al. 2016; vgl. Kleiber/Roberts 1981). Im frühkindlichen Alter ist der Bewegungsdrang besonders ausgeprägt und Kinder lernen und entwickeln sich durch Bewegung (vgl. Chandler/Tricot 2015; vgl. Deli et al. 2006). Sportliche Aktivitäten fördern die motorische Geschicklichkeit, Koordination und Kraftentwicklung der Kinder (vgl. Ketelhut et al. 2005; vgl. Willimczik et al. 2006). Durch Bewegungserfahrungen lernen sie ihren Körper besser kennen und gewinnen Vertrauen in ihre eigenen Fähigkeiten (vgl. Wellard 2012).

Darüber hinaus hat Bewegung auch positive Auswirkungen auf die kognitive und soziale Entwicklung (vgl. Bidzan-Bluma/Lipowska 2018; vgl. Carson et al. 2016; vgl. Eime et al. 2013; vgl. Opstoel et al. 2020). Durch Bewegung und Sport werden neuronale Verbindungen im Gehirn gefördert, was sich positiv auf das Lernen und die kognitive Leistungsfähigkeit der Kinder auswirken kann (vgl. Bidzan-Bluma/Lipowska 2018; vgl. Budde et al. 2008). Sportliche Aktivitäten bieten zudem Möglichkeiten für soziales Miteinander, Teamarbeit und das Erlernen von Regeln und Fairplay (vgl. Gibbons et al. 1995; vgl. Weiss/Bredemeier 1990). Kinder lernen, Konflikte konstruktiv zu lösen, Rücksicht auf andere zu nehmen und Verantwortung zu übernehmen (vgl. ebd.). Dafür sind Sportvereine besonders prädestiniert. Mit ihrer Expertise in (zumeist) vielen Bewegungsfeldern, können diese ein breites und fachlich hervorragendes Angebot machen.

Für die Vereine ist dies aus dreierlei Hinsicht besonders wertvoll. Mit den immer längeren Verweildauern der Kinder in Bildungseinrichtungen fallen für Vereine wichtige Zeitfenster in der frühkindlichen Sportbetreuung weg. Diesem können sie mit eigenen Ganztagsangeboten entgegenwirken. Zum zweiten bildet diese Maßnahme auch eine Mitgliedergewinnung bzw. Mitgliederbindung, was sich für die Finanzierung sowie den langfristigeren Erfolg von Vereinen ebenfalls positiv auswirkt. Ein dritter Aspekt dabei ist die Beschäftigung von Trainer:innen. Diese können durch eine Nachmittagsbetreuung bereits früher Sportangebote anbieten, sodass andere Beschäftigungsmodelle möglich werden.

5.3.3 Sport als gesellschaftliche Querschnittsaufgabe

Sport wird zunehmend als gesellschaftliche Querschnittsaufgabe betrachtet, da er nicht nur individuelle Vorteile bringt, sondern auch gesellschaftliche Ziele unterstützt (vgl. Rittner et al. 2000). Sportliche Aktivität fördert die Gesundheit und das Wohlbefinden der Kinder und trägt damit zur Prävention von Krankheiten und zur Steigerung der Lebensqualität bei (vgl. Kriemler et al. 2021; vgl. Schickendantz et al. 2007). Darüber hinaus kann Sport dazu beitragen, soziale Ungleichheiten zu verringern und Integration zu fördern, wie in Kapitel sechs des Buches noch aufgezeigt werden wird. Durch die Zusammenarbeit von Sportvereinen, Kindertagesstätten und Schulen können Kinder unabhängig von ihrer sozialen oder kulturellen Herkunft Zugang zu Sportangeboten erhalten und von den positiven Effekten profitieren.

> **Schlussfolgerung**
>
> Sportvereine spielen als Bildungspartner in der Nachmittagsbetreuung für Vorschulkinder eine wichtige Rolle bei der Förderung von Bewegung und sportlicher Aktivität im frühkindlichen Alter. Durch die enge Zusammenarbeit zwischen Sportvereinen, Kindertagesstätten und Schulen können Kinder ganzheitlich gefördert werden und wichtige motorische, kognitive und soziale Kompetenzen entwickeln. Sportliche Aktivität im frühkindlichen Alter hat nicht nur individuelle Vorteile, sondern trägt auch zur Verwirklichung gesellschaftlicher Ziele bei, wie der Förderung der Gesundheit, der Integration und der Vermittlung von Werten wie Fairplay und Teamgeist. Sport als gesellschaftliche Querschnittsaufgabe sollte daher weiterhin gefördert und ausgebaut werden, um allen Kindern gleiche Chancen auf sportliche Bildung und Entwicklung zu ermöglichen.

5.4 Soziale Bedeutung von Sportvereinen in Quartieren

Sportvereine nehmen eine wichtige Rolle in der sozialen Struktur von Quartieren ein und tragen zur Förderung von Werten im Sport bei. Sie schaffen nicht nur sportliche Angebote, sondern auch Räume, in denen Menschen zusammenkommen, sich austauschen und aktiv am Vereinsleben teilhaben können. In diesem Kapitel werden die verschiedenen Werte im Sport betrachtet und ihre Bedeutung für die soziale Integration und Entwicklung in Quartieren herausgestellt.

Die Angebotslandschaft von Sportvereinen hat eine große soziale Bedeutung. Sie bieten Kindern, Jugendlichen und Erwachsenen die Möglichkeit, sich sportlich zu betätigen und ihre Talente zu entfalten. Sportvereine fördern die körperliche Fitness, das Wohlbefinden und die Gesundheit der Mitglieder. Sie schaffen zudem Räume, in denen Menschen zusammenkommen und soziale Kontakte knüpfen können.

Das *Schaffen von Bewegungsräumen* ist ein weiterer wichtiger Aspekt der sozialen Bedeutung von Sportvereinen. Sportstätten und Vereinsräume dienen als Treffpunkt für die Mitglieder und ermöglichen den Austausch und die Gemeinschaft. Sie bieten einen Ort, an dem Menschen unterschiedlicher Hintergründe zusammenkommen und miteinander interagieren können. Diese Räume tragen zur Stärkung des Zusammenhalts und zur Förderung der sozialen Integration bei.

Teilhabe und Integration sind grundlegende Werte, die im Sport gefördert werden. Sportvereine schaffen Möglichkeiten für Menschen aller Altersgruppen und mit unterschiedlichen Voraussetzungen, sich aktiv am Vereinsleben zu beteiligen. Sie bieten Programme und Veranstaltungen an, die auf die Bedürfnisse verschiedener Zielgruppen zugeschnitten sind. Dadurch wird die Integration von Menschen mit Migrationshintergrund, Menschen mit Behinderungen oder sozial benachteiligten Menschen gefördert.

Fairplay ist ein zentraler Wert im Sport und spielt auch in Sportvereinen eine bedeutende Rolle. Fairplay bedeutet, den Gegner und die Regeln zu respektieren, faire Entscheidungen anzuerkennen und sich sportlich zu verhalten. Sportvereine legen großen Wert darauf, Fairplay zu fördern und vermitteln ihren Mitgliedern die Bedeutung von Fairness und Respekt im sportlichen Wettbewerb.

Toleranz ist ein weiterer Wert, der im Sport und in Sportvereinen eine große Rolle spielt. Sportliche Aktivitäten bringen Menschen unterschiedlicher Herkunft, Kultur und Religion zusammen. Sportvereine schaffen eine offene und tolerante Atmosphäre, in der Vielfalt anerkannt und respektiert wird. Sie setzen sich aktiv gegen Diskriminierung und Vorurteile ein und fördern die Toleranz und den respektvollen Umgang miteinander.

Der *Umgang mit Sieg und Niederlage* ist ein wichtiger Aspekt der sportlichen Erziehung in Sportvereinen. Es geht nicht nur darum, fair zu gewinnen, sondern auch fair zu verlieren. Sportvereine lehren ihren Mitgliedern, mit Niederlagen umzugehen, daraus zu lernen und sich weiterzuentwickeln. Der respektvolle Umgang mit dem Gegner und die Anerkennung seiner Leistung sind wesentliche Bestandteile dieses Wertes.

Teamgeist ist ein Wert, der im Mannschaftssport und in Sportvereinen besonders relevant ist. Sportvereine fördern den Teamgeist, indem sie die Zusammenarbeit, den Zusammenhalt und die Verantwortung innerhalb des Teams stärken. Sie legen großen Wert auf die Anerkennung der individuellen Stärken jedes Teammitglieds und auf die Bereitschaft, füreinander einzustehen.

Verlässlichkeit und Engagement sind grundlegende Werte, die in Sportvereinen gefördert werden. Mitglieder werden ermutigt, ihre Verpflichtungen gegenüber dem Team und dem Verein ernst zu nehmen und sich aktiv einzubringen. Verlässlichkeit bedeutet, pünktlich zu sein, Absprachen einzuhalten und Verantwortung zu übernehmen. Engagement zeigt sich im Einsatz und der Bereitschaft, sich für den Verein und das Team einzusetzen.

Demokratieverständnis spielt auch in Sportvereinen eine wichtige Rolle. Sie setzen sich aktiv für die Prävention von Rassismus, Extremismus und Antisemitismus ein. Sportvereine vermitteln ihren Mitgliedern die Werte der Gleichberechtigung, Toleranz und Offenheit. Sie fördern ein demokratisches Miteinander und setzen sich gegen Diskriminierung und Vorurteile ein.

Integrität ist ein unverzichtbarer Wert im Sport und wird auch von Sportvereinen gefördert. Sie setzen sich aktiv für die Prävention von Betrug, wie beispielsweise Doping oder Wettmanipulation, und für die Prävention sexualisierter Gewalt ein. Sportvereine legen großen Wert auf die Einhaltung von Regeln und Ethik, um einen fairen und sauberen Sport zu gewährleisten. Sie schaffen ein sicheres Umfeld für ihre Mitglieder.

Nachhaltigkeit spielt auch im Sportverein eine immer wichtigere Rolle. Sportvereine können als Vorbilder fungieren und durch umweltfreundliche Praktiken einen Beitrag zum Schutz der Umwelt leisten. Sie fördern einen nachhaltigen Konsum und setzen sich für den verantwortungsvollen Umgang mit Ressourcen ein.

Zusammenfassend spielen Sportvereine eine bedeutende soziale Rolle in Quartieren, indem sie nicht nur sportliche Angebote schaffen, sondern auch Räume für Begegnung und Integration bereitstellen. Die Förderung von Werten wie Teilhabe, Fairplay, Toleranz, Umgang mit Sieg und Niederlage, Teamgeist, Verlässlichkeit und Engagement, Demokratieverständnis, Integrität und Nachhaltigkeit ist zentral für die positive Entwicklung von Quartieren und die Schaffung einer inklusiven und respektvollen Sportkultur. Sportvereine tragen dazu bei, die soziale Integration zu fördern, den Zusammenhalt zu stärken und Werte im Sport zu vermitteln, die weit über den sportlichen Wettbewerb hinausreichen.

5.5 Interview mit ausgewähltem Praxisvertreter

Zum Abschluss des Kapitels folgt ein Interview mit Stefan Schatz: Stefan Schatz ist von klein auf sportbegeistert und Fan des FC St. Pauli. Er machte im Jahr 2002 sein Hobby zum Beruf, als er im sozialpädagogischen Fanprojekt „Fanladen St. Pauli" als Pädagoge und Fanbeauftragter anheuerte. Seit 2018 ist Stefan Schatz als Geschäftsführer des Trägervereins Jugend und Sport e.V. verantwortlich für die beiden Hamburger Fanprojekte „HSV-Fanprojekt" und „Fanladen St. Pauli", das

Straßenfußball-Projekt „KiezKick – Fußball für alle!" und die Fanbeauftragten des FC St. Pauli. Die Angebotspalette der Projekte reicht von der Begleitung der Fans über Begegnungsfahrten bis zu sportpädagogischen Angeboten wie Kicker- und Fanclub-Turnieren. Im Projekt „Kiezkick" gibt es außer kostenfreiem Fußballtraining inzwischen auch regelmäßige Boxangebote für Jungen und Mädchen.

„Sportsozialarbeit war vor unserem Gespräch kein Begriff für mich"

Christoph Clephas (CC): Was verstehst du unter Sportsozialarbeit?

Stefan Schatz (SS): Gleich die erste schwere Frage zu Beginn, weil ich da tatsächlich kein Verständnis zu habe. Ich habe eigentlich keinen eigenen Begriff zur Sportsozialarbeit, da habe ich mich weder in meinem Studium noch in meinem Job bisher damit beschäftigt. In meinem Arbeitsfeld kann ich mir vorstellen, dass Sportsozialarbeit sinnvoll oder notwendig ist. Zum Beispiel im Leistungsbereich: In den Nachwuchsleistungszentren der Vereine hier in Hamburg oder in den Kids Clubs. Bei St. Pauli gibt es die Rabauken, wo Ferienprogramme angeboten werden. Ich will jetzt nicht zu viel Schelte betreiben, ich finde diese Rabauken sind ein bisschen kritisch zu bewerten, weil es, wie ich finde, auch immer so ein bisschen Kundenbindungsprogramme kleinerer und größerer Unternehmen sind. Das ist jetzt nicht unbedingt Jugendsozialarbeit oder sowas in erster Linie. Aber das wäre auf jeden Fall ein Bereich, den ich sehen würde, dass da sowas wie Sportsozialarbeit gemacht wird.

CC: Ist das Thema Fanarbeit ein Arbeitsfeld für dich, wo Sportsozialarbeit stattfindet?

SS: Ich habe es bisher so nicht verstanden. Beim Nachdenken darüber, worüber wir heute sprechen, ist mir schon aufgefallen, wie viel Sportaspekte wir bei uns in der Arbeit mit drin haben. Also der Anknüpfungspunkt ist bei uns ja der Fußball als Zuschauersport. Das heißt, wir arbeiten vor allem mit Jugendlichen, jungen Erwachsenen, Fans, die vor allem Fußball konsumieren. Aber unsere Angebotsstruktur ist schon immer wieder damit verknüpft, dass wir auch sportliche Betätigung irgendwie haben. Also das fängt damit an, dass wir Tischfußballgeräte stehen haben in den Einrichtungen oder Tischtennisplatten da stehen haben. In beiden Projekten veranstalten wir auch Turniere mit den Fans, die beide Projekte organisieren, aber auch große Fußballturniere, sowohl in der Halle als auch auf dem Rasen. Gerade im Bereich der Jugendarbeit machen wir auch immer wieder Begegnungsaustausch mit anderen Standorten und da ist eines der ersten Tools, die gegriffen werden, das Mieten einer Soccer-Halle. Da treffen wir uns mit einer Reisegruppe vom Fanprojekt Bielefeld meinetwegen und gehen mit denen in eine Soccer-Halle und schaffen darüber Begegnungen, was dann eher die Intention dahinter wäre. Aber der Anknüpfungspunkt ist eben eine sportliche Betätigung. Von daher passiert viel Sport bei uns in der Sozialarbeit.

CC: Würdest du die Arbeit daher eher als Sozialarbeit im Sport definieren oder als „Sportsozialarbeit"?

SS: Ja genau. Also ich würde schon sagen, wir machen Jugendsozialarbeit, offene Kinder- und Jugendarbeit. Dabei ist der Anknüpfungspunkt der Sport und das Feld weitet sich dann auch mit sportlicher Betätigung. Meistens besteht eine Verbindung zum Fußball, kann auch Tischfußball, kann auch Tischtennis oder Minigolf mit einem Fußball sein. Dennoch würde ich unsere Arbeit jetzt nicht von vornherein als Sportsozialarbeit definieren.

CC: Wie verbindest du Sport und Sozialarbeit in deiner Tätigkeit?

SS: Wie gesagt, es fängt damit an, dass wir eben niedrigschwellig Sportangebote anbieten, dass wir über Sport Begegnung schaffen. Wir versuchen aber auch über den Sport Werte zu vermitteln, dass wir zum Beispiel sowas wie einen fairen Umgang miteinander trainieren.

CC: Hast du ein Beispiel?

SS: In einem Projekt machen wir es so, dass wir Fußballturniere ohne Schiedsrichter:innen zum Beispiel spielen und lassen das die Teams selbst aushandeln – das klappt wunderbar. Das haben wir sowohl im Fanclub-Turnier bei St. Pauli als auch bei einem großen internationalen Einladungsturnier, dem Anti Rat Turnier gemacht. Dort spielen Gruppen aus ganz Europa und Israel und die spielen über drei Tage ein Fußballturnier komplett ohne Schiedsrichter:innen und das geht relativ konfliktfrei über die Bühne.

CC: Braucht es denn mehr Sozialarbeiter:innen im Sport und wenn ja, wo?

SS: Wie gesagt, ich habe noch nicht so einen richtigen Begriff für Sportsozialarbeit und nicht viel Erfahrung mit dem Feld. Wenn ich mir angucke, was und wo ich jetzt Anknüpfungspunkte sehe, dann sehe ich zum Beispiel die Nachwuchsleistungszentren der Vereine, wo jugendliche Spieler sind, als ein Tätigkeitsfeld. Es geht momentan vor allem um Männerfußball. Im Frauenfußball sind wir leider noch nicht so weit. In den Leistungszentren, wo die Spieler teilweise schon alleine in so einer Art WG wohnen und die dann von Sozialarbeiter:innen betreut werden und begleitet werden, das ist sicherlich sehr wichtig. Das sind aber natürlich schon ältere Jugendliche oder junge Erwachsene. Gerade im Bereich der Jugendförderung, also im kindlichen Bereich oder jüngeren Jugendbereich, sind in den Vereinen, soweit ich weiß, dann oft eher ehrenamtliche Trainer:innen, die sich um die Trainingsgestaltung und sowas kümmern. Da ist die Entwicklung sicherlich auch schon weiter als noch so in meiner Jugend. Dort sind auch erweiterte Führungszeugnisse und sowas verpflichtend. Und ich glaube auch in Fortbildungsprogrammen sind die Vereine weiter. Grundsätzlich macht es natürlich Sinn. Da ich auch Pädagoge bin, wäre es natürlich wünschenswert, wenn die Leute da auch einen sozialpädagogischen Background hätten. Ob das so umsetzbar ist im Verein, das weiß ich nicht. Bei größeren sicherlich eher als bei kleineren. Ziel sollte es schon sein, dass mehr Pädagoginnen und Pädagogen eingestellt werden, die als Sportsozialarbeiter:innen tätig sind. Ob dafür jedoch Mittel zur Verfügung stehen, um die adäquate Bezahlung nach Tarif zu gewährleisten, das weiß ich nicht.

CC: Sollten also Sozialarbeiter:innen und Pädagog:innen zukünftig auch in Sportvereinen tätig sein?

SS: Aus meiner Perspektive ja. Aus der Ferne ist es so, dass es meine Erfahrung ist, dass die Vereine sich gerne bei den Fanprojekten zum Beispiel bedienen, wenn es darum geht, Personal zu rekrutieren. Grundsätzlich bin ich immer dafür, mehr Pädagog:innen zu integrieren und damit neue Arbeitsfelder zu erschließen und aufzudröseln.

CC: Braucht es aus deiner Sicht eine Professionalisierung für die Sportsozialarbeit?

SS: Ja, also wenn man sich darauf verständigt und sagt, wir wollen Sozialarbeit auch im Sport als Sportsozialarbeit etablieren, dann geht es nur über eine Professionalisierung. Dann muss es eben mit einem pädagogischen oder sozialarbeiterischen Studium verbunden sein. Ich sehe so ein bisschen die Diskrepanz in Bezug auf das Ehrenamt. Sport ist der Kitt der Gesellschaft und das Ehrenamt ein elementarer Teil davon. Wie gesagt, eingetragene Vereine leben vom Ehrenamt, ich glaub da muss man eben gucken, dass die Professionalisierung nicht dazu führt, dass das Ehrenamt zurückgedrängt wird. Das wäre dann glaube ich fatal im Sinne des Kitts der Gesellschaft. Aber wenn es darum geht, den sozialarbeiterischen Aspekt hervorzuheben, dann geht es nur mit Professionalisierung. Dann muss eben auch ein Studiengang implementiert werden. Beispielsweise habe ich Pädagogik studiert an einer Hochschule und ich beschäftige Sozialarbeiter:innen, die von der HW oder vom „Rauhen Haus" (soziale Einrichtungen und Ausbildungsstätten in Hamburg, Anm. d. Verfasser) kommen. Das Thema Sport war noch nie irgendwo Thema in der Ausbildung dort. Hätte sich da jemand schwerpunktmäßig mit beschäftigt, müsste das schon im Curriculum stehen. Das Ziel sollte es sein, dass es nicht nur bei einer privaten Hochschule, sondern vielleicht auch in den regulären Unis und Hochschulen mitgedacht wird. Zukünftig sollte das durchaus ein Arbeitsschwerpunkt sein.

CC: Vor welchen künftigen Herausforderungen wird die Sportsozialarbeit stehen?

SS: So wie ich es jetzt bisher in unseren Gesprächen verstanden habe, glaube ich, es ist sinnvoll zu sagen, wir versuchen da einen Brückenschlag zu machen zwischen Sport und Sozialarbeit. Natürlich gucken wir auf die herkömmliche Soziale Arbeit, wo sind da die Schnittmengen und wo sind die Berührungspunkte, um das Feld zu öffnen? Künftige Herausforderungen in der Sozialen Arbeit werden dann auch Herausforderungen für den Sport. Das sind vor allem die gesellschaftlichen Themen. Die liegen offenkundig auf der Straße und in den Zeitungen, also die, dass die Gesellschaft immer weiter auseinanderdriftet: Armutsschere, Bildungsungleichheiten etc. Das sind Schlagworte, die ja die Soziale Arbeit schon seit Jahren beschäftigen und sicherlich auch über Jahre hinaus beschäftigen wird. Ich möchte das Feld nicht zu groß machen, aber wenn man sich jetzt gerade die aktuellen Umfrageergebnisse in Deutschland, aber auch in Europa anschaut und sich anguckt, wie die Gesellschaft aktuell sich immer mehr konservativeren Werten öffnet und sich Europa immer mehr verschließt und sich aber mit einer immer größer werdenden Flüchtlingswelle beschäftigen muss, ist das natürlich problematisch. Die Klimakrise wird das Ganze noch verschärfen und die soziale Ungerechtigkeit wird ja nicht nur bei uns in der Gesellschaft, im Mikrokosmos hier in Hamburg, sondern weltweit verschärft werden. Das sind alles Themen, die die Soziale Arbeit, die Pädagogik beschäftigen wird, kurzfristig. In den nächsten Jahren werden Sportsozialarbeiter:innen wichtiger, da durch Sport eben die Integration erleichtert werden kann, durch Vereinsmitgliedschaften, also über Begegnungen im Verein, das ist besonders wichtig. Wie ich vorhin sagte, das sind die Herausforderungen, die offenkundig auf dem Tisch liegen.

CC: Wenn ich dich richtig verstehe, sind gesellschaftliche und politische Aspekte besonders wichtig?

SS: Genau. Im Sportverein wird, glaube ich, sehr viel integrativer gearbeitet, als es zum Beispiel das Bildungssystem der Schule schafft. Gerade was Bildungsungerechtigkeiten anbelangt, hattest du vorhin das Stichwort Migration aufgemacht. Aber ein Kollege von dir, wird sich damit schwerpunktmäßig ja beschäftigen (siehe Kapitel 6).

CC: Richtig, wie beurteilst du die Methode – Sport – als Faktor für eine gelingende Integration?

SS: Wenn man sich mit der Studienlage beschäftigt, sieht man, dass schon seit mindestens 20 Jahren darüber gesprochen wird, wie ungerecht mindestens das deutsche Bildungssystem ist, also mindestens in Bezug auf Schule, aber auch darüber hinaus. Und wenn man sich dann anguckt, wie aber die Realität auf den Sportplätzen ist, das ist ja nicht nur beim Fußball so, das ist ja beim Basketball und bei anderen Sportarten ähnlich. Also da ist es ja fast umgekehrt im Vergleich zum deutschen Bildungssystem. Umso höher du gehst, desto geringer wird der Migrationsanteil. Also in der Grundschule hast du noch einen Querschnitt durch die Gesellschaft, dann teilt es sich auf in Stadtteilschule und Gymnasium und wenn es dann noch Richtung Universität geht, wird es sehr deutsch. Im Sport ist es eben umgekehrt und es gibt einen hohen Migrationsanteil.

Dort finden sich auch die klassischen Stereotypen, wie z.B. Doktoren beim Hockey und beim Tennis. Dagegen sind auf den Basketballplätzen oder auf den Fußballplätzen doch ein deutlich höherer Migrationsanteil. In solchen Sportarten hast du eben deutlich mehr Migrationserfahrung, der so aus der Familie mitgebracht wird. Und darüber hinaus glaube ich hat der Sport und haben die Vereine eine viel größere integrative Last zu tragen, als die Schule es schafft, diese umzusetzen. Und das ist dann sicherlich wiederum aber auch eine große Herausforderung für die Soziale Arbeit.

CC: Siehst du denn irgendwelche Voraussetzungen, die dafür erfüllt sein müssen, dass Integration im Sport gelingt?

SS: Also was ich schwierig finde im Sport, ist die zunehmende Zuspitzung auf Leistung. In einem Projekt, was wir machen, machen wir inzwischen nicht nur Fußball, sondern auch Boxangebote. Wo wir angesetzt haben, war, dass wir gesehen haben, dass sowohl beim SC Sternschanze (Verein in Hamburg, Anm. d. Verfasser), aber vor allem beim FC St. Pauli, was hier so das Einzugsgebiet für die Jugendlichen war, es eben sehr früh in die Leistungsauswahl ging. Viele

Sportvereine tun sich schwer, Breitensportangebote aufrechtzuerhalten bei so massenkompatiblen Sportarten wie Basketball oder Fußball.

Vor allem beim Fußball sehe ich eine große Diskrepanz, dass eben sehr schnell ein sehr hoher Leistungsdruck herrscht und Auswahlverfahren geschehen. Wir versuchen dann einen Kontrapunkt zu setzen mit „Kick". Da können alle mitmachen, da gibt es keine Leistungsauswahl, da wird auch nicht nach Leistung aufgestellt. Erstmal dürfen alle spielen, niemand muss irgendwo Vereinsmitglied werden, das wäre die nächste Hürde, also eine wirtschaftliche Hürde. Da es sich weiterhin viele Familien nicht leisten können, ihre Kinder im Sportverein anzumelden und sich nicht trauen, über Programme wie „Kids in die Clubs" oder Berechtigungsscheine vom Sozialamt sich das irgendwie anderweitig zu holen. Das heißt, viele Kinder aus prekären Lebenssituationen haben aus wirtschaftlichen Gründen gar nicht die Möglichkeit, am Sport teilzuhaben, außerhalb vom Schulsport – das ist eine Hürde.

CC: Welche Voraussetzungen müssen aus deiner Sicht dafür erfüllt sein und welche Einstiegshürden siehst du da bzw. müssen abgebaut werden?

SS: Einstiegshürden sind sowohl die materielle als auch vielleicht, gerade wenn es um Migrationsgeschichte geht, eine kulturelle, aber auch eine intellektuelle Barriere. Man muss sich eben damit auseinandersetzen, dass das Antragswesen etc. und der Leistungsgedanke eine weitere Barriere darstellen. Wo wir bei den kulturellen Aspekten sind, ist es gerade für Jungs glaube ich, also für männlich gelesene Jugendliche, einfacher als für weiblich gelesene Personen, gerade mit muslimischem Hintergrund. Es gibt eine große Barriere, die bei den Eltern zu überwinden ist. Das ist auch wieder ein Arbeitsfeld, wo dringend pädagogisches Fachpersonal her muss. Die Herausforderung ist, wie gehen wir denn mit muslimisch geprägten Familien um, deren Töchter Sport machen wollen? Und das ist, glaube ich, tatsächlich nicht nur im Breitensport, sondern auch im Leistungssport so. Da gibt es Möglichkeiten auch alleine Sport zu machen und mit entsprechender Kleidung das auch für strenggläubige Muslima irgendwie möglich zu machen. Aber die Akzeptanz, glaube ich, ist in der muslimischen Gemeinde noch nicht so besonders groß.

CC: Welche Möglichkeiten der Inklusion von Menschen mit Behinderung hat der Sport?

SS: Nach der Reform des SGB VIII Kinder- und Jugendstärkungsgesetz ist Inklusion eines der Leitthemen für Sozialarbeit – und steht quasi über allem. Ich glaube, es krankt dem Sport ein bisschen daran, die über Special Olympics gelernten Ausgrenzungsmechanismen zu überwinden. Es heißt, Menschen mit Behinderungen machen ihren eigenen Sport und machen eben nichtinklusiven Sport, indem sie mit nichtbehinderten Menschen zusammen Sport machen. Wenn man sich anguckt, wie viele Menschen eine Beeinträchtigung haben, und das ist ja jetzt nicht immer nur eine körperliche Behinderung, die mit Beinamputation oder einer Erblindung oder sowas in der Art zusammenhängt, sondern der weiter hinausgehende, moderne Inklusionsbegriff umfasst ja deutlich mehr und betrifft eben dann auch eine ganze Menge Menschen. Die müssen in der Sozialen Arbeit wieder mitgedacht werden, vor allem aber dann letztendlich natürlich auch im Sport. Ja, also ich glaub da ist der Sport eher noch am Anfang der Entwicklung, was wirklich Inklusion anbelangt, weil wie gesagt, momentan wird es eigentlich eher so behandelt, dass du eigene Sportarten hast oder eigene Teams bildest. Es bedarf da eben noch eines weiten Weges, um wirklich Menschen mit Behinderung auch inklusiv zu behandeln und einfach ganz normal an Sportereignissen teilhaben zu lassen. Das ist natürlich auch schwierig, man kann beispielsweise eine blinde Person nicht beim normalen Fußball mitspielen lassen, weil die blinde Person eben einen Ball braucht, der klingelt, und leitende Personen am Spielfeldrand, damit sie das Tor trifft. Das ist wahrscheinlich nicht so richtig einfach umsetzbar. Jetzt gibt es eben auch den Blindenfußball als eigene Sportart, wo auch sehende Menschen mitspielen können, natürlich, aber das, das wäre so ein Schritt zur Inklusion.

CC: Verstehe ich dich richtig, dass du dann Veranstaltungen wie den Special Olympics kritisch gegenüberstehst?

SS: Für viele Menschen ist das genau der richtige Ort. Ich glaube, viele Menschen, die bei den Special Olympics teilnehmen müssen, könnten genauso gut auch an normalen Olympischen Spielen teilnehmen und würden das wahrscheinlich auch viel lieber. Sicherlich müsste man sich dann bei jeder Sportart Gedanken machen, wie das umsetzbar ist und wie das möglich ist. Aber ich wüsste nicht, warum nicht eine autistische Person auch im Schwimmkader mitschwimmen darf und kann. Bei Menschen mit Amputationen und Prothesen gab es auch mal Streitigkeiten darüber. Da muss man schauen, dass man da eine vergleichbare Leistungsgerechtigkeit hinbekommt. Aber das sind Menschen, die genauso hart trainieren und genauso Leistung abrufen können und im Sinne von Inklusion wäre es viel schöner, wenn wir ein gemeinsames Sportfest hätten und nicht zwei verschiedene Turniere, die dann auch noch verschiedene Aufmerksamkeit erhalten. Nämlich die einen sehr viel und die anderen sehr wenig. Es ist nicht überraschend, dass Jugendliche und junge Erwachsene, die gefragt wurden, wie sie gesehen werden wollen, gesagt haben, wir wollen nicht als Behinderte mit irgendwas gesehen werden, also zum Beispiel als behinderte Schwimmerin/behinderter Schwimmer, sondern als Schwimmer oder Schwimmerin – als Schwimmer eben mit einer Beeinträchtigung oder mit einer Behinderung. Die Jugendlichen und jungen erwachsenen Menschen mit einer Beeinträchtigung wollen vor allem als Jugendliche gesehen werden. Ich glaube, so ist es im Sport auch, und ich glaube, dass ist auch die erste Voraussetzung. Das habe ich ja eben auch gesagt, von welchem Blickwinkel wir ausgehen, ist entscheidend. Das Wichtigste ist, dass man in erster Linie den Menschen sieht, welche Bedürfnisse hat dieser Mensch, welche Voraussetzungen müssen erfüllt werden, damit wir gemeinsam Aktivitäten erleben können und Sport machen können. Und erst dann sollte man gucken, wie das gelingen kann.

CC: Zum Abschluss würde mich noch interessieren, wie wichtig Sport als Vehikel in der Pädagogik in Bezug auf die Erziehung ist?

SS: Ja, also ich finde schon, dass Sport immer einen sehr integrativen Aspekt per se hat. Alle Menschen auf der Welt machen Sport. Ich bin zum Beispiel leidenschaftlicher Fahrradfahrer und Fahrrad fahren tut man überall auf der Welt.

Man kann gemeinsam schneller lernen und in der Gruppe fahren. Zudem finde ich, dass Soziale Arbeit oder Pädagogik im Allgemeinen immer sehr schnell über Sport Berührungspunkte schaffen kann. Letztendlich ist das für mich immer die Grundvoraussetzung für gelingende Pädagogik.

5.6 Learning aus dem Interview

Die Sportsozialarbeit verfolgt das Ziel, verschiedene Bewegungsfelder integrativ und inklusiv zusammenzuführen, wobei die niedrigschwellige und nicht ausschließende Teilnahme an sportlichen Aktivitäten im Vordergrund steht. Neben der Vermittlung sportspezifischer Techniken und Taktiken legt sie auch großen Wert auf die Vermittlung sozialer Werte, das Einhalten von Regeln und ein harmonisches Miteinander.

Die Verbindung zwischen Sport und Sozialer Arbeit findet bestmöglich in allen Angeboten statt. Ein konkretes Beispiel ist das Projekt „Fußball trifft Kultur", bei dem an einem außerschulischen Lernort (Sportplatz) Nachhilfeunterricht mit Bewegung als sozialem Angebot für zwei Kooperationsschulen angeboten wird. Weitere Handlungsfelder für die Sportsozialarbeit umfassen den Wunsch nach einem offenen Kinder- und Jugendtreff.

Die Frage nach der Notwendigkeit von Sozialarbeiter:innen im Sport wird nicht grundsätzlich bejaht, da im heterogenen Trainer:innenpool bereits viele pädagogisch ausgebildete Personen tätig sind. Dennoch werden sie als eine wertvolle Ergänzung angesehen.

Die wichtigsten Einsatzgebiete für Sozialarbeiter:innen im Sport könnten in heterogenen Teilnehmer:innenfeldern liegen, da hier eine breite Ausbildung und soziale Unterstützung besonders hilfreich sind.

Eine Professionalisierung im Bereich Sportsozialarbeit wird in ihrem Kontext nicht zwingend benötigt, jedoch kann sie im schulischen Kontext als sinnvoll erachtet werden.

Die zukünftigen Herausforderungen der Sportsozialarbeit könnten Fachkräftemangel und die Schwierigkeit sein, qualifizierte Fachkräfte angemessen zu bezahlen.

Die Sportsozialarbeit bewertet die Methode Sport als ideal für eine gelungene Integration, da sie niedrigschwellige Voraussetzungen bietet und Sprachbarrieren in der Regel keine Rolle spielen, sodass sich Gruppen schnell zusammenfinden können.

Die Voraussetzungen für eine gelungene Integration durch Sport sind Weltoffenheit, Toleranz und der Wille zur Integration. Als Barrieren für die Integration in den Sport und die Integration durch Sport werden derzeit Kapazitätsgrenzen (Personal und Infrastruktur) sowie generelle Ressourcenknappheit wahrgenommen.

Der Sport bietet verschiedene Möglichkeiten der Inklusion von Menschen mit Behinderung, da er Grenzen abbaut, Barrieren überwindet und Menschen verbindet.

In diesem Zusammenhang kann die Sportsozialarbeit eine wichtige Rolle spielen, indem sie vorhandene Barrieren abbaut und durch ihre Arbeit für eine weltoffene Grundeinstellung sorgt.

Übungsfall

Stellen Sie sich vor, Sie arbeiten in einem Großsportverein und sollen dort ein Bewegungsangebot für Kinder im offenen Ganztag konzipieren. Wie könnte dies aussehen und welches Fachpersonal benötigen sie dafür? (Koordination Halle, Trainer, pädagogische Sportbetreuung)

Übungsaufgabe

1. Beschreiben Sie drei Unterschiede zwischen der klassischen Sozialen Arbeit und der Sportsozialarbeit.
2. Wie unterscheidet sich die Sportsozialarbeit in Sportvereinen von einer Trainertätigkeit?

Weiterführende Literatur/Links/Ansprechpartner

Gerschel, S., Simon, T. & Zeyn, J. (2023). *Lehrbuch Soziale Arbeit mit Fußballfans.* Weinheim: Beltz Juventa

1. Sportvereine als Bildungspartner, die bei der Erstellung des Buches unterstützt haben:
   TV Jahn Rheine – Ansprechpartnerin: carmen.schneider@tvjahn-rheine.de; Homepage: www.tvjahnrheine.de
   SV Eidelstedt – Homepage: www.sve-hamburg.de; www.bildungspartner.hamburg
   ETV Kinder- und Jugendförderung gGmbH
   Schulkooperationen/Ganztagsbetreuung an Schulen/Ferienangebote
   Stellenangebote KiJu: https://kiju-hamburg.de/karriere/stellenangebote/
   Bewerbungen: bewerbungen@etv-hamburg.de
   Schulkooperationen (Nachmittagskurse an Schulen): schulkooperation@etv-hamburg.de
   Feriencamps (wir suchen immer nach Campleitungen): feriencamps@etv-hamburg.de
   Weitere Informationen zu Sportgroßvereinen und deren Projekten: www.freiburger-kreis.de
2. Kontakt zu Projekten in der soziale Fanarbeit:
   Koordinationsstelle der Fanprojekte: www.kos-fanprojekte.deBundesarbeitsgemeinschaft der Fanprojekte: www.bag-fanprojekte.de
3. Links zu den Projekten aus dem Interview:
   www.jugend-sport.de
   www.hsv-fanprojekt.de
   www.stpauli-fanladen.de
   www.kiezkick.de

6 Handlungsfeld: Integration durch Sport

Zusammenfassung

Im folgenden Kapitel zeigt sich eine reflexiv-diskursive Erörterung zum Thema „Integration durch Sport". Nach einer umfassenden Begriffsbestimmung der Integration, bei der mithilfe von linguistischen Konzeptabgrenzungen die wissenschaftlich-definitorische Erscheinung der Begrifflichkeit begründet und vom politischen Sprachgebrauch abgegrenzt wird, findet eine Sezierung der verschiedenen Ebenen der Integration statt. Im Hauptteil dieses Kapitels erfolgt eine vollumfängliche Analyse der Integrationsinstanz „Sport". Hierbei werden eingangs Barrieren der Integration in den Sport dargestellt. Alsdann wird eine Gegenüberstellung der integrativen sowie desintegrativen Wirkpotenziale des Sports zu finden sein. Abschließend wird das Projekt „Bunt kickt gut" als ein Best-Practice-Beispiel der Integration durch Sport vorgestellt.

6.1 Einführung

Debatten zum Thema Integration werden z.B. im Zuge des demografischen Wandels und des daraus hervorgehenden Fachkräftemangels (vgl. Deutscher Bundestag 2022) oder durch die zukünftigen Migrationsbewegungen infolge des Klimawandels (vgl. Oltmer 2021; vgl. Oltmer et al. 2015) nicht abnehmen, sondern spiegeln die Relevanz der Integration als eines der Kernthemen der Zukunft wider. Dabei wird fortwährend die Frage nach der Erfolgsformel einer gelingenden Integration ins Zentrum der Aufmerksamkeit gerückt.

Sport als Teilbereich der Gesellschaft (vgl. Weis 1995: 127f.), der hohe Werte hinsichtlich der zivilgesellschaftlichen Aktivität aufweist (vgl. Priemer/Schwind-Gick 2020), sei ein leistungsfähiger und effektiver Motor der Integration, so das Narrativ, das ubiquitär kolportiert wird (vgl. Müller 2014: 71f.).

Doch realiter liegen bislang ausschließlich sporadisch belastbare Daten vor, aus denen ostentativ integrative Wirkpotenziale extrapoliert werden können (vgl. Feuchter/Janetzko 2018: 129f.; vgl. Müller 2014: 72). Nichtsdestoweniger lässt sich international ein massiver Anstieg der wissenschaftlichen Auseinandersetzung mit diesem Thema, insbesondere ab dem Jahr 2016, konstatieren (vgl. Spaaij et al. 2019: 1). Dies lässt Rückschlüsse auf die gesteigerte Aufmerksamkeit und wissenschaftliche Untersuchung hinsichtlich dieses Themenkomplexes zu, wie folgende Grafik veranschaulichend darlegt.

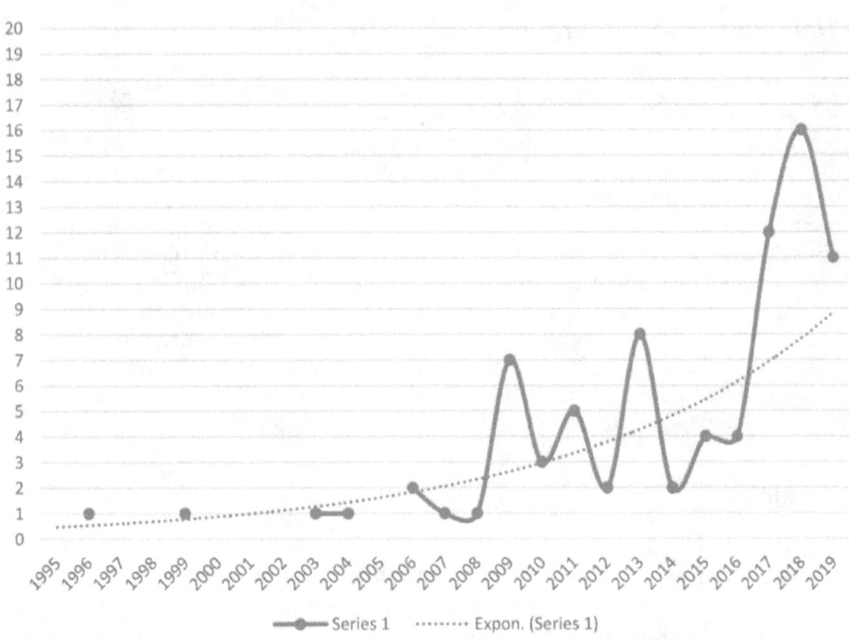

Abbildung 11: Evolution of scientific literature on sports und refugees (Spaaij et al. 2019: 7)

Auch im deutschsprachigen Raum ist eine vermehrte kritisch-wissenschaftliche Untersuchung der Integration im Kontext des Sports zu beobachten (vgl. Jürgen Baur 2009; vgl. Braun/Finke 2010; vgl. Braun/Nobis 2011; vgl. Burrmann/Mutz/Zender 2014; vgl. Mutz/Burrmann 2011).

Zudem formierten sich in den letzten Jahren vielfache Programme, Initiativen und Projekte in Deutschland, die trotz oder gerade wegen des Evidenzdesiderats die integrativen Wirkpotenziale des Sports zu eruieren ersuchten. „Integration durch Sport", „Mehr Migrantinnen in den Sport" oder „spin – sport interkulturell" sind klangvolle Beispiele jener Programme, die eine Integration von Migrant:innen in die deutsche Gesellschaft mittels des Sports forcierten (vgl. Braun/Finke 2010; vgl. Braun/Nobis 2011; vgl. Richter 2012).

In diesem Kapitel wird untersucht, inwieweit eine Integration durch Sport gelingen kann. Dabei werden die Fragen, ob der Sport an sich integrativ ist, welche spezifischen Strukturen vorausgesetzt werden müssen und welche detailliert integrativen Wirkungen mittels des Sports erwartbar sind sowie inwieweit eine praktische Projektumsetzung im Kontext der Sportsozialarbeit stattfinden kann, anleitend sein.

Zunächst wird jedoch eine diskursive Erörterung des Integrationsbegriffs vorangehen.

6.2 Integration

Unter dem sprachlichen Ausdruck „Integration" lassen sich je nach Disziplin, Forschungsschwerpunkt oder erfahrungsbasierter Immanenz multiperspektivische Definitions- und Interpretationsversuche verwenden (vgl. Agergaard 2018: 19f.). Jene definitorische Heterogenität bewirkt daher oftmals, auch hervorgerufen durch unmittelbare und mittelbare Selbstbetroffenheit, eine subjektive Lesart. In Anbetracht dieser Prämisse empfiehlt es sich, verschiedene Definitionsversuche zu betrachten und dabei zu versuchen, einen faktischen Wesenskern der Integration herauszuarbeiten, der viele Definitionsmöglichkeiten zu vereinen sucht.

Insbesondere im politischen Diskurs findet sich häufig ein begriffliches Chaos, wenn z.B. Migration und Integration synonym in Gebrauch genommen werden (vgl. Agergaard 2018: 19). Demnach kann es von Bedeutung sein, zuvorderst die beiden Begriffe inhaltlich voneinander abzugrenzen, damit klargestellt werden kann, was konkret gemeint ist. Auf eine eingehende Unterscheidung zwischen Migration und Integration wird hierbei jedoch aus untergeordneten Relevanzgründen verzichtet. Es folgt allein eine kurze Definition der aktiv Handelnden im Integrationsprozess, die im wissenschaftlichen Diskurs als Migrant:innen bezeichnet werden.

> **Exkurs: Definition – Migrant:innen**
>
> Migrant:innen sind Akteur:innen eines „über die Grenzen geografischer Räume und gesellschaftlicher Systeme hinausreichenden Wechsels" (Baumann-Neuhaus 2019: 113), der unter der temporalen Prämisse der Dauerhaftigkeit erfolgt (vgl. Pries 2003: 23). Wenn die Migrant:innen demnach über einen längeren Zeitraum ihr Herkunftsland verlassen und ihren Lebensmittelpunkt für einen längeren Zeitraum in das neue Aufnahmeland verlagert haben, kann von einer Migration (migrare, lat. = auswandern, übersiedeln) gesprochen werden. Migrationsaspirationen, also die Gründe für eine Migration, offenbaren sich dabei als hochgradig divers. Sie reichen von der Abenteuerlust bis hin zu wirtschaftlichen, politischen, sozialen und bildungsbezogenen Aspekten, wobei jedoch die individuellen Entfaltungsfreiheiten und der materielle Wohlstand, also die Suche nach gesteigerter Lebensqualität und besseren Lebensbedingungen, oftmals Faktoren mit einer starken Anziehungskraft sind (vgl. ebd.: 28ff.).

6.2.1 Definition – Integration

Eine etymologische Analyse des Begriffs „Integration" offenbart erste primär-elementare Erkenntnisse. Das lateinische Wort „integrare" bedeutet so viel wie „ergänzen", „erneuern" oder „wiederaufnehmen" (vgl. Agergaard 2018: 20). Das äquivalente Substantiv „integratio" kann mit „Wiederherstellung eines Ganzen", „Eingliederung in ein großes Ganzes" oder „Verbindung einer Vielfalt von Einzelnen zu einer Einheit" ins Deutsche übersetzt werden (vgl. Baur 2010: 16). Sich bislang unbeteiligt gegenüberstehende Parteien werden zu einem „neuen Ganzen" zusammengefügt, etwas Neoterisches, noch nie vorher dagewesenes entsteht.

Indem die abstrakte etymologische Begriffsbestimmung der Integration auf eine lebensnahe, praktische Beschreibung übertragen wird, zeigt sich ein eindeutigeres

Bild. Demnach ist eine Integration eine Eingliederung von Migrant:innen in das Aufnahmeland, wobei jede:r Einzelne:r gleichwertiger Bestandteil eines großen Ganzen, einer „erneuerten" Gemeinschaft wird. Integration ist somit ein „Prozess der Eingliederung eines Individuums in eine soziale Gruppe" (Gerber/Pühse 2017: 70).

Ebenjene soziale Gruppe wird auf der Makroebene oftmals als Gesellschaft bezeichnet. Migrant:innen werden also in eine bereits vorhandene Gesellschaft aufgenommen. Insofern erhebt sich in diesem Zusammenhang auch die Frage nach den gesellschaftlichen Normen, Konventionen und Gesetzen, mit denen die Migrant:innen nun in der Aufnahmegesellschaft konfrontiert werden. Hierbei können durch diametrale Gesellschaftsstrukturen des Herkunfts- und Aufnahmelandes Konflikte entstehen, z.B. dadurch, dass bestimmte Länder ihre Bürger:innen durch religiöse Regierungsformen geprägt haben und sich insofern verschiedene Vorstellungen von Geschlechterrollen erkennen lassen (vgl. Siegert 2020: 4f.). Die nun erneuerte, metamorphosierte Gesellschaft muss ihre grundlegenden Werte und Normen, ihre Verhaltensregeln und Ziele in diesem Prozess immerfort neu verständlich kommunizieren, verhandeln, prüfen und anpassen (vgl. Gerber/Pühse 2017: 70). Dabei wird optimalerweise ein kollektiver Konsens getroffen, der die Stabilität der Gesellschaft gewährleistet und sozialen Spannungen entgegenwirkt (vgl. ebd.).

Es wird dahingehend viel darüber diskutiert, was ein integratives Verhalten ausmacht. Wenn infolge eines kollektiven Konsenses Konventionen oder Normen verabredet werden, ist die Integration im Sinne ihrer etymologischen Definition inhärent, dies verhält sich jedoch nicht immer so (vgl. Bade/Bommes 2004: 7ff.; vgl. Pries 2015: 22). Oft wird vorausgesetzt, dass sich die Migrant:innen den in der Aufnahmegesellschaft bestehenden Strukturen anpassen (vgl. ebd.). Kann in diesem Fall von einer Integration gesprochen werden, wenn die Erwartungen der Aufnahmegesellschaft sich als einseitige Anpassungspflicht der Migrant:innen an die Gesellschaftsstrukturen des Aufnahmelandes offenbaren? Ab wann kann eine Person also als integriert angesehen werden? Und darüber hinaus: „What dimensions of diverse mainstream values and norms should migrants and descendants adhere to?" (Agergaard 2018: 22)

Antworten auf diese Fragen werden mitunter auch durch die in der Aufnahmegesellschaft dominante Integrationspolitik gegeben. Zu einem späteren Zeitpunkt wird sich diesen Fragen nochmals gewidmet, auch weil diese mitunter linguistische sind.

6.2.2 Sozial- und Systemintegration

Eine weitere, für das vollkommenere Verständnis von Integration unabdingbare Systematisierung ist die von dem britischen Soziologen David Lockwood vorgenommene Dichotomisierung in System- und Sozialintegration (vgl. Esser 2001: 3). Hierbei ist eine grundverschiedene Perspektiveinnahme die anleitende Prämisse.

Lockwood veranschaulicht die Systemintegration als *„the orderly or conflictful relationships between the parts"* (Lockwood 1964: 245) und die Sozialintegration als *„the orderly or conflictful relationships between the actors"* (ebd.: 245). Gegenüber stehen sich nun die Systemintegration als „Integration des Systems einer Gesellschaft als Ganzheit" (Esser 2001: 3) und die Sozialintegration, die jeweils die einzelnen Akteur:innen in dem Prozess der Eingliederung in das System fokussiert (vgl. ebd.).

Die Systemintegration beschreibt eine Betrachtungsweise, in der die Funktionalität der Gesellschaft als Ganzheit auftritt, wobei drei zentrale Mechanismen vorherrschen:

1. die materielle Interdependenz der Akteur:innen auf den Märkten,
2. die Organisation durch steuernde Institutionen,
3. die Orientierungen der Akteur:innen.

Die Sozialintegration hingegen hat relationale Beziehungsgeflechte als vordergründiges Element zum Gegenstand. Handlungen und Verhaltensweisen auf zwischenmenschlicher Ebene werden beobachtet (vgl. ebd.).

6.3 Ebenen der Integration

Im wissenschaftlichen Diskurs wird neben der Dichotomisierung in Sozial- und Systemintegration weiterhin zwischen vier verschiedenen Ebenen der Integration unterschieden – der sozialen, der kulturellen, der strukturellen und der emotionalen. Jene werden zwar konzeptionell voneinander abgegrenzt, sind jedoch untereinander vielfältig verflochten, wie anschließend noch aufgezeigt werden wird.

6.3.1 Soziale Integration

Die soziale Integration beschreibt die soziale Interaktion zwischen Migrant:innen und Autochthonen[6], also eine Intensivierung ihrer Beziehung untereinander (vgl. Haug 2003: 717f.). Diese Interaktion sollte den Charakter der Selbstbestimmtheit und Ungezwungenheit aufweisen und ist gekennzeichnet durch gemeinsame Werte, Vertrauen, Vertrautheit und vor allem wechselseitige Solidarerwartungen (vgl. Heckmann 2015: 181f.). Infolge der Integration in ein neues Land erfolgt das Aufeinandertreffen von Individuen, die sich vorher fremd gewesen sind. Die Migrant:innen kommen nicht in ein strukturloses soziales Durcheinander, sondern treffen in der Aufnahmegesellschaft auf bereits bestehende soziale Netzwerke und Strukturen (vgl. Esser 2001: 38). Insofern kann eine soziale Integration erfolgt sein, wenn die Migrant:innen ein Netzwerk an neuen sozialen Beziehungen vorweisen können. Eine treffende Bezeichnung hierfür ist „soziales Kapital" (Haug 2003: 717). Dieses neu gewonnene soziale Kapital beinhaltet neben dem „Nutzen der Geselligkeit" (Haug 2003: 718) auch die zweckgebundene Ressourcenschöpfung, indem neu geknüpfte Beziehungen obendrein zu neuen Ressourcen, wie Arbeitsplatzvermittlung, führen können (vgl. ebd.).

Soziale Integration kann insofern anhand von neuen Freundschaften und Kontakten, die mit Individuen des Aufnahmelandes geknüpft wurden, demnach eine

---

6 Autochthon (altgriechisch für „einheimisch", „eingeboren", hier. „entstanden")

geringe ethnische Homogenität aufweisen, operationalisiert werden (vgl. ebd.). Hierbei ist das individuelle Engagement auschlaggebend, weshalb die soziale Integration kaum produzierbar ist und nicht nach standardisierten Abläufen determiniert werden kann (vgl. Toprak/Weitzel 2016: 20f.).

6.3.2 Kulturelle Integration

Bei der kulturellen Integration, auch Akkulturation genannt, steht die Kultur des jeweiligen Landes als zu bestimmende Komponente im Vordergrund, die als Integrationselement dienen soll (vgl. Aschenbrenner-Wellmann/Geldner 2022: 62). Die Kultur eines Landes setzt sich zusammen aus dessen idiosynkratischen[7] Bedeutungsmustern und Zeichensystemen, wie z.B. Bräuche, bestimmte Praktiken, Werte, Normen, allgemeine Wissensbestände, aber auch Traditionen, Rituale, Routinen, Glaubensvorstellungen und Mythen (vgl. Leiprecht 2004: 11). Dieses Konglomerat, das im Ergebnis als Kultur bezeichnet wird, dient zudem als Unterscheidungskriterium, um sich von anderen Ländern abzugrenzen und gleichzeitig die Basis eines kollektiven oder individuellen Handlungs- und Identifikationsfundaments zu bilden (vgl. Barmeyer 2012: 39).

Durch Lern- und Internalisierungsprozesse können Migrant:innen ihre kulturelle Integration durch eine Übernahme der Kultur des Aufnahmelandes aktiv mitgestalten (vgl. Heckmann 2015: 159f.). Dabei ist die Voraussetzung, dass das jeweilige Aufnahmeland eine klar abgegrenzte Kultur immanent hat, die von den Migrant:innen schnell und gut beobachtet sowie letztendlich übernommen werden kann. Als kulturelle Elemente können z.B. bestimmte soziale Werte bzw. Verhaltensregeln, die in einem Land gelten, die Kunst oder Religion eines Landes oder die Sprache genannt werden (vgl. Toprak/Weitzel 2016: 25f.). Müssen demnach, syllogistisch abgeleitet, alle Migrant:innen die Religion des Aufnahmelandes annehmen? Diese Frage würden viele mit "Nein" beantworten. Wenn jedoch die Frage über gemeinsame Verhaltensregeln oder Werte gestellt werden würde, die Migrant:innen im neuen Aufnahmeland übernehmen sollen, die ebenso ein kulturelles Element darstellen, würde die Beantwortung der Frage womöglich anders ausfallen. Die Gewichtung verschiedener kultureller Elemente ist somit unklar, was dazu führt, dass der Erfolg einer Integration jeweils unterschiedlich bewertet wird.

Da die Kultur eines Landes verschiedene Lebensbereiche, Praktiken und soziale Beziehungen darstellt und diese zwangsläufig transformativen Verläufen unterworfen sind, muss sie zudem prozesshaft verstanden werden (vgl. Moebius 2015: 7ff.). Sie ist nie vollends abgeschlossen und zeichnet sich dadurch aus, dass fortlaufend bestimmte kulturelle Elemente hinzugefügt werden, wohingegen einige mit der Zeit entfallen (vgl. ebd.). Wer in diesem Prozess die Deutungshoheit innehat, demnach bestimmt, was zur Kultur des Landes gehört und was nicht, ist nicht genau definiert und führt daher immer wieder zu kontroversen Debatten. Ein Beispiel hierfür ist die Polarisierung, die entstand, als der frühere Bundespräsident

---

7 Kann mit dem Begriff „eigentümlich" gleichgesetzt werden.

Christian Wulff in seiner Rede zum 20. Jahrestag der Deutschen Einheit feststellte: „Der Islam gehört zu Deutschland!" (vgl. Volk 2015; vgl. Wulff 2010).

6.3.3 Strukturelle Integration

Die strukturelle Integration umschreibt die Eingliederung der Migrant:innen in die bereits bestehenden organisationalen Strukturen des Aufnahmelandes (vgl. Toprak/Weitzel 2016: 18f.). Hierbei sind vornehmlich die Arbeitsmarktintegration und die Integration in das Bildungssystem bestimmende Elemente. Aber auch die Integration in den Wohnungsmarkt, in das politische und juristische System sind Bestandteile der strukturellen Integration (vgl. Toprak/Weitzel 2016: 18f). Es wird davon ausgegangen, dass durch Bildung und Arbeit ökonomisches Kapital ange-häuft wird, was wiederum positive Auswirkungen auf das Selbstwertgefühl und die Selbstbestimmungskompetenzen der Migrant:innen haben kann (vgl. ebd.).

Grundlegende Prämisse der strukturellen Integration ist somit, einen gleichberech-tigten Zugang zu Institutionen, Bildung und Arbeit zu schaffen, ergo Chancen-gleichheit zu forcieren (vgl. Aschenbrenner-Wellmann/Geldner 2022: 62; vgl. Wi-toszynskyj/Moser 2010: 7).

6.3.4 Emotionale Integration

Die Identifikation mit dem Aufnahmeland ist ein subjektiver Erfahrungsraum, der sich als Ergebnis eines Integrationsprozesses einstellen kann (vgl. Gerber/Pühse 2017). Hierbei empfinden sich die Migrant:innen als gleichwertiges Mitglied der Gesellschaft. Ein emotionaler Konnex wurde hergestellt, der veranlasst, dass sich die Migrant:innen mit der Kultur des Aufnahmelandes identifizieren und sich in ihr wohlfühlen (vgl. Toprak/Weitzel 2016: 22). Gleichzeitig erkennt die Aufnah-megesellschaft die Migrant:innen als zugehörig an (vgl. ebd.).

6.3.5 Überschneidungspunkte der verschiedenen Ebenen

Es wurden kurze Definitionsvorschläge der jeweiligen Ebenen der Integration ver-fasst. Hierbei lässt sich feststellen, dass die Ebenen untereinander in Beziehung stehen. Infolge einer gelungenen sozialen Integration, wenn demnach Migrant:in-nen ein soziales Netzwerk mit funktionierenden Beziehungen knüpfen, kann der Spracherwerb gefördert werden, da eine Kommunikationsbasis erforderlich ist. Dies kann sich wiederum auf der Ebene der kulturellen Integration nieder-schlagen, weil infolge des Aufeinandertreffens zwischen Migrant:innen und Auto-chthonen Sprache, Verhaltensweisen, Normen etc., also die Kultur eines Landes, kennengelernt und erprobt werden kann. Die Kultur des Aufnahmelandes wird somit greifbar und erfahrbar für die Migrant:innen. Ein Spracherwerb sowie die Internalisierung von Verhaltensregeln und Normen kann entsprechend bei der Arbeitsmarktintegration förderlich sein, was die strukturelle Integration beträfe. Alles in allem wäre infolge dieses Konglomerats auf den verschiedenen Ebenen der Integration auch eine gesteigerte Identifikation mit dem Aufnahmeland erwartbar.

6.3.6 Integration als nichtlinearer Prozess

Es zeigt sich also, dass ein Fortschritt auf einer Ebene der Integration zwangsläufig auch Fortschritte auf den anderen Ebenen der Integration nach sich zieht.

Es ist jedoch hierbei nicht von einem linearen Prozess auszugehen, sondern von individuellen, die Idiosynkrasie der Individuen betreffenden Abläufen, die im Vorfeld nicht zu prophezeien sind (vgl. Agergaard 2018: 24).

Infolge der kontinuierlichen Fluktuation der aktiven Mitglieder einer Gesellschaft durch fortlaufende Migrationsentwicklungen, ist sie (die Gesellschaft), und damit auch die Kultur, durch eine phänomenologische Metamorphose gekennzeichnet (vgl. Castles et al. 2002: 113). Integration ist ein Prozess, der den Zustand und Fortschritt der Eingliederung von Migrant:innen in die Aufnahmegesellschaft observiert. Aufgrund der Individualität der Akteur:innen in diesem Integrationsprozess, kann nicht von einer gradlinigen Systematisierung ausgegangen werden. Demnach ist eine individuelle Integrationsgeschichte auch nicht auf andere Individuen und ihre Integrationsgeschichten übertragbar.

6.3.7 Integration als interdependente Reziprozität

Integration ist zudem ein Prozess, der einer interdependenten Reziprozität folgen muss (vgl. Castles et al. 2002: 142). Damit ist gemeint, dass die Akteur:innen in einem Integrationsprozess, also die Migrant:innen sowie die Autochthonen, aufeinander angewiesen und maßgeblich an dem Ergebnis einer Integration beteiligt sind (vgl. ebd.). Es erfordert zum einen die Lernbereitschaft aufseiten der Migrant:innen, zugleich jedoch auch das Vorhandensein von funktionierenden Rahmenbedingungen in der Aufnahmegesellschaft sowie ein tendenzielles Wohlwollen der Autochthonen, die Migrant:innen in die Gesellschaft aufzunehmen und sie willkommen zu heißen, damit eine Integration als erfolgreich gekennzeichnet werden kann (vgl. ebd.)

6.4 Linguistische Konzeptabgrenzungen

Nachdem der Integrationsbegriff eingehend untersucht wurde, soll nun eine kurze Erläuterung anderer, der Integration verwandter Begriffe erfolgen. Dies soll dazu beitragen, dass das Verständnis der Integration geschärft wird und gleichzeitig über die jeweils anderen, nun folgenden Begriffe neu nachgedacht wird.

6.4.1 Assimilation

Wenn über Integration gesprochen wird, fällt häufig der Begriff Assimilation (vgl. Agergaard 2018: 19). Er stammt ab von dem lateinischen Begriff „assimilare" und kann mit „angleichen" übersetzt werden (ebd.). Im wissenschaftlichen Kontext wird unter Assimilation verstanden, dass die Migrant:innen ihre kulturellen und sozialen Eigenheiten aufgeben und die Kultur, also die Werte und Normen des Aufnahmelandes, übernehmen sollen (vgl. Castles et al. 2002: 204). Im Sinne einer Angleichung können sie nach vollendeter Assimilation nicht mehr von der Bevölkerung des Aufnahmelandes unterschieden werden (vgl. ebd.). Im Gegensatz zur Integration, die, wie bereits erwähnt, eine Reziprozität zur Grundlage hat, ist die Assimilation eine unilaterale Anpassung der Migrant:innen an die Aufnahmegesellschaft. Die kulturelle Identität des Herkunftslandes wird absorbiert und als Substitut die kulturelle Identität des Aufnahmelandes adaptiert. „Assimilation ist dann erreicht, wenn die Handlungsweisen und Wertorientierungen der Zuwanderer eine hohe Ähnlichkeit zur Mehrheitsgesellschaft aufweisen und eine hohe Kontaktdichte besteht" (Gerber/Pühse 2017: 72).

Nach Esser (1980: 70) können Assimilationsprozesse in vier verschiedene Bereiche aufgeteilt werden, die seiner Meinung nach einer Chronologie folgen:

1. kognitive Assimilation (sprachliche Anpassung),

2. soziale Assimilation (interethnische Kontakte),

3. strukturelle Assimilation (Ausbildung, Einkommen),

4. identifikatorische Assimilation (Absicht, sich einbürgern zu lassen).

Auch hierbei kann die Frage aufgeworfen werden, ob eine solche Systematisierung sinnvoll ist, da durch die idiosynkratische Individualität von Migrant:innen nicht von einem linearen Prozess auszugehen ist, wie Esser (1980: 70) es behauptet. Zudem spielen dabei „häufig Zwei- und Mehrsprachigkeit, polyvalente Loyalitäten, mehrfache Heimaten und multiple Identifikationsoptionen eine Rolle" (Gieß-Stüber 2008: 249).

6.4.2 Segregation

Die Übersetzung des aus dem Lateinischen stammenden Wortes „segregare" kann so viel heißen wie „aussondern" (vgl. Agergaard 2018: 19). Infolgedessen ist der Schluss, dass eine Segregation eine individuelle oder kollektive Separation einer Gemeinschaft darstellt, naheliegend. Oftmals sind Segregationsprozesse mit dem Wunsch von Migrant:innen, in ihrer eigenen ethnischen Kommunität zu bleiben, zu erklären (vgl. Agergaard 2018: 20). Segregation ist somit im integrationsbezogenen Kontext das Gegenstück zur Assimilation.

Als konzeptioneller Abschluss soll folgende Grafik, angelehnt an Gerber/Pühse (2017: 18), dienen.

		Bereitschaft, kulturelle Identität der Mehrheitsgesellschaft zu übernehmen	
		hoch	tief
Wunsch, die eigene kulturelle Identität beizubehalten	groß	Integration	Segregation
	klein	Assimilation	Marginalisation

Abbildung 12: Konzeptionelle begriffliche Abgrenzung (eigene Darstellung, aber angelehnt an Gerber/Pühse 2017: 18)

Abschließend kann nun differenzierter über die Frage nachgedacht werden, über was konkret geredet wird, wenn das Wort „Integration" fällt. Ist damit wirklich die Integration gemeint, in dem Sinne, dass die Migrant:innen gleichberechtigte Mitglieder einer Gemeinschaft sind und im Zuge eines konsensuellen Diskurses neue Gesellschaftsstrukturen entworfen werden? Oder ist damit eher Assimilation gemeint, ergo, dass die Migrant:innen sich den bereits bestehenden Strukturen anpassen müssen? Divergieren hierbei die wissenschaftliche Konzeptualisierung und die politische Praxis auseinander – gleichberechtigte Teilhabe vs. Absorbierung kultureller Differenzen? Diese Frage ist überaus bedeutungsvoll, weil sie das Ziel des Prozesses definitorisch bestimmt.

6.5 Sport als Instrument der Integration

Nachdem der Integrationsbegriff definiert und konzeptionell abgegrenzt wurde, erfolgt nun, ausgehend von dem bereits vorliegenden Wissen, eine Auseinandersetzung mit dem Sport als Medium der Integration. Wie bereits in der Einleitung angeführt, wird dem Sport über Jahre hinweg ein überwiegend eindimensional positiver Wirkmechanismus hinsichtlich der Integration von Migrant:innen zugeschrieben (vgl. Braun/Finke 2010; vgl. Burrmann et al. 2014; vgl. Mutz/Burrmann 2011). Die Bundesregierung formierte sogar das bundesweite Integrationsprogramm „Integration durch Sport", in dem die Wirkpotenziale des Sports im Zuge der seit dem Jahre 2015 zunehmenden Migrationsbewegungen dazu beitragen sollten, Migrant:innen in die Gesellschaft einzugliedern (vgl. Richter 2012). Nachfolgend wird zunächst auf die Integration in den Sport eingegangen. Anschließend folgt eine Gegenüberstellung der integrativen sowie desintegrativen Resultate des Sports.

6.6 Integration in den Sport

Bevor eine Integration durch Sport stattfinden kann, muss die Integration in den Sport erfolgen. Hierbei zeigt sich ein massiver Teilnahmebias, der die hochgelobten Erfolge der Integration durch Sport infrage stellen kann. Migrant:innen sind im Vergleich zur einheimischen Bevölkerung, unabhängig von der Teilnahme am organisierten Vereinssport, deutlich weniger sportlich aktiv, wie ein Blick auf die internationale Literatur zeigt (vgl. Byrd-Williams et al. 2007: 163; vgl. Hoenemann et al. 2021: 57; vgl. Lindstrom et al. 2003: 26f.; vgl. Singh et al. 2008: 762f.; vgl. Sinnapah et al. 2009: 310f.). Insbesondere Migrantinnen stellen eine Personengruppe dar, die am wenigsten sportliche Aktivität aufweist (vgl. Boos-Nünning/Karasoglu 2003; vgl. Burrmann et al. 2014: 83ff.; vgl. Hoenemann et al. 2021: 1ff.; vgl. Walseth/Fasting 2004). Aber auch bei der Teilnahme am organisierten Vereinssport zeigt sich eine Differenz. Migrant:innen sind gegenüber den Autochthonen deutlich unterrepräsentiert (vgl. Hoenemann et al. 2021: 1ff.; vgl. Kleindienst-Cachay 2012: 33ff.). Auch hierbei sind Frauen und Mädchen mit Migrationshintergrund deutlich weniger im organisierten Sportverein aktiv (vgl. Burrmann et al. 2014: 83ff.; vgl. Hoenemann et al. 2021: 1ff).

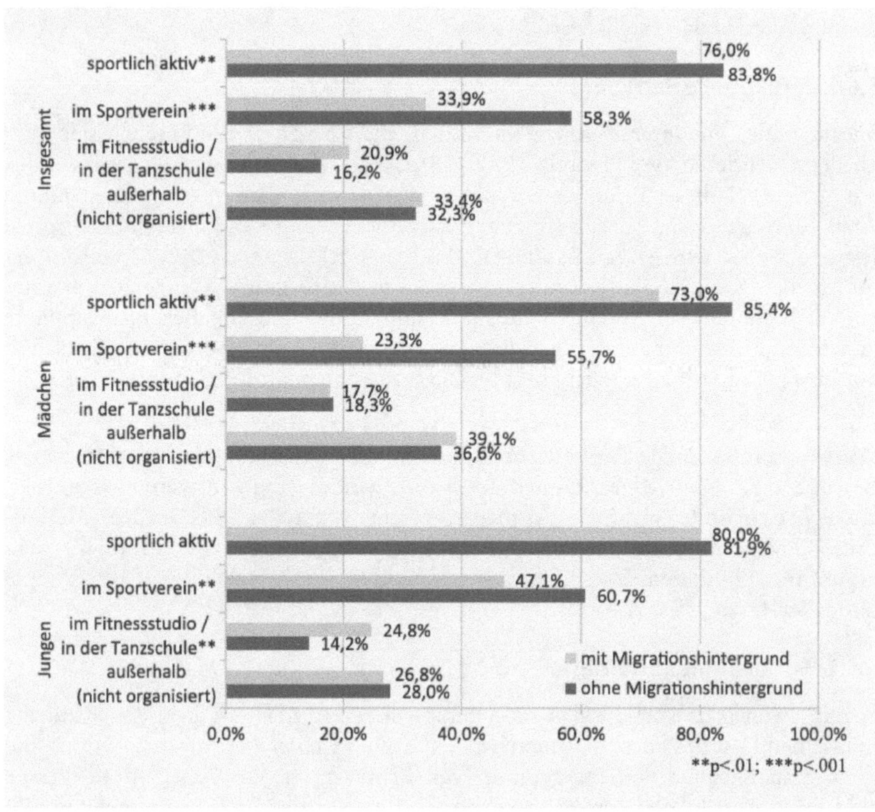

Abbildung 13: Sportliche Aktivität und Migrationshintergrund (Hoenemann et al. 2021: 57)

Berührungspunkte mit dem Sport in der Kindheit und Jugend stellen generell einen prägenden Faktor dar, der auch ein späteres Engagement im Sport wahrscheinlicher werden lässt (vgl. Faust et al. 2020: 30; vgl. Vogel et al. 2017: 601). Demzufolge muss observiert werden, welchen Stellenwert der Sport in den jeweiligen Kulturen der Herkunftsländer innehat, welche Barrieren dort vorherrschen und welchen Personengruppen aus z.B. kulturellen oder religiösen Gründen eine Sportpartizipation versagt wird.

Im Vereinssport zeigt sich zudem häufiger die intraethnische Selbstorganisation in sogenannten monoethnischen Vereinen, was das Integrationspotenzial des organisierten Vereinssports konterkarieren kann, da keine interethnischen Beziehungen aufgebaut werden können (vgl. Stahl 2011: 66).

Die erste überaus wichtige Aufgabe ist somit, Zugänge in der Aufnahmegesellschaft zu schaffen, die es den Migrant:innen ermöglichen, sportlich aktiv zu werden. Dabei werden jedoch strukturelle sowie soziokulturelle Barrieren offenbar, die nun folgend dargestellt werden sollen.

6.6.1 Strukturelle Barrieren

Sportvereine sind Interessengemeinschaften, die sich an den Wünschen der Mitglieder orientieren (vgl. Horch 1992: 49f.). Formelle Vereinsstrukturen werden auf Grundlage dieser Prämisse entwickelt, was vornehmlich in den letzten Jahren dazu führte, dass in Vereinssatzungen die Ausrichtung der kulturellen Öffnung festgeschrieben wurde (vgl. Bahlke et al. 2012: 40f.). Dennoch sind oftmals in der informellen Kommunikation unter Mitgliedern desintegrative Tendenzen erkennbar, insbesondere in Vereinen, die über Jahre hinweg keine Berührungspunkte mit Migrant:innen hatten. Dies hat zur Folge, dass eine Vereinsmitgliedschaft voraussetzungsvoll an spezifische Merkmale geknüpft wird (vgl. Schlesinger et al. 2018: 61).

Dieser organisationale Aufbau von Sportvereinen weist eine klare desintegrative Barriere auf, die es Migrant:innen erschwert, den Zugang zum vereinsorganisierten Sport zu finden. Daher sind in den Vereinsvorständen, z.B. in der Administration, Migrant:innen deutlich unterrepräsentiert, was die Motivation für Migrant:innen, in diesem Verein zu partizipieren, reduziert (vgl. Elling/Claringbould 2005: 504).

6.6.2 Soziokulturelle Barrieren

Sozialisationsprozesse, die das Individuum in seiner Identität und dem Umgang mit seinem Körper formen, entstehen im Kontext einer bestimmten Kultur und werden maßgeblich von ihr geprägt (vgl. Bröskamp 1994: 10ff.). Infolgedessen sind kulturelle, lokale Voraussetzungen, Werte, Normen und Gewohnheiten ethnisch-kulturell determiniert bzw. kodiert (vgl. Seiberth/Thiel 2015: 199). Kulturelle Differenzen, die sich in diesen idiosynkratischen religiösen, ethnischen oder kulturell-normativen Lebensstilen widerspiegeln, können Faktoren sein, die eine Partizipation im Sportverein behindern (vgl. Schlesinger et al. 2018: 60). Die Unvereinbarkeit der Geschlechterrollen, der religiösen Bestimmungen oder Körperpraktiken lässt sich als maßgebende Barriere der Integration in den Sport konstatieren (vgl. Boos-Nünning/Karakasoglu 2005: 333f.; vgl. Burrmann et al. 2014: 91f.). Auch eine geringe Erfahrung im Zusammenhang mit der Bewegungskultur des Aufnahmelandes wirkt partizipationshemmend (vgl. Thiel/Seiberth 2009: 20). Sprachliche Hürden, die z.B. dazu führen, dass bestimmte Angebote in Sportvereinen nicht verstanden werden, können ebenso wie das Fehlen einer tendenziell kultursensiblen Ausrichtung nach den Wünschen der Migrant:innen als Hürden angeführt werden (vgl. Gerber/Pühse 2017: 93).

Der organisierte Sport werde nach Schicht, Bildung, Geschlecht und Ethnie selektioniert, wird immer wieder moniert (vgl. Gieß-Stüber 2005a: 68). In allen Bereichen zeigten sich Benachteiligungstendenzen für Migrant:innen (vgl. ebd.). Der Benachteiligungsmechanismus, der nach Geschlecht selektiert, offenbart dabei, wie bereits erwähnt, die größte Differenzierung zwischen der einheimischen Bevölkerung und den Migrant:innen hinsichtlich der Beteiligung am organisierten Vereinssport (vgl. Gieß-Stüber 2005a: 68; vgl. Lampert et al. 2007: 639). Insbesondere bei Migrantinnen potenzieren sich demnach die Anforderungen, die ein Sportverein aufweisen muss, damit in ihm nicht gegen religiös-kulturelle Regeln, wie z.B. das Entblößen bestimmter Körperteile, verstoßen wird (vgl. Burrmann et al. 2014: 117; vgl. Lampert et al. 2007: 641).

Dabei können auch andere Ausprägungen wie z.B. das Bildungsniveau, der ökonomische Status oder das Sprachniveau der Eltern Merkmale sein, die einer Partizipation im Sportverein entgegenstehen (vgl. Breuer/Wicker 2008: 35; vgl. Burrmann et al. 2014: 154; vgl. Kleindienst-Cachay et al. 2012: 37; vgl. Mutz 2009, 2012: 20).

Wenn demnach eine Debatte über Integration durch Sport angestoßen wird, muss zunächst zwangsläufig kritisch ins Auge gefasst werden, dass der Anteil der Migrant:innen, der aktiv in Sportvereinen partizipiert, wahrscheinlich per se, unabhängig vom Sport, stärker in Kontakt zu Autochthonen ist. Somit könnte vermutet werden, dass nur der Anteil, der sich ohnehin schon integrationswillig gezeigt hat und sich auch in anderen Gesellschaftssystemen eingliedert, durch die Sportangebote erreicht wird. Es sollte vermehrt fokussiert werden, welche Barrieren für Migrant:innen bei der Integration in den Sport vorherrschen, die bislang noch sehr selten in Kontakt zu Einheimischen standen. Nachstehend sollte kultursensibel mithilfe von angepassten Angeboten darauf reagiert werden, um den ersten Schritt, nämlich die Integration in den Sport, zu forcieren.

6.7 Integration durch Sport

Es wurde aufgezeigt, dass eine erste Hürde, die integrativen Wirkungen des Sports auszuschöpfen, darin besteht, dass Migrant:innen bei der Integration in den Sport oftmals Barrieren begegnen, die eine Sportpartizipation im Verein oder in der Freizeit verhindern.

Nichtsdestotrotz sollen nun folgend die Integrationswirkungen des Sports vorgestellt werden. Beginnend mit einigen allgemeinen Merkmalen, soll der Ausdifferenzierung der Integration in soziale, kulturelle, strukturelle und emotionale Integration auch bei der Integration durch Sport gefolgt werden.

6.7.1 Der egalitäre Charakter des Sports

Die ubiquitäre Verbreitung des Sports sowie die grundsätzlich international identischen Regeln und Modalitäten verweisen auf den Sport als weltweites Phänomen der Völkerverständigung (vgl. Beyer 1985: 276). Diese kulturübergreifenden Gemeinsamkeiten können eine tendenzielle Offenheit von Migrant:innen gegenüber sportspezifischen Angeboten in den Aufnahmeländern bewirken.

Bewertungsmechanismen, die im Zusammenhang mit Kleidung, Herkunft und Status oftmals automatisiert erfolgen, werden bei der sportlichen Betätigung weniger berücksichtigt, wohingegen das Können bzw. die sportliche Leistung präsenter als valides Beurteilungskriterium zutage tritt (vgl. Gerber/Pühse 2017: 102). Sozialhierarchische Voraussetzungen für die sportliche Betätigung oder die Partizipation im Sportverein sind somit obsolet. Durch diese künstlich geschaffene, kontextabhängige soziale Neutralität ist die Möglichkeit für die Ausgestaltung eines individuellen Lebensentwurfs, der identitätsbildende Merkmale ausweisen kann, gegeben. Insbesondere für Migrantinnen, die aus Ländern kommen, in denen eine patriarchale Ordnung vorherrscht, kann der (organisierte) Sport(-verein) eine neue Erlebensperspektive darstellen, indem persönliche Kompetenzen und Kapazitäten erfahrbar werden und in der Konsequenz unmittelbar zu verwirklichen sind (vgl. Burrmann et al. 2014: 15).

6.7.2 Soziale Integration durch Sport

Sport als Teilbereich der Gesellschaft, der in Form des vereinsorganisierten Sports die größte freiwillige Personenvereinigung in Deutschland ist, schafft insbesondere auch durch seinen egalitären Charakter ein Interaktionsfeld, in dem Menschen auf Gleichgesinnte und Gleichaltrige treffen (vgl. Gerber/Pühse 2017: 100).

Regelmäßige Interaktion in den immer gleichen Kontaktgruppen stellt eine gute Voraussetzung für schnellen Beziehungs- und Netzwerkaufbau dar, was dazu führen kann, dass Fremdheitsgefühle und soziale Differenzen reduziert werden (vgl. Herzog 2001; vgl. Kleindienst-Cachay 2007). Der persönliche Kontaktaufbau kann auch gerade durch die konventionelle Verwendung des Vornamens beim Sport und die dadurch bewirkte Distanzverringerung erleichtert werden (vgl. Gerber/Pühse 2017: 101).

Das gewonnene soziale Kapital kann wiederum als Voraussetzung dienen, um kulturelle sowie strukturelle Integrationsmechanismen zu initiieren (vgl. ebd.).

6.7.3 Kulturelle Integration durch Sport

Dem Sport wird eine ihm immanente, universelle Sprache nachgesagt, die sich durch nonverbale Handlungen mit quasisprachlichem Charakter ausdrückt (vgl. Gerber/Pühse 2017: 101). Diese gemeinsame Verständigungsbasis kann somit eine Grundlage für interkulturelle Begegnungen schaffen (vgl. Herzog 2001: 105ff.).

Das sprachliche Lernen erfolgt beim Sport innerhalb eines anwendungsbezogenen Rahmens, was als lernbezogener Vertiefungsfaktor angeführt werden kann (vgl. ebd.). Der Sport stellt somit ein inzentives Gefüge her, in dem sich über Themen anderer (Gesellschafts-)Bereiche ausgetauscht werden kann, wie z.B. über familiäre Probleme oder Herausforderungen mit Behörden. Dieser situativ-alltägliche Charakter des Sports bietet zudem die Möglichkeit, die kulturellen Werte des Landes, in dem sich der Sport inkarniert, kennenzulernen sowie entsprechende, im Aufnahmeland geltende Sozialmuster zu erproben, die konstitutiv für ein konstruktives Zusammenleben sind (vgl. Frogner 1984: 349).

Der Sport als Abbild der Gesellschaft bietet darüber hinaus Einblick in die gängigen Schönheitsideale des Landes und in die Auffassung hinsichtlich des Umgangs mit dem Körper und der Geschlechtlichkeit (vgl. Baur 2008: 51).

Die Selbstorganisation im Sportverein sowie die darin oftmals praktizierte demokratische Entscheidungsfindung, die auf der aktiven Beteiligung der Mitglieder beruht sowie die direkte Erfahrung des diskursiven Ergebnisses, sind Elemente, die im Sinne einer Transferhypothese Erkenntnisse in Bezug auf das demokratische Gesellschaftssystem liefern können (vgl. Walseth/Fasting 2004: 109). Infolgedessen werden Sportvereine auch immer wieder als „Mini-Demokratien" betrachtet, die den Migrant:innen die Demokratie als Gesellschaftssystem näherbringen können (vgl. ebd.).

6.7.4 Strukturelle Integration durch Sport

Für die Migrant:innen besteht der Zugang zu sport- und verwaltungsbezogenen Funktionsrollen innerhalb des Sportvereins (vgl. Schlesinger et al. 2018: 57). Außerdem können durch die sozialen Kontakte, die sich herausbilden, Ressourcen wie z.B. die Vermittlung zu Jobs oder Unterstützungsleistungen in der Ausbildung etc. ausgeschöpft werden, wodurch eine Eingliederung in die Bildungs- und Arbeitswelt hürdenfreier gelingen kann (vgl. Kleindienst-Cachay et al. 2012: 247).

6.7.5 Emotionale Integration durch Sport

Infolge der in den verschiedenen Ebenen angestoßenen Integrationsprozesse wird die emotionale Integration, also die subjektive Identifikation mit dem Aufnahmeland, angestoßen (vgl. Hoenemann et al. 2021: 2). Eine Mitgliedschaft in einem Sportverein verbessert dahingehend die Chance, sich in dem Aufnahmeland wohlzufühlen und die „doppelte Identität" als Zugewinn anzuerkennen (vgl. ebd.).

6.8 Die Illusion der Integration

Trotz der zuvor aufgeführten positiven integrativen Wirkpotenziale des Sports sind in der wissenschaftlichen Auseinandersetzung mit der Integration durch Sport auch kritische Implikationen hervorzuheben. Nachstehend folgt eine Erwähnung einiger kritischer Aspekte, die die Frage aufwerfen sollen, ob Sport unilateral als Universalmechanismus der Integration mit alleinig positiven Resultaten angewendet werden kann.

6.8.1 Instrumentalisierung der Integration

Die Debatte um Integration durch Sport seziert oftmals ostentativ die vielen affirmativen Resultate, wobei jegliche negativen unterschlagen werden, sodass mitunter von einer „Integrationsideologie" gesprochen werden kann (vgl. Agergaard 2018: 108). Durch diese ausschließlich positive Perspektiveinnahme findet eine Valorisierung des Sports statt, was die gesteigerte artifizielle öffentliche Admiration des Sports zur Folge hat (vgl. ebd.). Dies impliziert zwangsläufig auch eine zunehmende finanzielle und materielle Förderung (vgl. Göttlich 2008: 221f.). In diesem Zusammenhang dient der inflationäre Gebrauch der Begriffe „Integration" oder „Interkulturalität" im Sport als Sublimierung des Sports, der den Stellenwert spezifischer Sportprogramme inkrementiert (vgl ebd.). Die bigottere Aufrechterhaltung der Illusion einer unilateral affirmativen Wirkung des Sports wird sich ergo als öffentlichkeitswirksamer Marketingtrick zunutze gemacht. Dabei ist die Vorstellung, der Sport an sich ist perpetuell allenthalben Garant für die Integration, nicht monokausal anwendbar. Ausschlaggebend ist z.B. vielmehr die gegenseitige Anerkennung, die sich die unmittelbaren Akteur:innen im Integrationsprozess gegenseitig zollen (vgl. Herzog 2001: 106ff.). Des Weiteren erscheint das Bild davon, welche konkreten Integrationswirkungen durch den Sport erzielt werden, nach wie vor getrübt. Von einheitlichen Sozialisationswirkungen kann aufgrund der großen Diversität des Sports nicht ausgegangen werden, es sind eher Aspekte wie die Art der Vermittlung, die Zusammensetzung der Interaktionspartner sowie die Institution, die das Sportprogramm anbietet, die das Ergebnis eines Integrationsprozesses beeinflussen können (vgl. Adolph/Böck 1985: 61).

6.8.2 Defizit an passgenauen Methoden und Strategien auf politischer Ebene

„Die Bedeutung des Sports als Teilsystem wird überbewertet" (Gerber/Pühse 2017: 87). Der Sport darf nicht als Surrogat für eine gute Integrationspolitik herhalten (vgl. Boos-Nünning/Karasoglu 2003). Alle Gesellschaftssysteme, nicht nur der Sport, müssen gemeinsam Integrationsprojekte und -initiativen forcieren, um sich gegenseitig zu stärken, damit eine klare einheitliche Linie in der Integrationspolitik erkennbar wird (vgl. Boos-Nünning/Karasoglu 2003; vgl. Lovell 1991: 48). Die Integrationspolitik eines Landes und sein jeweiliges Integrationskonzept bestimmen maßgeblich, ob durch die Methode – Sport – eine gelungene Integration forciert werden kann (vgl. ebd.). In diesem Zusammenhang ist die vorherrschende politische Meinung eines Landes anleitend für die abschließende Beurteilung einer Integration. Wird eine rigide Assimilation vorausgesetzt oder Integration als Prozess verstanden, der bilateral vollzogen wird? Hierbei werden einige Barrieren auf politisch-struktureller Ebene offenbar, um den Sport als landesübergreifendes Instrument des interkulturellen Dialogs zu utilisieren (vgl. Braun/Nobis 2011: 31).

Um dies tun zu können, muss eine internationale Strategie auf der Makroebene entworfen werden, die sich mit den integrativen Wirkungen des Sports befasst, damit identische Handlungsparameter fundiert sind (vgl. ebd.). Dies zuwege zu bringen, scheitert jedoch an der bereits erwähnten Unvereinbarkeit der Integrationspolitik jeweiliger Länder (vgl. ebd.). Konträr dazu ist indes auch zu beachten, dass großangelegte Integrationskampagnen auch auf lokaler Ebene, also der Mikroebene, unaufwändig umsetzbar sein müssen (vgl. Kirkeby 2010: 51). Jene janusköpfige Dilemmasituation zeigt sich mitunter auch in der Praxis. Auf der Mikroebene existieren in Europa bereits vereinzelte Integrationsprojekte, die jedoch nach einiger Zeit wieder eingestellt werden müssen, da sie nicht durch international etablierte Integrationskampagnen auf der Makroebene gestützt werden (vgl. Gerber et al.: 226). In Deutschland sind bereits, ausgehend vom nationalen Projekt „Integration durch Sport", initiiert vom DOSB, eine Vielzahl an kleinen, kurzfristigen, lokalen und vornehmlich nachhaltigen Projekten entstanden, die eine Integration durch den Sport zu ersuchen gewillt sind, wie z.B. das Projekt „Bunt kickt gut", das in mehreren deutschen Städten etabliert wurde (vgl. Schwarzenböck 2016). Eine internationale Strategie, die verschiedenste Integrationspolitiken vereint und somit ein wichtiger Teil eines integrationsspezifischen Fortschritts wäre, fehlt bislang.

6.8.3 Ausgrenzung und Diskriminierung

Durch die Initiierung von Integrationskampagnen kann eine vorschnelle kategoriale Dichotomisierung stattfinden, die kulturelle Minderheiten als die „problematischen Anderen" deklassiert, mit dem Ziel, die Integrationsmaßnahmen dafür einzusetzen, Migrant:innen in die eigene stromlinienförmige Masse der Gesellschaft zu absorbieren (vgl. Macdonald et al. 2009: 1f.). Durch diese Art von Defizitperspektive wird hierbei eine strikte Assimilation gefordert, die Migrant:innen eine einseitige Bringschuld auferlegt (vgl. Feuchter/Janetzko 2018: 125). Auch hier ist der obligatorische Blick auf die Integrationspolitik eines Landes essenziell, da der Sport nicht unabhängig von ihr betrachtet werden darf (vgl. Gieß-Stüber 2005b: 164).

In der heutigen modernen Leistungsgesellschaft kann es demnach im Sport zu Ausgrenzung, Rassismus und Ungleichbehandlungen kommen (vgl. Bröskamp/Alkemeyer 1996: 20ff.). Infolge eines Zusammentreffens von Menschen mit unterschiedlichen Herkünften ist einerseits, mit optimistischem Blickwinkel, das Potenzial zum Beziehungsaufbau gegeben. Ebenso bedeutet dies jedoch, dass innerhalb des Zusammentreffens Konflikte entstehen können (vgl. Klein 1998; vgl. Pfister 2000: 498). Durch den Sport als Initiator gesteigerter Emotionalität können auch extremer Nationalismus, Exklusion und Diskriminierung zum Vorschein treten, insbesondere bei den Konstellationen, in denen Gruppierungen aufeinandertreffen, die sonst wenig bis gar nicht in Kontakt zueinander standen (vgl. Gasparini/Cometti 2010: 24). Gerade auch zwischen Sportvereinen, die jeweils monoethnisch aufgestellt sind, kommt es häufiger zu Kontroversen, was das Ausgrenzungsnarrativ nähren könnte (vgl. Pfister 2000: 498). Durch monoethnische Vereine entstehen überdies polarisierende Diskussionen, die die Ambivalenz der Kolportage „Integration durch Sport" katalysieren, da auch hierbei Prozesse des „Othering" entstehen können, die das „Eigene" positiv hervorheben, wohingegen das „Andere" abgelehnt wird (vgl. Young 2002).

6.9 Praxisbeispiel „Bunt kickt gut"

Als Paradebeispiel der bereits entstandenen Initiativen kann das bundesweite Programm „Integration durch Sport" vom DOSB genannt werden. Ausgehend davon nahmen in den verschiedenen Bundesländern ca. 764 Sportvereine an diesem Programm teil und fokussierten dabei die im Programm festgelegten Ziele:

1. Integration in den Sport,
2. Integration durch Sport in die Gesellschaft,
3. Interkulturelle Öffnung des Sports und seiner Vereine,
4. Verankerung des Themas Integration in den Strukturen des organisierten Sports.
   (vgl. Richter 2012: 3)

Beispielhaft soll folgend das Projekt „Bunt kickt gut" vorgestellt werden, das angelehnt an das übergeordnete Programm „Integration durch Sport" entstanden ist (vgl. Schwarzenböck 2016: 73).

Hierbei handelt es sich um ein Projekt der interkulturellen Verständigung, das durch die Idee einer organisierten Straßenfußballliga die Vision forciert, „jungen Menschen verschiedener kultureller und nationaler Herkunft eine sinnvolle und gesunde Freizeitbeschäftigung zu geben und Möglichkeiten von sozialem und kulturellem Lernen zu eröffnen" (Heid 2023:1). Ins Leben gerufen wurde das Projekt in München, schnell weitete es sich jedoch auch auf Berlin, Hamburg und Ludwigshafen aus (vgl. Heid 2023).

Der konzeptionelle Aufbau besteht aus ganzjährigen Ligaspielen, wobei jährlich ca. 2.500 Jungen und Mädchen zwischen 13 und 21 Jahren in über 360 verschiedenen Teams teilnehmen (vgl. Schwarzenböck 2016: 100). Die Kinder und Jugendlichen kommen aus Flüchtlingsunterkünften, Freizeiteinrichtungen, der Schulsozialarbeit etc. und bilden bezirksweise ihre Teams (vgl. Heid/Groeneveld 2010). Insofern lernen sich die Kinder und Jugendlichen aus den unterschiedlichen Bezirken kennen, was dazu führen kann, dass Rivalitäten, Konflikte und Gewaltbereitschaft zwischen den Bezirken relativiert werden (vgl. ebd.).

Es werden durch Anerkennung in Form eines „Fairness-Pokals" bei fairem, respektvollem und gewaltfreiem Verhalten und Sanktionierung bei entsprechendem gegenteiligem Verhalten grundlegende Werte und Regelbewusstsein vermittelt (vgl. ebd.). Zusätzlich gibt es einen Pokal für die beste Organisation, der das Team, das sich selbstständig über Änderungen informiert, immer die gesamte Ausrüstung parat hat und sich gut als Gastgeber präsentiert, auszeichnet. Dies stärkt die soziale Kompetenz (vgl. ebd.). Eine besondere Widmung erhält auch das „bunteste" Team, also das Team, das am meisten Mitglieder aus unterschiedlichen Ländern aufweist (vgl. ebd.). Dadurch wird auf den Multinationalismus aufmerksam gemacht und gleichzeitig mit etwas Positivem verknüpft. Dies soll dazu beitragen, dass Stereotype und Vorurteile abgebaut werden oder gar nicht erst entstehen.

Angebote der Partizipation, wie z.B. sich als Schiedsrichter:in ausbilden zu lassen oder am sogenannten „Ligarat" teilzunehmen, der sich zu regelmäßigen Sitzungen trifft, in denen Probleme, Fragen und Unregelmäßigkeiten im Spielbetrieb besprochen und diskutiert werden, fördern das aktive Engagement, die Reflexion, die Verantwortungsübernahme sowie die Teilhabe an demokratischen Entscheidungsfindungsprozessen (vgl. ebd.).

Um die Sprachkompetenz der Teilnehmenden zu fördern, wird bei allen Veranstaltungen nur deutsch gesprochen, da die beiden Komponenten Freizeitgestaltung und Gleichaltrigengruppe einen positiven Einfluss auf den Spracherwerb haben (vgl. ebd.).

Die Kontinuität und die Niedrigschwelligkeit dieses Angebots gewährleisten eine fortwährende Arbeit mit den Teilnehmenden, ganz im Gegensatz zu bisherigen Integrationsprogrammen, die nach einiger Zeit wieder obsolet waren (vgl. Schwarzenböck 2016: 103). Die Kinder und Jugendlichen werden stets dort abgeholt, wo sie sich in ihrer Freizeit aufhalten, auf öffentlichen Plätzen, wie z.B. Spielplätzen etc. (vgl. ebd.).

Begleitet wird das Programm von aufsuchender, stadtteilbezogener Sozialarbeit, wodurch die Identifikation mit der sozialen Heimat gestärkt werden kann (vgl. ebd.). Dabei fällt auf, dass die Teams sich häufig Namen geben, in denen ihr eigener Stadtteil vorkommt, was durchaus auch Rückschlüsse auf einen identifikatorischen Konnex zulässt (vgl. ebd.). Durch dieses Zugehörigkeitsgefühl entsteht ein Angebot der Identitätsbildung. Infolge der Anbindung an eine positive Gruppe wird zudem die alternative Anbindung an eine gewaltaffine Gruppe konterkariert. Emotionale Verbindung ist darüber hinaus Grundlage für die soziale Integration (vgl. Braun/Finke 2010: 178). Auch die Einbindung in die Peergroup vermittelt den Kindern und Jugendlichen Orientierung und Sicherheit, in denen sie soziale Verhaltensweisen und Normen aktiv erproben können.

Diskussions- und Reflexionsfragen

Integration

- Existieren bestimmte Voraussetzungen für eine Integration? Wenn ja, welche sind das?
- Wann ist eine Integration gescheitert?
- Welche Aspekte sind wichtig zu beachten, um individuelle Unterschiede im Integrationsprozess vergleichen zu können?
- Sollte die Aufnahmegesellschaft bestimmte Forderungen an Migrant:innen stellen?
- Besitzt Deutschland eine klar definierte Kultur, die von den Migrant:innen schnell erfasst werden kann?
- Was würden Sie antworten, wenn Sie gefragt werden, was die Kultur Deutschlands ist?

- Wenn Sie von Integration sprechen, was meinen Sie dann damit? Inwiefern steht das im Widerspruch zu der wissenschaftlichen oder etymologischen Bedeutung von Integration?
- Wie können System- und Sozialintegration voneinander abgegrenzt werden? Ist eine solche Differenzierung sinnvoll?

Integrationskonzepte

- Worin unterscheiden sich Integration und Assimilation?
- Ist eine Assimilation anzustreben?
- Kann eine Assimilation jemals vollends abgeschlossen sein?
- Wie können Integration und Assimilation in der Praxis voneinander abgegrenzt werden?
- Was sind jeweils die Vor- und Nachteile von Assimilation und Integration für eine Gesellschaft?
- Wenn Sie Machthaber:in eines Landes wären, welches Integrationskonzept würden Sie bevorzugen?
- Welches Integrationskonzept verfolgt Deutschland aktuell?

Integration in den Sport

- Was ist der Unterschied zwischen Integration in den Sport und Integration durch Sport?
- Welche Barrieren der Integration in den Sport gibt es?
- Wen treffen diese Barrieren am stärksten?
- Welche Maßnahmen können getroffen werden, um Migrant:innen den Zugang zum Sport(-verein) zu erleichtern?

Integration durch Sport

- Was sind die vorherrschenden integrativen Wirkungen des Sports?
- Sind diese Wirkungen nur im Sportverein zu erwarten? Begründen Sie.
- Welche Wirkungen sind auch außerhalb des Sportvereins zu erwarten und welche nicht?
- Bei welchen integrativen Wirkungen kann ein unmittelbarer Transfer vom Sport in andere Bereiche der Gesellschaft erfolgen?
- Kann davon ausgegangen werden, dass jeder Sportverein auf die gesellschaftlich akzeptierten Werte und Normen achtet?
- Herrschen im gesamten Land konsensuale Verhaltensregeln und Sozialformen?

Desintegration durch Sport

- Ist der Sport an sich integrativ?
- Können auch integrative Wirkungen in monoethnischen Sportvereinen erwartet werden? Wenn ja, welche?
- Welche integrativen Wirkungen bleiben möglicherweise in monoethnischen Sportvereinen aus?
- Was muss beachtet werden bzw. welche Strukturen müssen vorherrschen, damit eine Integration durch Sport als wirkungsvoll erachtet werden kann?

- Können die desintegrativen Wirkungen des Sports vermieden werden? Wenn ja, wie?
- Sind die desintegrativen Wirkungen des Sports Grund, um keine Integration durch Sport mehr anzustreben?
- Als wie gravierend schätzen Sie die desintegrativen Wirkungen des Sports ein?
- Wo lassen sich in der Gesellschaft noch Ausgrenzung und Diskriminierung ausfindig machen, die möglicherweise im Sport als einem Teilbereich der Gesellschaft reinszeniert werden?

Übung

Entwerfen Sie selbstständig ein Konzept für ein Sportprojekt, das die Integration von Migrant:innen zum Ziel hat. Beachten Sie dabei die bereits aufgezeigten integrativen und desintegrativen Potenziale des Sports. Beziehen Sie außerdem in Ihre Überlegungen mit ein, welche Maßnahmen getroffen werden können, damit die Integration in den Sport, insbesondere bei benachteiligten Personengruppen, gelingt. Für Anregungen können Sie das Projekt „Bunt kickt gut" oder die Konzeptualisierung des Teilhabeprojekts „ReWIS – Refugees Welcome in Sports" von Feuchter/Janetzko (2018: 137ff.) zurate ziehen.

Weiterführende Literatur Integration

Agergaard, S. (2018). *Rethinking sports and integration: Developing a transnational perspective on migrants and descendants in sports.* London: Routledge.

Aschenbrenner-Wellmann, B./Geldner, L. (2022). *Migration und Integration in der Sozialen Arbeit.* Baden-Baden: Nomos.

Castles, S./Korac, M./Vasta, E./Vertovec, S. (2002). Integration: Mapping the field. *Home Office Online Report, 29*(03), S. 115–118.

Integration durch Sport

Agergaard, S. (2018). *Rethinking sports and integration: Developing a transnational perspective on migrants and descendants in sports.* London: Routledge.

Baur, Jürgen. (2008). *Das Programm „Integration durch Sport" in Deutschland: Handlungsfeld alltagspolitischer Partizipation.* Abgerufen von: https://publishup.uni-potsdam.de/frontdoor/index/index/docId/10668

Baur, Jürgen. (2009). Evaluation des Programms „Integration durch Sport" Band 1. *Sportsoziologie/Sportanthropologie Potsdam: Universität Potsdam, 1*(35).

Borggrefe, C./Cachay, K. (2021). *Interkulturelle Öffnung von Sportvereinen – Theoretische Überlegungen und empirische Ergebnisse.* 18(2), S. 157–186. https://doi.org/doi:10.1515/sug-2021-0013

Burrmann, U./Mutz, M./Zender, U. (2014). *Jugend, Migration und Sport: Kulturelle Unterschiede und Die Sozialisation Zum Vereinssport.* Wiesbaden: Springer Fachmedien Wiesbaden GmbH.

Gerber, M., & Pühse, U. (2017). *Sport, Migration und soziale Integration – Eine empirische Studie zur Bedeutung des Sports bei Jugendlichen.* Zürich: Seismo Verlag.

Mutz, M. (2012). *Sport als Sprungbrett in die Gesellschaft?: Sportengagements von Jugendlichen mit Migrationshintergrund und ihre Wirkung.* Weinheim: Beltz Juventa.

7 Handlungsfeld: Inklusion durch Sport

„Diversity ist die Einladung zur Party, Inclusion ist die Aufforderung zum Tanz"

Vernā Myers, Autorin und Aktivistin

Zusammenfassung

Anhand des nächsten Kapitels wird das Arbeitsfeld von Sportsozialarbeiter:innen „Sport mit Menschen mit Behinderung" vorgestellt. Zunächst wird darüber aufgeklärt, was unter „Behinderung" zu verstehen ist und welche verschiedenen Definitionen dahingehend vorliegen. Auch die „Inklusion" als Begrifflichkeit, die mitunter recht abstrakt zu sein scheint, soll hier scharf umrissen werden. Da in der Arbeit mit Menschen mit Behinderung viele Rechtsfragen zu klären sind, werden einige rechtliche Grundlagen in diesem Zusammenhang gelegt. Nachstehend soll die Wichtigkeit von Sport für Menschen mit Behinderung herausgestellt werden. Ebenso ist es wichtig, sich existierende Teilnahmebarrieren anzusehen. Abschließend sollen einige Vorschläge unterbreitet werden, die die Teilnahmebarrieren abbauen könnten.

7.1 Einführung

Teilhabe und Zugang sind wichtige Begriffe, die mit einer Beeinträchtigung durch eine Behinderung meist nicht einhergehen.

Die Zahl an inklusiven Sportangeboten ist weiterhin überschaubar, Menschen mit Behinderung sind im organisierten Sport unterrepräsentiert. Dabei ist es insbesondere der Breitensport, der die Möglichkeit bietet, dass Menschen mit und ohne Behinderung spielerisch miteinander in Kontakt kommen (vgl. Litschke 2017: 1).

Der Breitensport ist „Motor der Inklusion", sagte Theresia Degener, Vorsitzende des UN-Ausschusses für die Rechte von Menschen mit Behinderung.

Nach einer Umfrage von *Aktion Mensch* aus dem Jahr 2014 ist die Nachfrage nach inklusiven Sportangeboten höher als das Angebot (vgl. Aktion Mensch e.V. 2014).

Eine Umfrage des DOSB kommt sogar zu dem Schluss, dass nur einer von drei befragten Sportvereinen – ca. 35% – offen für Menschen mit Behinderung ist (vgl. Breuer/Feiler 2017: 5).

Die Gründe, aus denen Menschen Sport treiben, sind divers: aus Spaß, gesundheitlichen Erfordernissen oder um den gesellschaftlichen Vorstellungen des gesunden und leistungsfähigen Menschen zu entsprechen. Dies kann auch in der Umkehr betrachtet werden: Die Gründe, aus denen Menschen keinen Sport treiben, sind u.a. exklusive Zugänge zu Sportstätten oder das – subjektive oder auch objektive – Gefühl, als Mensch mit einer Behinderung nicht der Leistungsgesellschaft zu entsprechen (vgl. Deutscher Bundestag 2021: 627). Darauf wird zu einem späteren Zeitpunkt noch genauer eingegangen.

Etwa ein Drittel der Menschen mit Behinderung treibt jede Woche Sport, unter den Menschen ohne Behinderung sind dies knapp die Hälfte (vgl. ebd.). Dagegen geben 55 % der Menschen mit Behinderung an, nie Sport zu treiben, während dies bei Menschen ohne Behinderung 32 % sind. Der Deutsche Behindertensportverband e.V. sieht insbesondere die fehlenden barrierefreien Sportstätten und Angebote für Menschen mit Behinderungen als Hauptursache für die sportliche Inaktivität von Menschen mit Behinderungen (vgl. DBS 2019b).

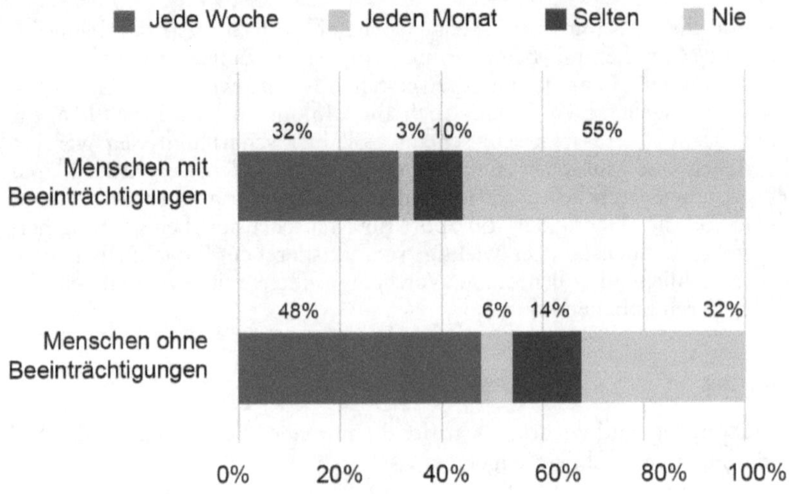

* Fragestellung: Welche der folgenden Tätigkeiten üben Sie in Ihrer freien Zeit aus? Geben Sie bitte zu jeder Tätigkeit an, wie oft Sie das machen: Aktiver Sport.

Quelle: SOEP, Berechnung und Darstellung Prognos

Abbildung 14: Sportliche Aktivität (Deutscher Bundestag 2021: 627)

Männer und Frauen unterscheiden sich in ihren sportlichen Aktivitäten kaum, wie die folgende Tabelle belegt.

	Menschen mit Beeinträchtigung			Menschen ohne Beeinträchtigung		
	2013	2015	2017	2013	2015	2017
Insgesamt	50 %	57 %	55 %	29 %	34 %	32 %
Geschlecht						
Männer	49 %	57 %	55 %	28 %	33 %	31 %
Frauen	50 %	57 %	56 %	29 %	35 %	34 %
Alter						
18 bis 49 Jahre	37 %	48 %	46 %	22 %	27 %	27 %
50 bis 64 Jahre	44 %	51 %	49 %	31 %	35 %	34 %
65 bis 79 Jahre	51 %	57 %	57 %	37 %	44 %	40 %
Ab 80 Jahre	77 %	80 %	79 %	63 %	69 %	63 %
Teilgruppen der Beeinträchtigungen						
Chronisch kranke Menschen (ohne anerkannte Behinderung)	62 %	68 %	63 %			
GdB unter 50	36 %	45 %	43 %			
Anerkannte Schwerbehinderung	49 %	56 %	56 %			
Migrationshintergrund						
Ohne	49 %	55 %	55 %	27 %	32 %	31 %
Mit	54 %	66 %	57 %	37 %	40 %	39 %

Abbildung 15: Keine sportliche Aktivität (Deutscher Bundestag 2021: 628)

18- bis 49-Jährige treiben – unabhängig von vorliegenden Behinderungen – mehr Sport als ältere Menschen. In der Teilgruppe der Behinderungen sind es, analog zu den kulturellen Aktivitäten, Menschen mit chronischen Erkrankungen, die am wenigsten Sport treiben (63 %).

Im Deutschen Behindertensportverband e.V. (DBS) waren im Jahr 2018 rund 565.000 Menschen Mitglied (siehe Abbildung 16).

	Mitglieder insgesamt	Darunter: Kinder und Jugendliche bis 21 Jahre	
	Anzahl	Anzahl	Anteil an Mitgliedern insgesamt
2010	574.887	53.295	9,3 %
2012	650.986	54.668	8,4 %
2014	640.362	47.795	7,5 %
2016	577.184	33.860	5,9 %
2018	565.019	33.759	6,0 %
Veränderung 2010 bis 2018	-2 %	-37 %	

Abbildung 16: Mitglieder des Deutschen Behindertensportverbandes (Deutscher Bundestag 2021: 630)

Die Mitgliederzahlen sind seit 2010 leicht zurückgegangen, wobei 2012 der Höchststand mit fast 651.000 Mitgliedern erreicht wurde. Von den Mitgliedern im Jahr 2018 waren rund 33.800 Kinder und Jugendliche unter 21 Jahren. Ihr Anteil an den Mitgliedern insgesamt sank seit 2010 fast kontinuierlich. Die Altersstruktur im Jahr 2018 zeigt, dass 55 % der Mitglieder im DBS über 61 Jahre und 30 % zwischen 41 und 60 Jahre alt waren (vgl. DBS 2019).

Friedhelm Julius Beucher, Präsident des Deutschen Behindertensportverbandes (DBS), stellt fest: „[...] besonders die Sportvereine, die sich noch nicht für Menschen mit Behinderung geöffnet haben, sind gefragt" (DOSB 2021). Er appelliert daher an die Vereine:

> Wir wünschen uns Mut und Offenheit statt Berührungsängste und Skepsis. Ich kann die Vereinsvertreter*Innen und Übungsleiter*innen nur dazu aufrufen, den ersten Schritt zu machen und Menschen mit Behinderung eine Chance zu geben. Wir müssen endlich die Barrieren abbauen – in den Sportstätten und auch immer noch in den Köpfen. Menschen mit Behinderung sind eine Bereicherung für jede Sportgruppe. (ebd.)

Trotz dieses breiten Engagements ist die Anzahl an Menschen mit Behinderung, die keinen Sport treiben, nach wie vor viel zu hoch und sogar gestiegen. Dazu Julius Beucher (DOSB 21):

> Unser Ziel ist klar: Wir wollen, dass mehr Menschen mit Behinderung aktiv und in Bewegung sind. Sport erhöht die Lebensqualität und fördert auch die Mobilität im Alltag. Um dieses Ziel zu erreichen, müssen [...] alle an einem Strang ziehen: Wir im Deutschen Behindertensportverband mit unseren 17 Landes- und zwei Fachverbänden sowie ganz Sportdeutsch-

land. Und letztlich ist es die Verantwortung und Verpflichtung von Politik und Gesellschaft, die notwendigen Rahmenbedingungen zu schaffen. Nur so kann die UN-Behindertenrechtskonvention konsequent umgesetzt und Teilhabe auch im Sport gelebt werden. Menschen mit Behinderung haben ein Recht darauf.

7.2 Begriff Inklusion

Noch in den 1950er- und 1960er-Jahren herrschte eine klare Trennung der Sportaktivitäten von Menschen mit und ohne Behinderung vor (vgl. Radtke 2011). Die ersten integrativen Ansätze verwirklichten sich Mitte der 1970er-Jahre, mit dem Ziel, Freizeitsportangebote für das gemeinsame Sporttreiben von Menschen mit und ohne Behinderung zu schaffen, um vornehmlich die soziale Integration voranzutreiben (vgl. Ziebarth 2010: 9).

Im wissenschaftlichen Diskurs wird der Inklusionsbegriff seit Anfang der 1990er-Jahre verwendet und etabliert (vgl. Radtke 2011). Den entsprechenden Impuls dafür lieferte die Salamanca-Deklaration.

> **Die Salamanca-Deklaration**
>
> Im Jahr 1994 fand in Salamanca die UNESCO-Konferenz zum Thema „Pädagogik für besondere Bedürfnisse: Zugang und Qualität" statt. Die Konferenz nannte Inklusion als wichtigstes Ziel der internationalen Bildungspolitik und schuf so den ersten internationalen Rahmen für die Umsetzung der Inklusion. Erklärtes Ziel war die Einbeziehung von behinderten Kindern in Regelschulen und gemeinsamer Unterricht. (vgl. Unesco 1994)

Der Begriff „Inklusion" leitet sich aus dem lateinischen Wort *„includere"* ab, was so viel bedeutet wie „einbeziehen". Inklusion heißt Wertschätzung der Vielfalt (vgl. Blohme et al. 2011: 4). Daraus kann gefolgert werden, dass – bezogen auf den Sport – Inklusion stattfindet, wenn „alle mitmachen können".

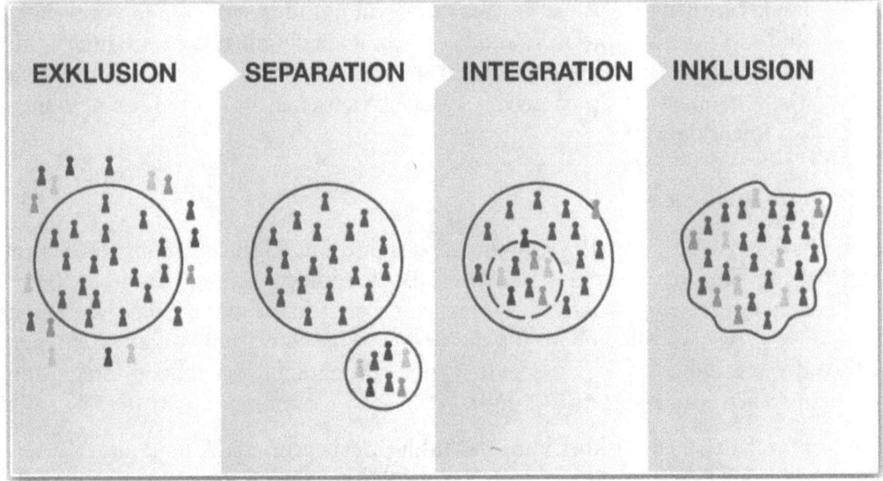

Abbildung 17: Erklärung Inklusion (Blohme et al. 2011: 5)

Integration ist folglich, wenn die Menschen in ein bestehendes System eingegliedert werden, das ursprünglich nicht für deren Bedürfnisse konzipiert wurde.

Inklusion hingegen ist, wenn das System dahingehend verändert wird, dass alle ein Teil des Ganzen werden (vgl. Blohme et al. 2011: 5). Somit findet kein Anpassungsprozess auf individueller Ebene statt, sondern ein Veränderungsprozess auf institutioneller Ebene (vgl. Radtke 2011).

In der Bundesrepublik Deutschland wurde die Diskussion um die Inklusion durch die Ratifizierung der UN-Behindertenrechtskonvention maßgeblich vorangetrieben.

7.3 Begriff „Behinderung"

Die Verwendung des Begriffs „Behinderung" ist insbesondere für den Zugang zu Leistungen der Rehabilitation nach dem SGB IX relevant (vgl. Brockmann et al. 2022).

Eine verbindliche, allgemeingültige Definition von Behinderung ist weder national noch international vorhanden (vgl. Egen 2020: 20ff.).

7.3.1 Medizinisches Modell von Behinderung

Innerhalb des medizinischen Modells wird Behinderung als direktes Resultat einer körperlichen oder geistigen Schädigung angesehen, die aufgrund einer Verletzung und/oder Krankheit entstanden ist. Die Schädigung bzw. das Defizit gilt es mit entsprechenden medizinisch-therapeutischen Behandlungsmethoden und/oder pädagogischer Förderung zu beseitigen oder zumindest insoweit zu verbessern, dass der betreffenden Person eine „normale" Lebensführung in der Gesellschaft möglich ist (vgl. ebd.: 23).

Der Maßstab ist der nichtbehinderte Mensch, der als Norm dient, an der der Erfolg und Misserfolg medizinischer Bemühungen gemessen wird (vgl. Hermes/Rohrmann 2006: 15ff.).

Behinderung ist nach diesem Modell ein objektiv beschreibbares, negatives Wesensmerkmal einer Person (Stigma) – hinter dem alle weiteren Eigenschaften und Fähigkeiten verblassen. Behinderung wird als schicksalhaftes und persönliches Unglück angesehen, das es individuell zu bewältigen gilt. Behinderung stellt aus dieser Perspektive betrachtet ein „Problem" dar, das einer Lösung bedarf. Als Operationalisierung des Modells gilt das sogenannte Rehabilitationsparadigma, das den behinderten Menschen als (Dauer-)Patienten medizinischer Fachberufe deklariert.

Das medizinische Modell ist erheblicher Kritik ausgesetzt:

1. Es werden primär medizinische Definitionen und ein einseitiger Begriff von Normalität verwendet. Die „Norm" gilt darüber hinaus als Orientierungsmaßstab für die Feststellung von Abweichungen.
2. Die individuelle Schädigung ist alleinige Ursache, sowohl für die individuelle Fähigkeitsstörung als auch für die soziale Beeinträchtigung bzw. Benachteiligung.
3. Diese Sichtweise zwingt behinderte Personen in eine von medizinischen Experten abhängige Position.
4. Diese Sichtweise fordert behinderte Personen auf, sich anzupassen bzw. ihre Behinderung so gut wie möglich zu „bewältigen" und macht sie somit zum Objekt medizinischer Behandlungsmethoden (Rehabilitationsparadigma). Wesentliche Elemente eines selbstbestimmten Lebens werden ihnen so vorenthalten.

7.3.2 Soziales Modell von Behinderung

Unter Rückgriff auf Goffman (1963) und Parsons/Shils (1951) entwickelte sich im Vereinigten Königreich zu Beginn der 1980er-Jahre das ‚Soziale Modell' von Behinderung (vgl. Egen 2020: 26). Kernaussage dieses Modells ist, dass Behinderung kein Ergebnis medizinischer Pathologie, sondern das Resultat sozialer Organisation ist. Menschen werden nicht aufgrund einer körperlichen und/oder geistigen Schädigung behindert, sondern durch das soziale System, das Teilhabehindernisse errichtet (vgl. Waldschmidt 2005: 18). Hieraus entstand der Slogan: „Behindert ist man nicht, behindert wird man".

Entscheidend innerhalb des Modells ist der Ansatz, dass die Lösungsstrategie nicht am Individuum, sondern an der Gesellschaft ansetzt (vgl. ebd.).

Das Soziale Modell wurde zeitgleich in der britischen und amerikanischen Behindertenbewegung[8] populär, die mit dem Motto „Nichts über uns ohne uns" aufwarteten. Im Vordergrund des Ansatzes steht folglich die Kritik am vorherrschenden gesellschaftlichen System (vgl. Egen 2020: 29).

---

8 In den Vereinigten Staaten war es 1970 vor allem die Independent-Living-Bewegung, die Menschen mit Behinderungen ein neues Selbstverständnis vermittelte.

Durch die Fokussierung innerhalb des Modells auf den – legitimen und wichtigen – Abbau von gesellschaftlichen Barrieren wird nicht umfänglich berücksichtigt, dass in der Lebensrealität viele Menschen mit Behinderung auf Unterstützung angewiesen sind, womit jedoch nicht automatisch eine Abwertung dieser Menschen verbunden ist (vgl. Kuhlmann 2011: 39).

7.3.3 Kulturelles Modell von Behinderung

Das ‚Kulturelle Modell' stellt eine Weiterentwicklung des Sozialen Modells dar und entstand in den 1990er-Jahren. Aus dieser Perspektive heraus wird weniger die Entstehung von Behinderung betrachtet, sondern es wird eher danach gefragt, wie „Normalität" gesellschaftlich konstruiert wird. Untersuchungsgegenstand ist daher nicht alleine der behinderte Mensch, sondern die „normale" Gesellschaft und deren Konstruktionsmechanismen von Normalität und Abweichung. Im Zentrum der Betrachtung steht folglich: Nicht die Mehrheitsgesellschaft untersucht das Phänomen „Behinderung" aus dem Blickwinkel von „Normalität", sondern aus dem Blickwinkel von „Behinderung" wird die Mehrheitsgesellschaft und deren „Normalität" zum Untersuchungsgegenstand deklariert, denn „behinderte und nicht behinderte Menschen sind keine binären, strikt getrennten Gruppierungen, sondern einander bedingende, interaktiv hergestellte und strukturell verankerte Komplementaritäten" (Waldschmidt 2005: 25).

Im Kern des Modells geht es darum, zu erfahren, wie verschiedene Menschen in ihren individuellen Eigenarten zur gesellschaftlichen Vielfalt beitragen. „Kritisiert wird eine gesellschaftliche Praxis, die damit beschäftigt ist, homogene Gruppen zu bilden und diese auf der Basis normativer Bewertungen zu hierarchisieren, anstatt die eigene Heterogenität anzuerkennen und wertzuschätzen" (ebd.: 27).

Es geht also um die Veränderung der Repräsentation von Menschen mit Behinderung in der Gesellschaft, damit Behinderung nicht länger als Abweichung von einem „Normalzustand", sondern als ein Aspekt der Vielfalt des menschlichen Lebens erlebt und betrachtet wird (vgl. Lüke 2006: 136).

7.3.4 Die nationale juristische Definition

Die juristische und somit für das deutsche Rechtssystem verbindliche Definition findet sich in § 2 Abs. 1 SGB IX. Der Begriff einer Schwerbehinderung wurde in § 2 Abs. 2 SGB IX geregelt.

Wortlaut des § 2 Abs. 1, 2 SGB IX

(1) Menschen mit Behinderungen sind Menschen, die körperliche, seelische, geistige oder Sinnesbeeinträchtigungen haben, die sie in Wechselwirkung mit einstellungs- und umweltbedingten Barrieren an der gleichberechtigten Teilhabe an der Gesellschaft mit hoher Wahrscheinlichkeit länger als sechs Monate hindern können. Eine Beeinträchtigung nach Satz 1 liegt vor, wenn der Körper- und Gesundheitszustand von dem für das Lebensalter typischen Zustand abweicht. Menschen sind von Behinderung bedroht, wenn eine Beeinträchtigung nach Satz 1 zu erwarten ist.

(2) Menschen sind im Sinne des Teils 3 schwerbehindert, wenn bei ihnen ein Grad der Behinderung von wenigstens 50 vorliegt und sie ihren Wohnsitz, ihren gewöhnlichen Aufenthalt oder ihre Beschäftigung auf einem Arbeitsplatz im Sinne des § 156 rechtmäßig im Geltungsbereich dieses Gesetzbuches haben.

Die Differenzierung zwischen körperlicher, geistiger und seelischer Behinderung ist zwar im Gesetz vorgesehen, in der praktischen Anwendung des Rechts aber nicht immer trennscharf voneinander abgrenzbar. Dies wird multipliziert, wenn die Behinderungen in Wechselwirkung miteinander auftreten (vgl. Brockmann et al. 2022).

Die Sechs-Monats-Grenze des § 2 Abs. 1 SGB IX für die voraussichtliche Dauer der Funktionsstörung dient dem Zweck, vorübergehende Störungen als weniger schwerwiegend zu kennzeichnen und eine Abgrenzung zu einer akuten Krankheit (z.B. einer Grippe) vorzunehmen.

Das Merkmal „Abweichung von dem für das Lebensalter typischen Zustand" grenzt alterstypische Verschleißerscheinungen zu denen der behinderungsbedingten Funktionsbeeinträchtigungen ab. Es bedeutet, dass Funktionsbeeinträchtigungen, die sich im Alter physiologisch entwickeln und die nach Art und Umfang für das Alter typisch sind, nicht als regelwidriger Zustand und damit nicht als Ursache einer Behinderung angesehen werden können (vgl. Deutscher Bundestag 1986).

Die gesundheitliche Funktionsstörung wird zu einer Behinderung, wenn sie die gleichberechtigte Teilhabe beeinträchtigt. Die Einfügung des Begriffs „Gleichberechtigung" zeigt, dass nicht nur ein Minimum an Teilhabe ermöglicht werden soll, sondern die in der Gesellschaft übliche und mögliche Teilhabe. Teilhaberechte sind die grundlegenden Voraussetzungen des Genusses von Grund- und Menschenrechten, die vom Staat und in der Gesellschaft geschaffen und gesichert werden können und nach Maßgabe des Rechts geschaffen werden sollen (vgl. Brockmann et al. 2022)

Schwerbehindert im Sinne des SGB IX sind Menschen, wenn bei ihnen ein Grad der Behinderung von wenigstens 50 nachgewiesen ist (siehe Infobox „,Grad der Behinderung' und die ‚Merkzeichen'") und sie ihren Wohnsitz, ihren gewöhnlichen Aufenthalt oder ihre Beschäftigung auf einem Arbeitsplatz rechtmäßig in der Bundesrepublik Deutschland haben (vgl. § 2 Abs. 2 SGB IX).

> **Info-Box „Grad der Behinderung" und die „Merkzeichen"**
>
> Menschen mit Behinderungen können Nachteilsausgleiche in Anspruch nehmen. Diese richten sich nach dem Grad der Behinderung (GdB). Dieser muss zunächst ermittelt und anschließend in Form eines Ausweises bescheinigt werden.
> Der Umfang der Einschränkung wird mit dem GdB in Zehnergraden von 20 bis 100 beschrieben. Die Versorgungsmedizin-Verordnung (VersMedV) gibt Anhaltspunkte, mit deren Hilfe der GdB festgelegt werden kann.

Dementsprechend gilt als Behinderung eine Funktionseinschränkung ab einem GdB von 20. Schwerbehindert sind nach § 2 Abs. 2 SGB IX Menschen, bei denen ein GdB von wenigstens 50 festgestellt wurde.

Für den Erhalt von Nachteilsausgleichen ist neben der Feststellung des GdB auch ein entsprechendes Merkzeichen erforderlich. Es dient als Nachweis für besondere Beeinträchtigungen und kennzeichnet Rechte und Hilfen zum Ausgleich behinderungsbedingter Nachteile. Das Versorgungsamt prüft auf Grundlage des GdB, ob ein Mensch mit Behinderungen Anspruch auf Zuerkennung eines oder mehrerer Merkzeichen besitzt.

G – Die Ausweisinhaberin bzw. der Ausweisinhaber ist in seiner Bewegungsfähigkeit im Straßenverkehr erheblich beeinträchtigt.

aG – Die Ausweisinhaberin bzw. der Ausweisinhaber ist außergewöhnlich gehbehindert.

H – Die Ausweisinhaberin bzw. der Ausweisinhaber ist hilflos.

Bl – Die Ausweisinhaberin bzw. der Ausweisinhaber ist blind. Als blind ist auch der Mensch mit Behinderung anzusehen, dessen Sehschärfe so gering ist, dass er sich in einer ihm nicht vertrauten Umgebung ohne fremde Hilfe nicht zurechtfinden kann.

Gl – Die Ausweisinhaberin bzw. der Ausweisinhaber ist entweder gehörlos, weil Taubheit beider Ohren vorliegt. Oder die Ausweisinhaberin bzw. der Ausweisinhaber weist zum einen eine Hörbehinderung mit einer an Taubheit grenzenden Schwerhörigkeit beidseits und zum anderen eine schwere Sprachstörung bzw. eine schwer verständliche Lautsprache oder einen geringen Wortschatz auf.

B – Berechtigt zur Mitnahme einer Begleitperson.

RF – Die Ausweisinhaberin bzw. der Ausweisinhaber erfüllt die landesrechtlich festgelegten gesundheitlichen Voraussetzungen für die Befreiung von der Rundfunkgebührenpflicht und ggf. für den Sozialtarif für Verbindungen im T-Net.

TBl – Das Merkzeichen erhalten taubblinde Menschen. Das Merkzeichen TBl wird vom Versorgungsamt festgestellt, wenn wegen einer Störung der Hörfunktion ein Grad der Behinderung (GdB) von mindestens 70 und wegen einer Störung des Sehvermögens ein GdB von 100 anerkannt ist. (Beauftragter der Bundesregierung für die Belange von Menschen mit Behinderung 2023)

7.4 Rechtsgrundlagen für Menschen mit Behinderungen

7.4.1 Das Sozialgesetzbuch IX

Das Recht der Menschen mit Behinderung ist seit dem Jahr 2001 im Sozialgesetzbuch IX (SGB IX) geregelt. Das SGB IX setzt auf bundesstaatlicher Ebene das besondere Gleichbehandlungsgebot nach deutschem Verfassungsrecht aus Art. 3 Abs. 3 S. 2 Grundgesetz (GG) um.

Wortlaut des Art. 3 Abs. 3 S. 2 GG

„Niemand darf wegen seines Geschlechtes, seiner Abstammung, seiner Rasse, seiner Sprache, seiner Heimat und Herkunft, seines Glaubens, seiner religiösen oder politischen Anschauungen benachteiligt oder bevorzugt werden. Niemand darf wegen seiner **Behinderung** benachteiligt werden."

Dieses soll dazu beitragen, dass Menschen mit einer Behinderung selbstbestimmt, gleichberechtigt und diskriminierungsfrei am Leben der Gesellschaft teilhaben können. Mit der Schaffung des SGB IX ging ein Paradigmenwechsel im behinderungsrechtlichen Kontext einher.

Bis zum Jahr 2001 war die Sichtweise auf Menschen mit Behinderungen von Fürsorge und Bevormundung bzw. bevormundender Hilfe geprägt, nun setzt das neue SGB IX auf Selbstbestimmung, Chancengleichheit und gleichberechtigte Teilhabe.

Durch die UN-Behindertenrechtskonvention (BRK) wurde dieser eingeschlagene Weg konsequent weiterverfolgt.

7.4.2 Die UN-Behindertenrechtskonvention (UN-BRK)

Die Konvention folgt dem Diversity-Ansatz: Menschen mit Behinderung sind Teil der Lebenswelt der Normalität des menschlichen Lebens und des gesellschaftlichen Zusammenlebens (vgl. Bielefeldt 2009: 4). Leitmotiv der Konvention ist die Inklusion von Menschen mit Behinderung in der Gesellschaft. Gesellschaftliche Strukturen müssen barrierefrei verändert und gestaltet werden, dass sie auch für Menschen mit Behinderung – und auch denen, die hiervon bedroht sind – voll umfänglich gerecht werden (vgl. von Boetticher/Kuhn-Zuber 2021: 17).

Erläuterung zur UN-BRK

Übereinkommen der Vereinten Nationen über die Rechte von Menschen mit Behinderungen v. 13.12.2006, Resolution 61/106 der Generalversammlung der UN, kurz UN-BRK, BGBl. II, S. 1419. Die Bundesrepublik Deutschland hat die UN-BRK am 24. Februar 2009 ratifiziert.
Die UN-BRK statuiert eine völkerrechtliche Verpflichtung zur Gestaltung des Rechts behinderter Menschen im Sine einer vollen und wirksamen Teilhabe an der Gesellschaft. Angesichts des klar formulierten Anspruchs, die Behindertenpolitik in Deutschland im Einklang mit der UN-BRK weiterzuentwickeln, muss sich der Gesetzgeber sowohl politisch als auch rechtlich daran messen lassen, inwieweit ihm dies gelungen ist.
Die UN-BRK gilt in Deutschland im Rang eines Bundesgesetzes, ist aber kein Bestandteil der allgemeinen Regeln des Völkerrechts gemäß Art. 25 GG und entfaltet daher nur ausnahmsweise unmittelbare Wirkung.
Leistungsansprüche lassen sich aus der BRK nicht unmittelbar ableiten, die Konvention ist jedoch für die Bundesrepublik Deutschland verbindlich.

Die Ziele der UN-BRK durch Art. 3 UN-BRK

Die Grundsätze dieses Übereinkommens sind:

a) die Achtung der dem Menschen innewohnenden Würde, seiner individuellen Autonomie, einschließlich der Freiheit, eigene Entscheidungen zu treffen, sowie seiner Unabhängigkeit;

b) die Nichtdiskriminierung;

c) die volle und wirksame Teilhabe an der Gesellschaft und Einbeziehung in die Gesellschaft;

d) die Achtung vor der Unterschiedlichkeit von Menschen mit Behinderungen und die Akzeptanz dieser Menschen als Teil der menschlichen Vielfalt und der Menschheit;

e) die Chancengleichheit;

f) die Zugänglichkeit;

g) die Gleichberechtigung von Mann und Frau;

h) die Achtung vor den sich entwickelnden Fähigkeiten von Kindern mit Behinderungen und die Achtung ihres Rechts auf Wahrung ihrer Identität.

Diese grundlegenden Prinzipien bilden den Rahmen, innerhalb dessen die Vorschriften ausgelegt und verstanden werden müssen.

Exkurs „Auslegung"

Auslegung von Texten bezeichnet die Klärung ihrer Bedeutung, in der Rechtswissenschaft die Ermittlung des Sinnes einer Rechtsnorm, eines Vertrages oder sonstiger Willenserklärungen. Damit ist sie eine Argumentationsform der juristischen Methodenlehre.

Auslegung zählt zu den Methoden rationaler Konsensgewinnung im Recht und ist damit ein Gegenstand der Rechtstheorie. In dieser bezeichnet sie als juristische Hermeneutik die Kunst, ein Gesetz oder einen sonstigen rechtlichen Text zu verstehen. Als Methodenlehre bezeichnet sie den gedanklichen Weg (griechisch: *méthodos*), der zur zutreffenden Bedeutung des Textes führt.

Recht auf Sport?

Menschen mit Behinderung haben ein Recht auf Sport, das in der UN-BRK niedergeschrieben ist. Dieses leitet sich aus Art. 30 Abs. 5 in Verbindung mit Art. 4 Abs. 1 und 2 UN-BRK ab (vgl. Welke 2012: 50).

Wortlaut des Art. 30 Abs. 5 UN-BRK

(1) Die Vertragsstaaten anerkennen das Recht von Menschen mit Behinderungen, gleichberechtigt mit anderen am kulturellen Leben teilzunehmen, und treffen alle geeigneten Maßnahmen, um sicherzustellen, dass Menschen mit Behinderungen

a) Zugang zu kulturellem Material in zugänglichen Formaten haben;

b) Zugang zu Fernsehprogrammen, Filmen, Theatervorstellungen und anderen kulturellen Aktivitäten in zugänglichen Formaten haben;

c) Zugang zu Orten kultureller Darbietungen oder Dienstleistungen, wie Theatern, Museen, Kinos, Bibliotheken und Tourismusdiensten, sowie, so weit wie möglich, zu Denkmälern und Stätten von nationaler kultureller Bedeutung haben.

[...]

(5) Mit dem Ziel, Menschen mit Behinderungen die gleichberechtigte Teilnahme an Erholungs-, Freizeit- und Sportaktivitäten zu ermöglichen, treffen die Vertragsstaaten geeignete Maßnahmen,

a) um Menschen mit Behinderungen zu ermutigen, so umfassend wie möglich an breitensportlichen Aktivitäten auf allen Ebenen teilzunehmen, und ihre Teilnahme zu fördern;

b) um sicherzustellen, dass Menschen mit Behinderungen die Möglichkeit haben, behinderungsspezifische Sport- und Erholungsaktivitäten zu organisieren, zu entwickeln und an solchen teilzunehmen, und zu diesem Zweck die Bereitstellung eines geeigneten Angebots an Anleitung, Training und Ressourcen auf der Grundlage der Gleichberechtigung mit anderen zu fördern;

c) um sicherzustellen, dass Menschen mit Behinderungen Zugang zu Sport-, Erholungs- und Tourismusstätten haben;

d) um sicherzustellen, dass Kinder mit Behinderungen gleichberechtigt mit anderen Kindern an Spiel-, Erholungs-, Freizeit- und Sportaktivitäten teilnehmen können, einschließlich im schulischen Bereich.

Das Recht auf Sport verpflichtet den Vertragsstaat zum einen dazu, die Teilhabe von Menschen mit Behinderung in Sportvereinen zu fördern, und zum anderen dafür zu sorgen, dass Menschen mit Behinderung Sportangebote einrichten und nutzen können, die sich ausschließlich an sie richten (Art. 30 Abs. 5 (a) und (b) UN-BRK). Dieses „Wunsch- und Wahlrecht" bedeutet, dass Menschen mit Behinderung ihren Sportverein und die Umgebung, in der sie sich sportlich betätigen wollen, selbst wählen können. Die UN-BRK zielt außerdem auf den barrierefreien Zugang zu Sportstätten ab (Art. 30 Abs. 5 (c) UN-BRK). Speziell nennt die UN-BRK auch Kinder mit Behinderung, unter besonderer Berücksichtigung von Schulsport (Art. 30 Abs. 5 (d) UN-BRK). Nicht zuletzt macht sie Vorgaben zum Zugang zu Dienstleistungen (Art. 30 Abs. 5 (e) UN-BRK) (vgl. Litschke 2017: 2).

Damit sind lediglich die expliziten Verpflichtungen für den Vertragsstaat im Bereich Sport skizziert. Die Bestimmungen der UN-BRK unterstreichen das Menschenrecht auf Teilhabe am Sport.

In Hinblick auf Sportstätten und Angebote des Breitensports sind überdies die menschenrechtlichen Prinzipien bedeutsam. Hervorzuheben sind Prinzipien wie Zugänglichkeit (Art. 3 und 9 UN-BRK), das Prinzip der Inklusion (Art. 3 UN-BRK) wie auch die Gleichberechtigung zwischen den Geschlechtern (Art. 3, 5 und 6 UN-BRK). Inklusion bedeutet, dass die Mehrheitsgesellschaft ihre formelle und informelle Infrastruktur so ändert, dass alle Menschen von Anfang an gleichberechtigt an ihr teilhaben können. Eine besondere Bedeutung für die Inklusion im Sport hat das Prinzip der Partizipation, also die Mitbestimmung von Menschen mit Behinderung in sportlichen Angelegenheiten (Art. 3 und 4 UN-BRK) (vgl. Litschke 2017: 2).

7.4.3 Leistung zur Teilhabe an der Gesellschaft – Hilfestellung zum verbesserten Zugang zum Sport?

Gemäß § 113 SGB IX werden Leistungen zur Teilhabe an der Gesellschaft erbracht. § 113 SGB IX enthält eine Begriffsdefinition der Sozialen Teilhabe mit einem regelbeispielhaften Leistungskatalog in § 113 Abs. 2 SGB IX.

Leistungen der Sozialen Teilhabe gewinnen insbesondere vor dem Hintergrund der mit den besonderen Leistungen zur selbstbestimmten Lebensführung für Menschen mit Behinderung verbundenen Zielsetzung der Ermöglichung einer individuellen Lebensführung sowie der Förderung gleichberechtigter Teilhabe am Leben in der Gesellschaft zunehmend an Bedeutung (vgl. Deutscher Bundestag 2016: 260).

Leistungen zur Sozialen Teilhabe sind gem. § 113 Abs. 2 SGB IX insbesondere:

1. Leistungen für Wohnraum,
2. Assistenzleistungen,
3. heilpädagogische Leistungen,
4. Leistungen zur Betreuung in einer Pflegefamilie,
5. Leistungen zum Erwerb und Erhalt praktischer Kenntnisse und Fähigkeiten,
6. Leistungen zur Förderung der Verständigung,
7. Leistungen zur Mobilität,
8. Hilfsmittel,
9. Besuchsbeihilfen.

Der juristische Terminus „insbesondere" zeigt an, dass die aufgelisteten Leistungen nur beispielhaft sind und keine abschließende Aufzählung vorliegt.

Für die Inklusion im Sport sind vor allem die Assistenzleistungen (§ 113 Abs. 2 Nr. 2 SGB IX), die Leistungen zur Förderung und Verständigung (§ 113 Abs. 2 Nr. 6 SGB IX) sowie die Hilfsmittel (§ 113 Abs. 2 Nr. 8 SGB IX) von erheblicher Bedeutung.

7.4.3.1 Assistenzleistungen des § 113 Abs. 2 Nr. 2 SGB IX und Leistungen zur Förderung und Verständigung gem. § 113 Abs. 2 Nr. 6 SGB IX

Gemäß § 78 Abs. 1 S. 1 SGB IX werden zur selbstbestimmten und eigenständigen Bewältigung des Alltages einschließlich der Tagesstrukturierung Leistungen für Assistenz – im Rahmen der Leistungen zur Teilhabe an der Gesellschaft – erbracht. Sie umfassen insbesondere Leistungen für die allgemeinen Erledigungen des Alltags wie die Haushaltsführung, die Gestaltung sozialer Beziehungen, die persönliche Lebensplanung, die Teilhabe am gemeinschaftlichen und kulturellen Leben, die Freizeitgestaltung einschließlich *sportlicher Aktivitäten* sowie die Sicherstellung der Wirksamkeit der ärztlichen und ärztlich verordneten Leistungen.

Nachfolgend ein Beispiel aus der Rechtsprechung, das aufzeigt, welchen Stellenwert Assistenzleistungen und Leistungen zur Förderung der Verständigung zur Sportausübung haben.

Gebärdendolmetscher zur Ausübung einer Tätigkeit als ehrenamtlicher Fußballschiedsrichter – Urt. V. 12.3.2020- L 15 SO 33/18

In dem durch das Landessozialgericht Berlin-Brandenburg zu entscheidenden Fall geht es um die Übernahme der Kosten eines Gebärdendolmetschers für die Ausübung einer ehrenamtlichen Tätigkeit als Fußballschiedsrichter.

Bei dem Kläger handelt es sich um einen 1994 geborenen Mann, der wegen Gehörlosigkeit, die mit einer Sprachstörung einhergeht, einen Grad der Behinderung (GdB) von 100 und die Merkzeichen GI (gehörlos) erhielt.

Die Tätigkeit umfasst eine Fußball-Schiedsrichtertätigkeit in der Landesliga B im Umfang von zwei Stunden monatlich für den Bereich Lehrgemeinschaft, im Umfang von 15 Stunden monatlich für Spiele als Schiedsrichter und Schiedsrichterassistent sowie im Umfang von 15 Stunden jährlich für die Pflichtpatenschaft.

Am 27. Oktober 2016 stellte der Kläger bei dem Beklagten – dem Land Berlin – einen Antrag auf eine persönliche Assistenz/Dolmetschereinsatz zur Teilhabe am Leben in der Gemeinschaft in Form eines persönlichen Budgets. Aufgrund seiner Einschränkungen sei er in bestimmten Situationen auf einen Dolmetscher angewiesen, insbesondere zur Teilnahme an Lehrgängen, den Gemeinschaften, Spielauswertungen, Stützpunkt und Patenschaft in seiner ehrenamtlichen Funktion als Schiedsrichter.

Der Kläger legte eine Bescheinigung des B e.V. (nicht genannter Verein, bei dem der Kläger angestellt ist) vom 15. November 2016 vor, der die ehrenamtliche Tätigkeit bestätigte. Der Kläger sei aufgrund seiner herausragenden Leistungen in eine Fördermaßnahme des Schiedsrichterteams Leistungskader berufen worden. Die Teammitglieder müssten über die normalen Fortbildungsveranstaltungen hinaus regelmäßig an sogenannten Stützpunkten für Theorie und Praxis teilnehmen. Damit der Kläger sinnvoll an den Fortbildungsveranstaltungen teilnehmen könne, sei der Einsatz eines Gebärdendolmetschers zwingend erforderlich.

Mit Bescheid vom 3. Januar 2017 lehnte der Beklagte den Antrag auf Übernahme der Dolmetscherkosten ab. Zur Begründung führte er aus, Aufgabe der Eingliederungshilfe für behinderte Menschen sei neben der Durchführung rehabilitativer Maßnahmen der Ausgleich behinderungsbedingter Erschwernisse und Beeinträchtigungen. Aufgabe der Eingliederungshilfe sei es dagegen nicht, die Kosten der Freizeitgestaltung zu übernehmen. Bei der von dem Kläger beantragten Übernahme der Kosten für die Ausübung des Hobbys „Schiedsrichter" handele es sich nicht um eine Maßnahme der Eingliederungshilfe, sondern um Freizeitgestaltung. Die Ausübung von Hobbys sei unter dem Gesichtspunkt des Teilhabeaspektes durch eigene finanzielle Ressourcen zu decken, wie dies üblicherweise nichtbehinderte Menschen auch täten. Gemäß § 82 Neuntes Buch Sozialgesetzbuch (SGB IX) könnten Kosten zur Kommunikationsunterstützung aus besonderem Anlass gewährt werden. Ein besonderer Anlass sei hier nicht erkennbar.

Mit Widerspruchsbescheid vom 18. April 2017 wies der Beklagte den Widerspruch zurück. Ob der Gesetzgeber bei Hilfen zur Förderung zur Teilhabe am gemeinschaftlichen Leben/Hilfen zur Förderung der Begegnung und des Umgangs mit nichtbehinderten Menschen an ehrenamtliche Tätigkeiten in diesem Umfang gedacht habe, sei unwahrscheinlich. Aus der Kommentierung und der veröffentlichten Rechtsprechung sei ihm ein solcher Umfang nicht bekannt geworden. In dem Fall des Klägers komme hinzu, dass er durch seine Erwerbstätigkeit durchaus Umgang mit nichtbehinderten Menschen habe, was den Bedarf der Teilnahme am gesellschaftlichen Leben/Umgang mit nichtbehinderten Menschen relativiere. Außerdem lebe er mit seiner Familie in einem Haus. Mit sozialer Vereinsamung sei somit nicht zu rechnen.

Die Entscheidung

Die Leistungen werden also nur erbracht, wenn ohne diese die Ausübung des Ehrenamtes, wie es der Kläger als Schiedsrichter in der Fußball Landesliga Berlin ausübt, nicht oder nicht im gebotenen Umfang erreicht werden kann. Zudem müssen die Aufwendungen angemessen sein. In diesem Rahmen ist mithin eine Abwägung erforderlich zwischen den erreichbaren Möglichkeiten bei der Ausübung des Ehrenamtes, der hierdurch nach § 76 SGB IX erreichbaren Teilhabe, dem Betroffenenwunsch nach § 8 SGB IX und den anfallenden Kosten (Luthe, in: Schlegel/Voelzke, jurisPK-SGB IX, 3. Aufl., Stand 15. Januar 2018, § 78 SGB IX, Rn. 40).

Unter Berücksichtigung dieser Kriterien sind dem Kläger die vom Sozialgericht zugesprochenen Assistenzleistungen in Form des Dolmetschens durch einen Gebärdendolmetscher zu gewähren. Daran, dass die Teilnahme an Lehrgängen, den Gemeinschaften, Spielauswertungen und der Patenschaft für den Kläger in seiner ehrenamtlichen Funktion als Schiedsrichter notwendig sind, damit er die Schiedsrichtertätigkeit ausüben kann, besteht kein Zweifel. Zum Teil ergibt sich dies aus der SRO. Dort ist z.B. unter § 1 Nr. 2 (Pflichten) lit. a geregelt, dass der Schiedsrichter verpflichtet ist, ihm zugeteilte Patenschaften wahrzunehmen. Unter § 1 Nr. 2 (Pflichten) lit. d. ist geregelt, dass der Schiedsrichter mindestens fünfmal innerhalb einer Saison eine Lehrgemeinschaft besuchen muss. Der Schiedsrichter-Ausschuss (SRA) kann andere Leistungsanforderungen bestimmen. Im Übrigen hat der Schiedsrichter die Qualifikationsrichtlinien des Schiedsrichter-Ausschusses zu erfüllen, hat also auch die hierfür erforderlichen Qualifikationen zu erwerben. Weiter wurde mit Schreiben vom 15. November 2016 bestätigt, dass Schiedsrichter an „normalen" (d.h. außerhalb des Teamleistungskaders) Fortbildungsveranstaltungen teilnehmen müssen und dass der Kläger, um sinnvoll an diesen Fortbildungsveranstaltungen teilnehmen zu können, einen Gebärdendolmetscher benötigt.

Es kann auch nicht von Verwandten oder Nachbarn oder Freunden gewährleistet werden, dass der Kläger die Schiedsrichtertätigkeit weiter ausüben kann. Seine Familienangehörigen sind ebenfalls gehörlos, sodass von diesen eine Dolmetschertätigkeit nicht vorgenommen werden kann. Dass Freunde oder Nachbarn vorhanden sind, die die Gebärdensprache so gut beherrschen, dass sie dolmetschen könnten und zusätzlich auch noch die entsprechende Zeit aufbringen könnten, ist nicht ersichtlich und wird auch von dem Beklagten nicht behauptet.

Hilfsmittel zur Sportausübung gem. § 113 Abs. 2 Nr. 8 SGB IX

§ 84 SGB IX – als konkrete gesetzliche Ausformung des § 113 SGB IX – ist ausschließlich für Hilfsmittel bei Leistungen zur Teilhabe am Leben in der Gemeinschaft zuständig. Die Leistungen sollen den Zugang zur Gesellschaft erleichtern.

> § 84 Abs. 1, 2 SGB IX:
>
> (1) Die Leistungen umfassen Hilfsmittel, die erforderlich sind, um eine durch die Behinderung bestehende Einschränkung einer gleichberechtigten Teilhabe am Leben in der Gemeinschaft auszugleichen. Hierzu gehören insbesondere barrierefreie Computer.
>
> (2) Die Leistungen umfassen auch eine notwendige Unterweisung im Gebrauch der Hilfsmittel sowie deren notwendige Instandhaltung oder Änderung.

Für die Ausübung des Sports können Hilfsmittel zur gleichberechtigten Teilhabe am Leben in der Gemeinschaft gem. § 84 Abs. 1 SGB IX gewährt werden.

Nachstehend ein Beispiel aus der aktuellen Rechtsprechung.

Sportrollstuhl für behinderte Menschen – SG Mannheim, Urt. V. 4.2.2020 – S 9 SO 1824/19

Sachverhalt

Die Beteiligten streiten im Rahmen der Eingliederungshilfe (Leistungen zur Teilhabe an der Gesellschaft) für behinderte Menschen um die Beantwortung der Frage, ob der Kläger von dem beklagten Sozialhilfeträger die Versorgung mit einem Sportrollstuhl beanspruchen kann.

Der Kläger (Alter wurde durch das Gericht nicht bekannt gegeben) ist wegen einer Spina bifida mit Paraplegie der unteren Extremitäten zu 100 % schwerbehindert (mit Merkzeichen B, G und aG) und deshalb rollstuhlpflichtig. Im Bereich der gesetzlichen Pflegeversicherung verfügt(e) er über die Pflegestufe I bzw. jetzt den Pflegegrad 3. Er befindet sich derzeit in einer Ausbildung zum Erzieher.

> Spina bifida – im Sprachgebrauch „offener Rücken" genannt – ist die häufigste angeborene Körperbehinderung. Ein „offener Rücken" wird bei etwa einem von 3.000 Kindern nach der Geburt festgestellt. Die Fehlbildung tritt meistens in der Höhe der Lendenwirbelsäule und des Kreuzbeins auf und entsteht durch einen fehlenden Verschluss von Rückenmark und Wirbelbögen zu einem noch frühen Zeitpunkt der Schwangerschaft.
> Je nachdem, in welchem Bereich der Wirbelsäule (Kreuzbein, Lende, Brust oder Hals) die Rückenmarkanteile im Fruchtwasser frei liegen und dadurch zusätzlich geschädigt werden können, hat eine Spina bifida mehr oder weniger ausgeprägte Lähmungserscheinungen und Empfindungsstörungen zur Folge. Tritt die Fehlentwicklung zum Beispiel ab dem – hoch gelegenen – zweiten Lendenwirbel nach unten hin auf, können betroffene Kinder ohne vorgeburtliche Behandlung der Spina bifida im späteren Leben nur selten selbstständig gehen. (Unisversität Heidelberg 2023)

Am 4. Juli 2017 verordnete die Gemeinschaftspraxis Dres.... (H.) dem Kläger „einen Sportrollstuhl nach Maß für die Teilnahme am Rehasport/Freizeitsport/Breitensport". Nachdem der Kläger diese Verordnung seiner Krankenkasse (...) vorgelegt hatte (26. Juli 2017), leitete diese den Antrag mit Schreiben vom 9. August 2017 an das beklagte Sozialamt weiter.

Zur Begründung seines Antrags wies der Kläger später darauf hin, dass der vorhandene „Alltagsrollstuhl" für sportliche Betätigungen ungeeignet sei, denn er sitze hierin „sehr instabil" und sei schon mehrfach „nach hinten aus dem Rollstuhl herausgefallen". Dies sei für ihn „sehr gefährlich". Außerdem seien ihm schon mehrfach andere Trainingsteilnehmer „über die Füße gefahren", da diese nach vorne überstünden und nicht geschützt seien. Zudem bleibe er häufig „an den Bremsen hängen", auch sei er schon mehrfach anderen Trainingsteilnehmern mit dem relativ hochstehenden Fußbrett „in die Unterschenkel" gefahren. Später ergänzte der Kläger noch, er wolle sich „vor Ort" einem Sportverein (Rollstuhl-Basketball) anschließen und beabsichtige zudem, mit dem Rollstuhl in seiner Freizeit mit Freunden Sport zu treiben (beispielsweise Federball oder Joggen). Zudem beabsichtige er auch die Teilnahme am Rehasport (Ballspiele).

Am 28. August 2018 erteilte die Beklagte sodann einen Ablehnungsbescheid und führte zur Begründung Folgendes aus: Im Rahmen der Hilfsmittelversorgung sei der Kläger durch seine Krankenkasse bereits mit einem Rollstuhl versorgt worden. Der nun beantragte „Sportrollstuhl" würde eine „Ausweitung der Hilfsmittelversorgung" darstellen und gehe über die Erfordernisse des „Rollstuhl-Breitensports" hinaus. Hierfür sei der vorhandene Rollstuhl „geeignet und einsetzbar", sodass ein weitergehender Versorgungsanspruch nach krankenversicherungsrechtlichen Kriterien ausscheide. Nichts anderes gelte aus sozialhilferechtlicher Sicht für die Eingliederungshilfe für behinderte Menschen. Denn der Kläger könne bereits „im oben genannten Ausmaß" sportliche Aktivitäten ausführen. Für darüberhinausgehende, besonders intensive Sportarten bringe der Kläger jedoch nicht die notwendige „körperliche Verfassung" mit. Denn im Rahmen der gesetzlichen Pflegeversicherung habe die Begutachtung durch den MDK ergeben, dass der Kläger (auch) unter Asthma leide und nach dem Zurücklegen einer Strecke von etwa einem Kilometer Länge mit seinem Rollstuhl „Druck auf der Lunge" verspüre und „nach körperlicher Belastung inhalieren" müsse. Außerdem habe der MDK festgestellt, dass der Kläger seinen Rollstuhl in Abhängigkeit von der Tagesform lediglich über eine Strecke von etwa 500 bis 1.000 Metern bewegen könne. Dies lasse den Schluss zu, dass dem Kläger für besonders anstrengende sportliche Betätigungen die Leistungsfähigkeit fehle, sodass die Versorgung mit einem besonderen Sportrollstuhl nicht in Betracht komme.

Gegen diese Entscheidung erhob der Kläger am 18. September 2018 Widerspruch: Er benötige den Sportrollstuhl nicht als „Zweitversorgung für den Alltag", sondern für seine Teilnahme am Inklusionssport sowie für den Freizeitsport. Hierfür sei der vorhandene Rollstuhl nicht ausreichend bzw. aufgrund der scharfen Kanten und der hiermit verbundenen Verletzungsgefahren für sich und andere nicht geeignet. Im Übrigen wolle er darauf hinweisen, dass sich sportliche Betätigung auch auf seine asthmatischen Beschwerden positiv auswirke, da sich hierdurch das Lungenvolumen verbessere.

Der Widerspruch ist erfolglos geblieben (Widerspruchsbescheid vom 5. Juni 2019): Die Beklagte bleibe dabei, dass der vorhandene Rollstuhl für die Ausübung von „Breitensport" ausreichend sei.

Die Entscheidung

Die Klage ist begründet, denn der Kläger kann von dem beklagten Sozialamt die Versorgung mit einem Sportrollstuhl beanspruchen. Der dem entgegenstehende Bescheid ist rechtswidrig und verletzt den Kläger somit in seinen Rechten.

Entgegen der Auffassung der Beklagten gehört es zu den Aufgaben der Eingliederungshilfe, den Kläger in die Lage zu versetzen, am Vereinssport teilnehmen zu können. Denn sportliche Betätigung in der Gemeinschaft eines Vereins gehört in der Bundesrepublik Deutschland zum normalen gesellschaftlichen Leben und dient somit „dem Leben in der Gemeinschaft". Es handelt sich daher um eine sozialadäquate Form der Freizeitgestaltung, die in besonderer Weise geeignet ist, die Inklusion zu fördern und behinderten Menschen eine „gleichberechtigte Teilhabe" zu ermöglichen.

Es liegt auf der Hand, dass der Kläger hierzu ohne einen geeigneten Sportrollstuhl nicht in der Lage ist. Somit stellt ein Sportrollstuhl innerhalb der Leistungen zur sozialen Teilhabe ein durchaus geeignetes Hilfsmittel dar (§ 113 Abs. 2 Nr. 8 SGB IX). Denn ein solcher ist im vorliegenden Einzelfall bei finaler Betrachtung erforderlich, um die gleichberechtigte soziale Teilhabe des Klägers im Vereinssport zu ermöglichen.

Die von der Beklagten im Laufe des Verfahrens geäußerten Zweifel bzw. Vorbehalte haben sich im Grunde genommen durch die Begutachtung vom 22. November 2019 (Gesundheitsamt...) erledigt: Denn der Kläger leidet nicht an einer schwerwiegenden pulmonalen Grunderkrankung. Er ist somit ohne gravierende Einschränkungen „sporttauglich", wobei nach allgemeiner Lebenserfahrung ohnehin angenommen werden kann, dass sich die sportliche Betätigung positiv auf das körperliche und psychische Befinden des Klägers auswirken wird. Zudem bestätigt das Gesundheitsamt ausdrücklich, dass der „vorhandene Aktivrollstuhl ... den Bedarf nicht ausreichend decken" kann. Das Gesundheitsamt begründet dies mit den „Verletzungsgefahren" (für den Kläger und Dritte), die sich ergeben, wenn der Kläger seinen gewöhnlichen Rollstuhl für sportliche Betätigungen nutzen würde. Es liegt für das Gericht auf der Hand, dass der „Aktivrollstuhl" bauartbedingt nicht für sportliche Betätigungen in einem Verein geeignet ist. Dies ergibt sich auch aus der Bestätigung der „hot wheelers" (PSK,...) vom 24. November 2019. Denn wegen der fehlenden „Abweiser" und der „scharfen Kanten" (bspw. Bremsen) bestehen erhebliche Verletzungsgefahren, sodass die Nutzung eines Alltagsrollstuhls innerhalb des Vereins „nicht erlaubt" werden kann.

Somit ist der Kläger zur Sportausübung mit einem Sportrollstuhl auszustatten, was sich auf § 113 Abs. 2 Nr. 8 SGB IX stützt.

7.5 Soziale Arbeit in der Behindertenhilfe

Wie in diesem Buch bereits erwähnt wurde, setzt sich die Soziale Arbeit mit der Förderung, Unterstützung und Befähigung von in Not geratenen Menschen auseinander. Dabei sollen die individuellen Bedürfnisse mit den Anforderungen der Umwelt, z.B. in den Bereichen Arbeit und Wohnen, in einer selbstbestimmten Art und Weise vermittelt werden. Auch der Umgang mit Familie, Freund:innen, Nachbarschaft, Arbeitskolleg:innen, dem Gemeinwesen oder der Gesellschaft gehören dabei immer wieder zum Aufgabenspektrum der Sozialen Arbeit (vgl. Röh 2018: 163).

Menschen mit Behinderung sehen sich problematischen Geflechten, bestehend aus eingeschränkten persönlichen Möglichkeiten und strukturell bedingten gesellschaftlichen Gegebenheiten gegenüber. Persönliche Funktionsstörungen manifestieren sich dabei häufiger auf physischer, psychischer und sozialer Ebene, die den Gestaltungsspielraum und die Aktivität von Menschen mit Behinderung einschränken. Es existiert also eine negative Wechselwirkung aus individuellen Funktionseinschränkungen und Funktionseinschränkungen durch die Gesellschaft, die erst durch das Verhältnis von Menschen mit Behinderung im Umgang mit der Gesellschaft sichtbar werden, wie z.B. Stigmatisierung, Diskriminierung sowie einstellungs- und umweltbedingte Hindernisse. Die selbstbestimmte Lebensführung ist demnach bei Menschen mit Behinderung oft eingeschränkt, weshalb die Soziale Arbeit mit ihren Methoden folgerichtig Interventionsansätze im Rahmen der Behindertenhilfe anbietet.

Die Behindertenhilfe als eigenständiges Arbeitsfeld kann als „die Gesamtheit an professionell ausgeübten Hilfen für Menschen mit Behinderungen" (Röh 2011: 1) definiert werden. Sie richtet ihre Hilfe an Menschen, die im Sinne des SGB IX von einer wesentlichen körperlichen, geistigen oder seelischen Behinderung betroffen sind. Hauptanspruchsgrundlage hierbei bildet die Eingliederungshilfe nach Kapitel 6 SGB XII (vgl. Welti 2005). Die Behindertenhilfe ist ein eher weniger bekanntes Handlungsfeld der Sozialen Arbeit, da in der Arbeit mit Menschen mit Behinderung oft auch Sonder- und Heilpädagogen die Arbeit übernehmen (vgl. Weber 2015).

Die Aufgabe der Sozialen Arbeit in diesem Zusammenhang ist die schon erwähnte Zusammentragung der Expertise für die Zusammenhänge zwischen Person und Umwelt. Auch das Erkennen und die anschließende Benennung sozialer Probleme von Menschen mit Behinderung gehört zum Aufgabengebiet der Sozialen Arbeit in der Behindertenhilfe (vgl. Wüllenweber 2004). Wenn der Annahme von Staub-Bernasconi (2007: 138), dass soziale Probleme im Allgemeinen das Resultat mangelnder biopsychosozialer Bedürfnisbefriedigung seien, gefolgt werden kann, ist es demnach von Bedeutung, einen Überblick über die generellen menschlichen Bedürfnisse zu erlangen, um im Nachhinein ein besseres Verständnis von den Interventionsoptionen der Sozialen Arbeit in der Behindertenhilfe konstatieren zu können.

Menschliche Bedürfnisse

Biologische Bedürfnisse

→ nach physischer Integrität
→ nach den für die Autopoiese erforderlichen Austauschstoffen
→ nach Regenerierung
→ nach sexueller Aktivität und Fortpflanzung

Biopsychische Bedürfnisse

→ nach wahrnehmungsgerechter sensorischer Stimulation
→ nach schönen Formen in spezifischen Bereichen des Erlebens
→ nach Abwechslung/Stimulation
→ nach assimilierbaren orientierungs- und handlungsrelevanten Informationen
→ nach subjektiv relevanten (affektiv besetzten) Zielen und Hoffnung auf Erfüllung
→ nach effektiven Fertigkeiten, Fähigkeiten, Regeln und sozialen Normen zur Bewältigung von Situationen in Abhängigkeit von subjektiv relevanten Zielen

Biopsychosoziale Bedürfnisse

→ nach emotionaler Zuwendung
→ nach spontaner Hilfe
→ nach sozial(kulturell)er Zugehörigkeit durch Teilnahme
→ nach Unverwechselbarkeit (Identität)
→ nach Autonomie
→ nach sozialer Anerkennung (Funktion, Leistung, Status)
→ nach (Austausch-)Gerechtigkeit

Abbildung 18: Menschliche Bedürfnisse (Röh 2011: 2)

Anhand der Abbildung manifestieren sich nun multiple Ansetzungs- und Gestaltungsoptionen für die Soziale Arbeit, die durch verschiedene methodisch geleitete, personenzentrierte Unterstützungsleistungen umgesetzt werden können. Einige der Methoden werden mitsamt exemplarischer Einsatzgebiete in der Behindertenhilfe anhand folgender Abbildung dargestellt.

Tabelle 1: Methoden und Einsatzgebiete Sozialer Arbeit (Röh 2011: 1f.)

Methode	Exemplarische Einsatzgebiete
Einzelfallhilfe	Ambulante Betreuung im eigenen Wohnraum
Beratung	Sozialpsychiatrische Dienste, Psychosoziale Kontakt- und Beratungsstellen
Kompetenzförderung, Training	Soziales Kompetenztraining, Bildungsangebote, Mobilitätstraining
Soziale Therapie	Stärkung der sozialen Netzwerke und Aufbau bzw. Pflege sozialer Beziehungen zur Förderung der Unterstützung durch Andere

Methode	Exemplarische Einsatzgebiete
Case Management	Als behördliches Familienmanagement im Bereich der Eingliederungshilfe zu Planung von passgenauen Hilfen
Familienarbeit	Psychosoziale Beratung von Familien nach Bekanntwerden einer Behinderung oder auch Hilfe bei der Loslösung von jungen erwachsenen Menschen mit Behinderung
Gruppenarbeit	Soziales Lernen in der Gruppe, Freizeitangebote
Selbsthilfeförderung	Anregung und Moderation von Selbsthilfegruppen behinderter Menschen
Soziales Management	Leitung eines sozialen Dienstes für Menschen mit Behinderung, Sicherstellung der Finanzierung, Personalführung etc.
Sozialräumliches Handeln	Vernetzung mit zivilgesellschaftlichen Angeboten des die eigene Einrichtung umgebenden Sozialraums oder in der Lebenswelt der Klienten

Auf der einen Seite steht, wie bereits erwähnt, die Bearbeitung von sozialen Problemen, bei der die in der Tabelle aufgezeigten Methoden hilfreich sein können. Auf der anderen Seite müssen auch notwendige Umweltbedingungen mit ins Auge gefasst werden, da eine Wechselwirkung zwischen personenbezogenen Faktoren, wie z.B. den sozialen Problemen, und Umweltbedingungen besteht. Dies wird auch nochmal deutlich in dem biopsychosozialen Modell der WHO.

Abbildung 19. Das biopsychosoziale Modell der Komponenten von Gesundheit der WHO (Wenzel/Morfeld 2016: 1)

Insbesondere bei der Bearbeitung der Umweltfaktoren ist eine präventive Arbeitsweise von Bedeutung, um potenzielle belastende Faktoren frühzeitig zu erkennen und zu bewältigen.

Im Gegensatz zu der arbeitstypischen Ausrichtung der Sonder- oder Heilpädagogik, die vornehmlich die auf die jeweilige Person ausgerichtete Förderung, Erziehung und Bildung anstrebt, kennzeichnet sich die Soziale Arbeit durch ebendiese doppelte Perspektive. Sie schließt wie die Sonder- und Heilpädagogik individuelle Faktoren in die Hilfe mit ein, bleibt jedoch nicht dort stehen, sondern konzentriert sich auch auf lebensweltlich-systemische Faktoren. Beide Perspektiven müssen bei der Genese und Entwicklung sozialer Problematiken zwangsläufig in Betracht gezogen werden, um eine adäquate Hilfeleistung für Menschen mit Behinderung anbieten zu können.

> Gerade in der Arbeit mit Menschen mit Behinderungen finden wir diese beiden Seiten wieder: So besteht Soziale Arbeit hier immer in der Förderung des Einzelnen als Befähigung zu einer besseren, weil gelingenderen Vermittlung seiner Bedürfnisse mit den Anforderungen der Umwelt – als Teil seiner Lebensführung etwa im Bereich von Beschäftigung und Arbeit –, und gleichzeitig in der Beeinflussung der Umweltkomponenten (z.B. Familie, Nachbarschaft, Institutionen, Gemeinwesen, Gesellschaft) mit dem Ziel des Abbaus von Barrieren jedweder Art". (Röh 2011: 3f.)

Insbesondere durch diese doppelte Perspektive auf die individuelle Förderung und das Gemeinwesen, namentlich die Lebenswelt von Menschen mit Behinderung, sind Sozialarbeiter:innen prädestinierte Akteur:innen, die bei der Umsetzung der UN-BRK einen wertvollen Beitrag leisten können. Vornehmlich die universelle gesellschaftliche Miteinbeziehung, die Teilhabe und eine selbstbestimmte Lebensführung auf Basis von Barrierefreiheit und assistierter Autonomie sind hierbei zu fokussieren (vgl. Bielefeldt 2009: 10). Der strukturelle Umbau hin zu einer inklusiven Gesellschaft kann ausschließlich durch ebenjene Fachkräfte, die bilateral zum einen die Bedürfnisse und Interessen von Menschen mit Behinderung berücksichtigen und zugleich die Aufgabe innehaben, gesellschaftliche Veränderungen zu evozieren, gelingen. Einige Leitlinien, die in diesem Zusammenhang von Bedeutung sind, wären z.B.:

- Partizipation und Selbstvertretung von Menschen mit Behinderungen,
- Sensibilisierung und Bewusstseinsbildung für die Idee der Inklusion,
- Gestaltung einer barrierefreien Infrastruktur,
- inklusive Gestaltung von Bildungseinrichtungen und anderen Einrichtungen für die Allgemeinheit (Vereine, Museen, Theater, Verwaltungen usw.),
- Planung und Entwicklung flexibler und inklusionsorientierter Unterstützungsdienste.
(vgl. Rohrmann et al. 2014: 15)

7.6 Die Wichtigkeit von und Zugangsbarrieren zum Sport für Menschen mit Behinderung

Sport ist ein wichtiger Bestandteil für die affirmative physische, psychische und soziale Entwicklung des Menschen. Auf der physischen Ebene sind u.a. die positiven Auswirkungen von Sport auf die Gesundheit des Herz-Kreislauf-Systems (vgl. Joyner/Green 2009: 5551), den Stoffwechsel (vgl. Banfi et al. 2012: 2) oder den Bewegungsapparat (vgl. McMaster 2014) zu konstatieren. Zudem leiden körperlich aktive Menschen seltener an Bluthochdruck sowie an hohen Cholesterin- und Blutzuckerwerten (vgl. Gabrys 2017: 9). Psychische Effekte des Sports auf den Menschen sind u.a. ein allgemein gesteigertes psychisches Wohlbefinden (vgl. Fox 1999: 411), eine erhöhte Konzentrationsfähigkeit (vgl. Singh 2012: 49) sowie positive Selbstwirksamkeitserwartungen und ein gesteigerter Optimismus (vgl. Feltz 2008; vgl. Wilhite/Shank 2009: 125). Auch die Identitätsbildung, sich kreativ auszudrücken und einen Sinn bzw. eine individuelle Bedeutung im Leben zu entwickeln, sind positive Wirkungen des Sports auf der psychischen Ebene (vgl. King et al. 2003: 64).

Auch auf sozialer Ebene beinhaltet der Sport einige positive Implikationen. Durch gemeinsames Sporttreiben entstehen Kontakte zu anderen Menschen, woraus sich schnell Freundschaften entwickeln können. Das Miteinander bei sportlichen und nichtsportlichen (vereinsinternen) Veranstaltungen bietet die Möglichkeit, ein intaktes soziales Netzwerk aufzubauen. Infolgedessen entsteht oft ein Gefühl der Zugehörigkeit (vgl. Baur/Braun 2003: 11).

Diese gesundheitlichen Vorteile auf physischer, psychischer und sozialer Ebene gelten unabhängig vom Faktum der Behinderung (vgl. Carmeli et al. 2005; vgl. Wilson 2002).

Menschen mit Behinderung haben jedoch ein weitaus höheres Risiko für gesundheitsgefährdende Erkrankungen, wie z.B. Adipositas, Diabetes oder Bluthochdruck, die auf ihre Behinderung zurückzuführen sind (vgl. Heath/Fentem 1997: 195; vgl. Office of Disease Prevention and Health Promotion 2000; vgl. Rimmer 1999: 495; vgl. Rimmer/Braddock 2002: 220; vgl. Wilhite/Shank 2009). Auch ist belegt, dass die neuromuskuläre und die aerobe Leistungsfähigkeit bei Menschen mit Behinderung stark reduziert sein kann (vgl. Fernhall/Pitetti 2001). Somit ist festzuhalten, dass Menschen mit Behinderung aufgrund ihrer nachteiligen körperlichen Fitness besonders anfällig für einen Verlust der körperlichen Grundfunktionen sein können (vgl. Carmeli et al. 2002; vgl. Carroll et al. 2014; vgl. Hove 2004; vgl. Sutherland et al. 2002; vgl. Yamaki 2005). Solche sekundären gesundheitlichen Risiken sind aber mitunter vermeidbar (vgl. Wilhite/Shank 2009: 116f.). In vielen Studien wird belegt, dass Sport die physische und psychische Gesundheit bei Menschen mit Behinderung fördert und das Risiko mindert, chronisch zu erkranken (vgl. Chad et al. 1999; vgl. Davis et al. 1988; vgl. Davis et al. 1991; vgl. Ganley et al. 2000; vgl. Heath/Fentem 1997; vgl. Hutzler et al. 1998; vgl. McCubbin/Shasby 1985; vgl. Needham-Shropshire et al. 1997; vgl. O'Connell/Barnhart 1995; vgl. O'Connell et al. 1992; vgl. Smith et al. 2022; vgl. Tobimatsu et al. 1998). So konnte u.a. festgestellt werden, dass durch den Sport bei Menschen mit Behinderung das Herz-Kreislauf-System sowie der Muskel- und Skelettapparat gestärkt wird, Typ-2-Diabetes verhindert werden kann und die Koordination, z.B. die Gangsicherheit und das Gleichgewicht, deutlich zunimmt (vgl. Remark et al. 2019). Zusätzlich kann durch regelmäßige körperliche Betätigung die Teilhabe für Menschen mit Behinderung gestärkt werden. Sie fühlen sich durch den Sport zugehörig zu einem Teilsystem der Gesellschaft. Die Selbstbestimmung, Selbstwirksamkeitserwartungen und das Selbstvertrauen steigen, die individuelle Lebenssituation kann für Menschen mit Behinderung bedeutend verbessert werden (vgl. ebd.).

7.7 Sportliche Aktivität von Menschen mit Behinderung

Demnach ist es von Bedeutung, dass Menschen mit Behinderung sportlich aktiv sind. Studien belegen jedoch, dass Menschen mit Behinderung deutlich weniger sportlich aktiv sind, als gleichaltrige Menschen ohne Behinderung (vgl. Angelopoulou et al. 1999; vgl. Carmeli et al. 2002; vgl. Compton et al. 1989; vgl. Jaarsma et al. 2014; vgl. McGuire et al. 2007; vgl. Skowroński et al. 2009). Weniger als ein Drittel der Menschen mit geistiger Behinderung sind ausreichend körperlich aktiv, um die Gesundheitsleitlinien für körperliche Aktivität zu erfüllen (vgl. Temple et al. 2006: 3).

Insbesondere sollte der Zugang zum Sport für Kinder und Jugendliche mit Behinderung ins Auge gefasst werden, denn wenn im Kindes- und Jugendalter eine Grundlage körperlicher Aktivität geschaffen wird, kann daran im Erwachsenenalter einfacher wieder angeknüpft werden und es hat positive gesundheitliche Auswirkungen, die auch nach Jahren noch nachvollzogen werden können (vgl. Baker et al. 2007; vgl. Lampert et al. 2007; vgl. Malina 1996; vgl. Pate et al. 1996). Jedoch nimmt häufig die Bewegungsaktivität, insbesondere bei Menschen mit Behinderung, mit dem Alter eher ab (vgl. Jung et al. 2023; vgl. Tillmann/Anneken 2019: 237f.). Außerdem sinkt die körperliche Aktivität mit dem Schweregrad der Behinderung (vgl. Tillmann/Anneken 2019: 238). Gerade bei Menschen mit geistiger Behinderung ist der Alltag oft durch eine inaktive Freizeitgestaltung in betreuten Wohnformen gekennzeichnet. Die Bewegungsaktivität ist bei Kindern und Jugendlichen mit Behinderung während der Schulzeit am höchsten, während nachmittags und am Wochenende die körperliche Aktivität wieder abnimmt (vgl. Züll et al. 2017: 28). Somit kann ein erster Anknüpfungspunkt in der sinnvollen, körperlich aktiven Freizeitgestaltung liegen. Zudem wurde herausgefunden, dass ausschließlich 28 % der Kinder und Jugendlichen mit Behinderung in Deutschland die empfohlenen 12.000 Schritte pro Tag zurücklegen, 50 % ca. 10.000 Schritte und der Rest sogar noch weniger (vgl. ebd.). Es zeigen sich hierbei deutliche Unterschiede im Alter sowie im Geschlecht. Die Altersklasse von 10–14 Jahren ist signifikant aktiver als die Altersklasse von 15–19 Jahren, Jungen/junge Männer legen signifikant mehr Schritte zurück als Mädchen/junge Frauen (vgl. ebd.).

Dahingehend drängt sich die Frage auf, wie ein niedrigschwelliger Zugang zum Sport für Menschen mit Behinderung gelingen kann. Wenn Sport für Menschen mit Behinderung ein so wichtiger Faktor ist, wie zuvor beschrieben wurde, aber viele Menschen mit Behinderung noch nicht Sport treiben, ist es ein besonderes Anliegen, Barrieren und Hindernisse aus dem Weg zu schaffen, die es momentan noch verhindern, dass mehr Menschen mit Behinderung sportlich aktiv sind und in Sportvereinen teilhaben können. Denn insbesondere die soziale Gesundheit kann für Menschen mit Behinderung durch die Teilhabe in inklusiven Sportvereinen erheblich gesteigert werden. Teilhabe im Allgemeinen ist wichtig für das Wohlergehen von Menschen. Das Ausmaß, in dem Menschen sinnvolle Aktivitäten ausüben und Ziele in den Bereichen der Arbeit, zu Hause und in der Gemeinschaft verfolgen, ist für ihre Lebensqualität von Bedeutung (vgl. Raphael et al. 1996: 28). Demnach ist es wichtig, die Faktoren und Prozesse zu verstehen, die beeinflussen, ob und wie Menschen mit Behinderung aktiv werden, denn dieses Wissen kann genutzt werden, um die Teilhabe zu fördern und Hindernisse für eine aktive Beteiligung an Erholungs- und Freizeitaktivitäten zu eliminieren.

7.8 Zugangsbarrieren zum Sport für Menschen mit Behinderung

Existierende Barrieren für Menschen mit Behinderung, um sportlich aktiv zu sein, können in persönliche und umweltbezogene Faktoren unterteilt werden. Auch wird oftmals zwischen Kindern und Jugendlichen mit Behinderung und Erwachsenen mit Behinderung unterschieden.

Zunächst werden die gängigsten persönlichen Barrieren vorgestellt.

Die offensichtlichste Barriere, die Menschen mit Behinderung nennen, die es ihnen erschwert, sportlich aktiv zu sein, ist die jeweilige Art der Behinderung selbst als persönliches Hindernis und der möglicherweise damit einhergehende mangelnde Gesundheitszustand (vgl. Pittet et al. 2009; vgl. Wilhite et al. 1997). Bei Kindern mit Behinderung ist es zudem ein Mangel an Zeit sowie eine ungleiche Zeitverteilung der Eltern von Kindern mit Behinderung zwischen dem Kind mit Behinderung und möglichen Geschwistern (vgl. Field/Oates 2001: 72). Zusätzlich berichten viele Menschen mit verschiedenen Behinderungen in Studien, dass Energiemangel und Müdigkeit persönliche Hindernisse sind (vgl. Beckerman et al. 2010: 1006; vgl. Kinne 1999: 21; vgl. Scelza et al. 2005: 578; vgl.; vgl. Stroud et al. 2009: 2220). Auch ein Mangel an Sportangeboten für Menschen mit Behinderung (vgl. Kars et al. 2009: 360f.; vgl. Stroud et al. 2009: 2220; vgl. Tasiemski et al. 2004: 364f.) und die fehlende Barrierefreiheit (vgl. Kinne 1999: 21; vgl. Shifflett et al. 1994; vgl. Tasiemski et al. 2004: 364f.) sind als Hinderungsgründe aufzuzählen. Ebenso sind ein Defizit an adäquaten, ubiquitären Transportmöglichkeiten (vgl. Rimmer et al. 2008: 500; vgl. Tasiemski et al. 2004: 364f.) und die zu hohen Kosten zu nennen, die oft durch sportliche Aktivität, insbesondere in Sportvereinen, anfallen, und die von vielen Menschen mit Behinderung aufgrund der mangelnden Bezahlung in Werkstätten nicht getragen werden können (vgl. Kars et al. 2009: 360f.; vgl. Rimmer et al. 2008: 500; vgl. Scelza et al. 2005: 578; vgl. Tasiemski et al. 2004: 364f.). Adäquate Sportangebote für Menschen mit Behinderung sind nach wie vor die Ausnahme in Deutschland, was mitunter auch organisationale Ursachen hat (vgl. Tillmann 2022: 322; vgl. Wicker/Breuer 2014). Das führt dazu, dass häufig die Entfernung zu einem Sportangebot für Menschen mit Behinderung zu groß ist (vgl. ebd.).

Zudem existiert kein guter Informationsfluss über Sportangebote für Menschen mit Behinderung. Oftmals dringen wertvolle Informationen über mögliche Sportangebote sowie über die Wichtigkeit von Sport, was Sport für gesundheitliche Vorteile bringt und inwieweit Sport zur Verbesserung der Lebensqualität beitragen kann, nicht bis zu den Betroffenen durch (vgl. Kinne 1999: 21; vgl. Rimmer et al. 2008: 496; vgl. Tasiemski et al. 2004: 364f.). Ein weiteres Hindernis stellt das Fehlen einer individuellen Assistenz dar (vgl. Tillmann et al. 2018; vgl. Tillmann/Anneken 2019: 240f.). Viele Menschen mit Behinderung brauchen z.B. Hilfe beim Aufsuchen und Verlassen des Sportangebots, bei der Orientierung vor Ort, beim An-, Um- und Auskleiden oder bei der Orientierung innerhalb einer Gruppe (vgl. ebd.).

7.9 Hauptbeweggründe der Bewegungsaktivität von Menschen mit Behinderung

Nachstehend sollen zusätzlich die Beweggründe von Menschen mit Behinderung, sportlich aktiv zu sein, aufgezählt werden, um einige Ansatzpunkte aufzuzeigen, die dafür verwendet werden können, Menschen mit Behinderung den Zugang zum Sport zu erleichtern.

Auf der persönlichen Ebene bei Kindern und Jugendlichen mit Behinderung ist es vornehmlich der individuell empfundene Spaß beim Sporttreiben sowie die körperliche Entspannung, vornehmlich bei Kindern und Jugendlichen mit körperlicher Behinderung, die als Anlass, sportlich aktiv zu sein, konstatiert werden können (vgl. Martin et al. 1995: 119f.; vgl. Wilhite et al. 1997: 133).

Auch bei Erwachsenen mit Behinderung ist es der Spaß als persönlicher reizvoller Faktor (vgl. Saebu/Sørensen 2011: 733.; vgl. Tasiemski et al. 2004: 364f.; vgl. Wu/Williams 2001: 180), jedoch auch der Wunsch, fit und gesund zu werden/bleiben (vgl. Saebu/Sørensen 2011: 734f.; vgl. Stroud et al. 2009: 2220; vgl. Tasiemski et al. 2004: 366; vgl. Wu/Williams 2001: 180) sowie Ziele zu fokussieren und auch umzusetzen, wobei die Erfahrung der Selbstwirksamkeit und die intrinsische Motivation als zusätzliche wichtige Elemente, sportlich aktiv zu sein, genannt werden können (vgl. Kinne 1999: 19f.; vgl. Knittle et al. 2011; vgl. Martin 2008; vgl. Plow et al. 2011: 378; vgl. Suh et al. 2011: 87).

Ein starker umweltbezogener Faktor ist der Wunsch nach einem Aufbau von sozialen Kontakten (vgl. Kars et al. 2009: 357; vgl. Tasiemski et al. 2004: 365; vgl. Wu/Williams 2001: 178).

7.10 Lösungsvorschläge für besseren Zugang zum Sport für Menschen mit Behinderung

In Anbetracht der vielfältigen Barrieren, die für Menschen mit Behinderung derzeit noch existieren, um sportlich aktiv zu sein, sollen nachstehend einige Vorschläge unterbreitet werden, die es Menschen mit Behinderung erleichtern könnten, ihre Bewegungsaktivität zu steigern.

Es bedarf einer grundsätzlichen Weiterentwicklung des Sportsystems, regionaler und auch individueller Lösungen. Ein Patentlösungsangebot kann nicht gegeben werden.

Zunächst muss der Informationsfluss über jeweilige Sportangebote verbessert werden, damit Menschen mit Behinderung überhaupt von der Möglichkeit, Sport zu machen, erfahren. Hierbei ist die konzeptionelle Etablierung von Peer-to-Peer-Beratungen ein Erfolg versprechendes Element. Sportlotsen, die über Sportangebote/-projekte für Menschen mit Behinderung Bescheid wissen und damit z.B. in Einrichtungen für Menschen mit Behinderung gehen, können wertvolle Informationen weitervermitteln (vgl. Tillmann/Anneken 2019: 242)

Anschließend muss die Mobilität gewährleistet sein. Der Ausbau von Fahrdiensten wäre eine Möglichkeit, die Mobilität für Menschen mit Behinderung auszuweiten. Da aufgrund der wenigen Sportangebote für Menschen mit Behinderung die Entfernung zu den raren Sportangeboten oft zu weit ist, wäre ein nächster Vorschlag, Sportvereine für das Thema Inklusion zu sensibilisieren. Insofern könnte das Sportangebot für Menschen mit Behinderung ausgebaut werden. Großsportveranstaltungen für Menschen mit Behinderung, wie z.B. die Special Olympics World Games, stellen gelegene Anlässe dar, Sportvereinen inklusive Strukturen näherzubringen. Ein grundsätzlicher Austausch bis hin zu Kooperationen von Sportvereinen und Einrichtungen für Menschen mit Behinderung könnten in diesem Zug angestrebt werden, sodass entweder Mitwirkende in Sportvereinen Sportangebote in Einrichtungen für Menschen mit Behinderung anbieten oder Menschen mit Behinderung aus Einrichtungen zu Sportangeboten von Sportvereinen eingeladen werden, gemeinsame Sportfeste gefeiert werden oder die Möglichkeit für Menschen mit geistiger Behinderung geboten wird, ein Sportabzeichen abzulegen. Hierbei ist jedoch auch häufiger das Aufkommen von Vorurteilen und Stigmata zu beklagen (vgl. ebd.: 241). Die individuelle Einstellung der Menschen ohne Behinderung in den Sportvereinen ist ein entscheidender Faktor für die Möglichkeit einer Teilhabe von Menschen mit Behinderung in den Sportvereinen. Auf der anderen Seite kann durch negative, vorurteilsbehaftete Erfahrungen und Erlebnisse aufseiten von Menschen mit Behinderung der Zugang zum Sportverein gehemmt sein. Ein Umdenken auf beiden Seiten ist erforderlich. Dafür müssten Berührungspunkte und ein gesteigerter Kontakt zwischen Menschen mit und ohne Behinderung geschaffen werden, damit Vorurteile und Stigmata abgebaut werden können.

Zudem fehlen auch häufig qualifizierte Übungsleiter:innen, die Sportangebote nach den Bedürfnissen von Menschen mit Behinderung konzipieren und flexible, modifizierte Übungen und Trainingsabläufe durchführen können (vgl. ebd.). Sportverbände müssten die Ausbildung von ebensolchem Fachpersonal verstärkt in den Fokus nehmen.

Es könnten zudem kreative Trainings- und Freizeitgestaltungsoptionen in partizipativer Zusammenarbeit entworfen werden.

In den Sportvereinen werden häufig die fehlende Zeit sowie das fehlende Personal beklagt. Da das Mitwirken in einem Sportverein oftmals nur ehrenamtlich geschieht, ist die Veränderung von Strukturen innerhalb eines Sportvereins tendenziell niedriger priorisiert, weswegen es häufig nicht zu einer inklusiven Ausrichtung kommt.

Eine Vernetzung mit relevanten Akteur:innen wie z.B. Sportvereinen/-verbänden, Behindertensportvereinen/-verbänden, Schulen, Förderschulen, politischen

Akteur:innen und Einrichtungen für Menschen mit Behinderung scheint somit ein hilfreicher Faktor zu sein (Anneken 2012).

Auch sollten Sportanlagen barrierefreie Zugänge gewährleisten können, um den Zugang zu erleichtern. Dabei ist oft eine finanzielle Barriere für Sportvereine zu konstatieren (vgl. ebd.: 240). Auf politischer Ebene könnten Fördermittel für den Aufbau von inklusiven Strukturen in Sportvereinen bereitgestellt werden.

7.11 Sportsozialarbeit im Handlungsfeld der Behinderung

Menschen mit Behinderung haben ein Recht auf Sport. Sport und Spiel bieten die Möglichkeit, dass Menschen mit Behinderung selbstverständlich am gesellschaftlichen Miteinander teilhaben und nicht am Rand stehen. Inklusion im Bereich Sport ist eine gesamtgesellschaftliche Aufgabe. Gleichzeitig verpflichtet die UN-BRK den deutschen Staat, die gleichberechtigte Teilhabe von Menschen mit Behinderung am Sport strukturell zu verbessern und zu fördern.

Auch der Mangel an inklusiv geschulten Übungsleiter:innen und Trainer:innen kann ein Hindernis bei der Ausübung sportlicher Aktivitäten sein. Es gibt derzeit wenige Menschen mit Behinderung, die eine solche Funktion ausüben (können). Hinzu kommt, dass es im Rahmen der Ausbildung von Übungsleiter:innen oder Trainer:innen zwar die Möglichkeit gibt, ein Modul zu Inklusion zu belegen, verpflichtend für den Erwerb der Lizenz ist dies aber nicht. Weitere Barrieren für Menschen mit Behinderung könnten darin bestehen, dass sportliche Aktivitäten für sie zeit- und kostenintensiver sind als für Menschen ohne Behinderung oder dass die Regeln einer Sportart ein inklusives Miteinander nicht ermöglichen. Weitere Hindernisse können Berührungsängste der Verantwortlichen aus dem Nichtbehindertensport sein oder die fehlende Barrierefreiheit des öffentlichen Personennahverkehrs, aufgrund dessen die Sportstätte nicht erreicht werden kann (vgl. Litschke 2017: 2).

Inklusion verlangt, dass Sportvereine sich noch stärker auf die Bedarfe von Menschen mit Behinderung einlassen. Durch entsprechende inklusive Angebote kann die Nachfrage danach zum einen bedient und zum anderen angekurbelt werden.

Neben geschulten Übungsleiter:innen, die durch Sportsozialarbeiter:innen ersetzt werden können, rückt das SGB IX die sportliche Ausübung in den Fokus der gesellschaftlichen Partizipation.

Hierzu kann die Sportsozialarbeit Hilfestellung leisten und behinderte Menschen bei dem Verwaltungsverfahren zur Beantragung von Leistungen aus dem § 113 SGB IX unterstützen. Auch können Sportsozialarbeiter:innen selber Assistenzpersonen im Sinne des § 113 Abs. 2 Nr. 2 SGB IX sein.

7.12 Inklusionsmanager:innen für den gemeinnützigen Sport als Lösung?

Ein Projekt des Deutschen Olympischen Sportbundes (DOSB) initiierte 2016 aus den Mitteln der Ausgleichabgabe das Projekt zur nachhaltigen Schaffung von Arbeitsplätzen für Menschen mit einer Schwerbehinderung im gemeinnützigen Sport.

Es wird durch das Bundesministerium für Arbeit und Soziales (BMAS) gefördert (vgl. DOSB 2017).

> **Erläuterung „Ausgleichsabgabe" gem. § 154 Abs. 1 S. 1 SGB IX**
>
> In Deutschland sind private und öffentliche Arbeitgeberinnen und Arbeitgeber mit mindestens 20 Arbeitsplätzen gesetzlich verpflichtet, mindestens fünf Prozent ihrer Arbeitsplätze mit schwerbehinderten oder anderen anrechnungsfähigen Menschen zu besetzen. Erfüllen sie diese Quote nicht, zahlen sie eine sogenannte Ausgleichsabgabe, die je nach Erfüllungsquote gestaffelt ist.

Das übergeordnete Ziel des Modellprojekts war die Umsetzung von mehr Inklusion im und durch Sport: in der Sportpraxis, als Arbeitgeber:in und in der Bildung. Im Rahmen eines Zielexplikationsprozesses wurden daraus fünf Leitziele des Modellprojekts abgeleitet.

Diese sind:

1. Praxisnahe Umsetzung von Inklusion durch den Einsatz von hauptamtlichen Menschen mit Behinderungen als Sport- und Inklusionsmanager:innen
2. Erhöhung der Quote von Menschen mit Behinderungen, die sich auf Arbeitsplätze im Sport bewerben und hauptamtlich beschäftigt sind.
3. Entwicklung von barrierefreien Fortbildungsmodulen der DOSB-Lizenzausbildung zum Thema Inklusion.
4. Sensibilisierung für die Notwendigkeit von Barrierefreiheit in regulären Ausbildungsformaten durch die Teilnahme der SIMs.
5. Sicherstellung der Nachhaltigkeit der angestoßenen Prozesse und eingerichteten Strukturen. (vgl. Volf 2020: 10)

Insgesamt erstreckt sich die Projektlaufzeit über viereinhalb Jahre und ist im Juli 2016 gestartet. Unterteilt in zwei Phasen werden mehr als 20 Stellen für Sport-Inklusionsmanager:innen (SIMs) in Sportverbänden und -vereinen geschaffen.

Um Inklusion im und durch Sport weiter voranzubringen, werden (schwer-)behinderte Menschen im gemeinnützigen Sport zu SIMs qualifiziert und eingesetzt.

Sie bringen ihre persönliche und allgemeine Expertise zum Thema Inklusion und Barrierefreiheit ein und setzen Inklusion praxisnah, vor Ort, um. Sportverbände und -vereine können sich als Projektpartner bewerben und erhalten nach Auswahl durch eine Jury eine auf zwei Jahre befristete finanzielle Förderung zur Einstellung von Menschen mit Schwerbehinderungen als SIMs.

Mit dem Projekt trägt der gemeinnützige Sport einen wichtigen Schritt zur Umsetzung der UN-Behindertenrechtskonvention bei.

Die Umsetzung

Zur Umsetzung von Inklusion im und durch Sport wurden jeweils elf bundesweit angesiedelte Sportorganisationen in zwei Phasen – Anfang 2017 bis Ende 2018 und Mitte 2018 bis Mitte 2020 – gefördert. Diese 22 Sportorganisationen wurden in einem kompetitiven Auswahlverfahren aus 56 Bewerbungen von einer Jury ausgewählt.

Die Sportorganisationen (Sportvereine und Sportverbände) unterscheiden sich in Hinblick auf ihre Strukturen, Sportarten, Mitgliederzahlen, Personalausstattung sowie den Stand der Umsetzung der Inklusion erheblich voneinander.

In jeder Sportorganisation wurde jeweils eine auf zwei Jahre befristete Teilzeitstelle eingerichtet und mit einer Person mit Schwerbehinderung – Sport-Inklusionsmanager:innen (SIMs) – besetzt.

Die Sportorganisationen konnten über die Inhalte und Gestaltung der Stellenbeschreibungen sowie die tatsächliche Stellenbesetzung eigenständig entscheiden. Auch mit Blick auf die Rekrutierungsstrategien, Anforderungen und Qualifikationen der Stelleninhaber:innen gab es seitens des DOSB keine Vorgaben.

Durch die Beschäftigung von SIMs wurde angestrebt, einerseits schwerbehinderten Menschen den direkten Zugang zum Arbeitsmarkt des gemeinnützigen Sports zu ermöglichen und andererseits den Sportverbänden und -vereinen personelle Ressourcen zur Verfügung zu stellen, um das Thema Inklusion in ihren Strukturen und ihren jeweiligen Wirkungsfeldern voranzutreiben.

Die SIMs waren insgesamt elf Frauen und zwölf Männer im Alter von 25 bis 59 Jahren, die sich mit Blick auf ihre formalen Qualifikationen, persönlichen Erfahrungen im Sport und Vorerfahrungen mit Sportorganisationen unterschieden. So sind in dieser Gruppe acht Personen mit einer beruflichen Ausbildung, zwölf Personen mit einem Studienabschluss und eine Person ohne einen Abschluss, dabei eine ehemalige und fünf aktive Paralympics-Teilnehmer:innen.

Auch mit Blick auf den Grad der Behinderung, den Zeitpunkt des Eintretens und die Sichtbarkeit der Behinderungen handelt es sich um eine heterogene Gruppe. Bei 13 Personen lag der Grad der Behinderung bei 100. Bei rund der Hälfte der Personen handelte es sich dabei um eine angeborene oder im frühen Kindesalter entstandene Behinderung (vgl. Volf 2020: 19).

Fazit des Projektes

Barrierefreie Sporthallen und Sportangebote sind in Deutschland immer noch eher ein Ziel als die Wirklichkeit; und zwar eine bittere Wirklichkeit, die Menschen mit Behinderungen Chancen auf selbstbestimmte und gleichberechtigte Teilhabe am Sport und/oder auf dem Arbeitsmarkt verwehrt. Doch Barrieren bestehen nicht nur in Gebäuden und an öffentlichen Plätzen, sondern häufiger in den Köpfen von Menschen. Sie verstetigen sich im zeitlichen Verlauf, bestimmen ihr Verhalten und beeinflussen ihre Entscheidungen. Wie aber auch bei einer Gebäudeinspektion lassen sich verschiedene Barrieren in den Köpfen von Menschen erkennen und abbauen (vgl. DOSB 2017).

Eine der zentralen Lehren des Modellprojekts ist: Der Abbau von Barrieren gelingt offensichtlich am besten dann, wenn Menschen mit und ohne Behinderungen in Kontakt miteinander kommen, eine offene Haltung einnehmen und voneinander lernen. Der Lerneffekt ist vorprogrammiert, wenn Menschen mit und ohne Behinderungen in einem Team zusammenarbeiten und gemeinsam ganz konkrete Ziele erreichen wollen, ob im Blindenfußball, Rollstuhl-Basketball oder am Arbeitsplatz. Der Sport scheint dafür besonders gut geeignet.

Auch wenn Inklusion ein langwieriger Prozess ist, erscheint es positiv, dass im Rahmen einer Befragung immer mehr Sportverbände die gleichberechtigte Teilhabe von Menschen mit Behinderungen als eine wichtige Aufgabe ansehen.

7.13 Special Olympics World Games und das „Host Town"-Projekt

Die Gründung der Special Olympics World Games, der größten inklusiven Sportveranstaltung für Menschen mit geistiger und mehrfacher Behinderung, geht auf die Joseph P. Kennedy Jr. Foundation im Jahr 1946 zurück. Special Olympics agiert mittlerweile jedoch nicht mehr nur in den USA, sondern hat sich weltweit etabliert. In Deutschland wurde im Jahr 1991 Special Olympics Deutschland (SOD) offiziell gegründet. Seit 2007 ist SOD Mitglied im Deutschen Olympischen Sportbund (DOSB) und seit 2018 sogar als nichtolympischer Spitzenverband im DOSB (vgl. Oldörp et al. 2023: 33).

Die ursprünglichen Ziele der Special Olympics bestanden darin, das öffentliche Bewusstsein für die Notwendigkeit von Sportprogrammen für Menschen mit geistiger Behinderung zu sensibilisieren, in der Gesellschaft verankerte Vorurteile und Stigmatisierungen abzubauen und Menschen mit geistiger Behinderung die Möglichkeit zu bieten, ihre Lebensqualität durch sportliche Betätigung und die Teilnahme an Wettkämpfen zu steigern (vgl. Birrer 2004: 777; vgl. Orelove et al. 1982: 327; vgl. Pezzementi/Fisher 2005: 904; vgl. Platt 2001: 75f.; vgl. Wetterhall et al. 1998: 1467).

Mittlerweile haben sich die Ziele der Special Olympics auf weitreichendere Aspekte ausgedehnt. Es besteht inzwischen der Anspruch, dass durch die Special Olympics World Games Menschen mit geistiger Behinderung ein gleichberechtigter Zugang zu Sport, Bildung, Arbeit und einer Gesundheitsversorgung ermöglicht wird. Dies soll bei den Spielen, die im Jahr 2023 in Deutschland stattfanden, u.a. auch durch das sogenannte „Host Town"-Projekt verwirklicht werden. Die Delegationen der verschiedenen Länder, die an den Special Olympics teilnahmen, waren vor den Spielen zu Gast in einer Kommune in Deutschland, das ein inklusives Programm veranstaltete. Somit wurde nicht nur Berlin, sondern ganz Deutschland Gastgeber der größten inklusiven Sportveranstaltung der Welt. Die Host Towns (Städte, die eine Delegation empfingen) gestalteten den viertägigen Aufenthalt vom 12.-15. Juni individuell. Oft wurde ein Willkommensfest auf dem Rathausplatz veranstaltet, bei dem auch die Bevölkerung eingeladen gewesen ist, oder gemeinsame Sportaktivitäten wurden durchgeführt, vornehmlich in den Sportarten, in denen die in der Delegation vertretenen Athlet:innen auch bei den Spielen antraten. Zusätzlich standen häufig Ausflüge zu lokalen Sehenswürdigkeiten oder die Besichtigung von Einrichtung für Menschen mit Behinderung auf dem Programm.

Zum einen wurde dieses Projekt initiiert, um den Athlet:innen, die für die Spiele nach Deutschland gereist sind, die Möglichkeit zu geben, sich vor den Spielen zu akklimatisieren und sich optimal auf die Spiele vorzubereiten. Zum anderen diente dieses Projekt aber auch dazu, dass Inklusion langfristig in der Kommune etabliert wird. Dafür wurde im Vorfeld in den jeweiligen Kommunen ein Netzwerk aus unterschiedlichen Akteuren gebildet, das das „Host Town"-Programm initiierte, plante und durchführte. Unter anderem waren es Institutionen, Organisationen und Personen wie Schulen und Förderschulen, Sportvereine, Einrichtungen für Menschen mit geistiger Behinderung oder politische Akteure, aus denen das Netzwerk gebildet wurde. Der erhoffte Effekt, den dieses Programm haben soll, ist, dass sich die beteiligten Institutionen, wie z.B. Sportvereine, dadurch mit der Möglichkeit auseinandersetzen, inklusive Strukturen zu etablieren. Auch die Aufmerksamkeit der Bevölkerung sollte dadurch gewonnen werden, da für die Tage, in denen das inklusive Programm stattfand, Menschen mit geistiger Behinderung sichtbarer in der Kommune waren. Inwieweit dieses ausgegebene Ziel von Special Olympics Wirklichkeit wird, ist bislang noch nicht abzusehen. Es bedarf einer wissenschaftlichen Evaluation der „Host Town"-Programme, um zu schauen, inwieweit eine langfristige inklusive Ausrichtung der verschiedenen Akteure, die daran beteiligt gewesen sind, auch wirklich umgesetzt wurde und ob die möglicherweise kurzfristig initiierten Veränderungen auch auf Langfristigkeit angelegt sind.

7.13.1 Positive Aspekte der Special Olympics World Games

Den Special Olympics werden unzählige positive Implikationen zugeschrieben. Davon sollen ausschließlich einige kurz angeführt werden. Special Olympics bietet Menschen mit geistiger Behinderung die Möglichkeit, in sportlichen Wettkämpfen gegeneinander anzutreten. „Ich will gewinnen, doch wenn ich nicht gewinnen kann, so will ich mutig mein Bestes geben", so lautet der offizielle Eid der Special Olympics World Games. Der Annex „[...] doch wenn ich nicht gewinnen kann, so will ich mutig mein Bestes geben" nach der klaren Bestimmung „Ich will gewinnen" lässt die Schlussfolgerung zu, dass der Leistungs- und Wettkampfgedanke nicht das Hauptanliegen der Special Olympics World Games ist. Somit kann festgestellt werden, dass der rein sportliche Erfolg im Gegensatz zur bloßen Teilnahme weniger im Vordergrund steht. Allein schon die Möglichkeit an den Spielen teilzunehmen, ist für viele ein Erfolgserlebnis.

Durch die Special Olympics lernen die Teilnehmenden andere Menschen kennen, schließen Freundschaften, setzen sich mit anderen Kulturen auseinander und sind grundsätzlich von einer affirmativen und unterstützenden Atmosphäre umgeben. Das stärkt u.a. das Selbstwertgefühl, das Selbstvertrauen und Selbstbewusstsein (vgl. Bowers et al. 2016: 2; vgl. Harada et al. 2013: 1135; vgl. McConkey et al. 2013: 2; vgl. Tint et al. 2017: 1). Die Freude und das Vergnügen, das diese Art von sozialem Kontakt bereitet, sind die Hauptargumente der Befürworter der Special Olympics. Neben dem Erwerb von sozialen und sprachlichen Fähigkeiten, die z.B. auch dadurch gefördert werden, dass erlernt wird, sich für andere zu freuen oder bestimmten Anweisungen zu folgen, die zum Erfolg führen, stehen auch generelle motorische Fähigkeiten wie Koordination und Kraft, oder spezifische, auf die jeweilige Sportart bezogene Fähigkeiten wie z.B. Werfen oder Rennen im Zentrum des Erlernten. Da die Athlet:innen von Special Olympics sich viele Monate im Vorfeld auf die Wettkämpfe vorbereiten, kann argumentiert werden, dass Special Olympics als ursächliche Trainingsmotivation die vielen positiv hervorzuhebenden Effekte von Sport und Bewegung initiiert. Durch die Special Olympics sind also viele Menschen mit geistiger Behinderung sportlich aktiv geworden und trainieren fast ganzjährig, um an den Wettkämpfen teilnehmen zu können.

7.13.2 Kritische Aspekte der Special Olympics World Games

Immer wieder werden jedoch auch kritische Stimmen laut, die die Special Olympics als Element der Segregation sehen, da es sich bei den Special Olympics um eine exklusive Veranstaltung nur für Menschen mit geistiger Behinderung handelt und somit Menschen mit geistiger Behinderung nicht als „normal", sondern als etwas Besonderes behandelt werden (vgl. Oldörp et al. 2023: 35; vgl. Wolfensberger et al. 1972). Zwar wurden durch die Etablierung der Unified Teams die Interaktionen zwischen Menschen mit und ohne geistiger Behinderung intensiviert, doch wird häufig kritisch bemerkt, dass diese Interaktionen ausschließlich oberflächlich seien (vgl. Counsell/Agran 2013: 249; vgl. Pochstein et al. 2014: 159f.; vgl. Storey 2008: 135). Die allgemeine Exklusivität, dass nur Menschen mit geistiger Behinderung teilnehmen dürfen und der oberflächliche Kontakt in den Unified Teams zeigt, dass Menschen mit geistiger Behinderung im Training sowie auch bei den Wettkämpfen selbst keine oder wenig Berührungspunkte mit Menschen ohne geistige Behinderung haben. Demnach könne kein Lerneffekt im Umgang auf beiden Seiten, mit Menschen mit und ohne geistige Behinderung, stattfinden, obwohl der Sport als ein guter Weg des Interaktionsaufbaus gesehen werden kann.

Die Teilnehmenden bei den Special Olympics weisen oft große Defizite in basalen Lebensfertigkeiten auf. Ein zu starker Fokus auf die Special Olympics und das Training hinsichtlich dieses einen Wettkampfes, das nur einmal alle vier Jahre stattfindet, kann also auch eine negative Verschiebung der Prioritäten zur Folge haben, sodass andere wichtige Trainingsbereiche, wie z.B. das Erlernen eines selbstständigen, unabhängigen Lebens, in den Hintergrund rücken (vgl. Orelove et al. 1982: 327).

Auch wenn dies nicht intendiert ist, können die Special Olympics zudem ein gesteigertes Mitleid der Bevölkerung und Stigmata evozieren (vgl. Polloway/Smith 1978: 327).

Zusätzlich werden die strikten Teilnahmekriterien und -barrieren sowie die exklusive Auswahl der Teilnehmenden bei einer inklusiven Veranstaltung kritisch begutachtet (Bowers et al. 2016; Storey 2008). So ist gerade in Deutschland bei der Austragung der Spiele immer wieder der hierarchisch strukturierte Ableismus als Kritikpunkt angeklungen (vgl. Oldörp et al. 2023).

Infobox Ableismus

Unter Ableismus wird die alltägliche Herabsetzung eines Menschen auf seine Behinderung verstanden. Menschen mit Behinderung werden somit nicht als gleichberechtigtes Gegenüber, sondern nur unter dem Merkmal der Behinderung wahrgenommen. Ableismus manifestiert sich oft durch eine Abwertung (wegen der Behinderung) oder aber eine Aufwertung (trotz der Beeinträchtigung) (Arnade 2016).

Beispiel

Frau A. fährt nach der Arbeit mit dem Bus nach Hause. Der Busfahrer ist angesichts der Rollstuhlfahrerin, die in der Rushhour mitgenommen werden möchte, deutlich genervt und fragt: „Muss das denn sein, dass Sie um diese Zeit fahren?" Frau A. antwortet, es handele sich keineswegs um eine Kaffeefahrt, sondern der Bus solle sie von ihrer Arbeit nach Hause bringen. Daraufhin schlägt die Ablehnung des Busfahrers in übertriebene Bewunderung um: „Oh, das ist gut, dass Sie Arbeit haben und arbeiten können!" (Arnade 2016)

Reflexionsfragen

1. Wie kann es funktionieren, dass Menschen mit und ohne Behinderung gemeinsamen Sport ausüben?
2. Welche Hürden haben Sie in ihrem Arbeitsalltag mit Menschen mit Behinderung schon erlebt?
3. Welche Assistenzleistungen gemäß SGB IX könnten für die Sportausübung für Menschen mit Behinderung essenziell sein?
4. Welche Barrieren finden sich im Sport für Menschen mit Behinderung?
5. Welche fachlichen Kompetenzen sollten bei der Ausbildung von Übungsleiter:innen vermittelt werden?
6. Welche Rolle sollte die Sportsozialarbeit in Zukunft im Sport für und mit Menschen mit Behinderung spielen?

Weiterführende Literatur

Bösl, E. (2010). Die Geschichte der Behindertenpolitik in der Bundesrepublik aus Sicht der Disability History. *Aus Politik Und Zeitgeschichte, 23*(2010), 6–12.

De Camargo, O. K. (2016). Personenbezogene Faktoren und Teilhabe. *Bundesgesundheitsblatt-Gesundheitsforschung-Gesundheitsschutz, 9*(59), 1133–1138.

Lüke, K. (2006). Von der Attraktivität „normal" zu sein: zur Identitätsarbeit körperbehinderter Menschen. In: G. Hermes, & E. Rohrmann (Hrsg.), *Nichts über uns – ohne uns! : Disability Studies als neuer Ansatz emanzipatorischer und interdisziplinärer Forschung über Behinderung* (S. 128–139). Neu-Ulm: AG Spak Bücher.

Nolte, C. (2009). *Homo debilis: Behinderte – Kranke – Versehrte in der Gesellschaft des Mittelalters (Studien und Texte zur Geistes- und Sozialgeschichte des Mittelalters)*. Affalterbach: Didymos-Verlag.

Rösner, H.-U. (2014). *Behindert sein-behindert werden: Texte zu einer dekonstruktiven Ethik der Anerkennung behinderter Menschen*. Bielefeld: transcript Verlag.

8 Fazit und Ausblick

Dieses Lehrbuch hat umfassend das sich in der Etablierung befindende Berufsfeld der Sportsozialarbeit beleuchtet. Wie bereits in diesem Buch dargelegt wurde, hat die Sportsozialarbeit seit einigen Jahren eine verstärkte Relevanz, insbesondere im Dienstleistungssektor, aber auch im Wissenschaftsbetrieb erlangt. In diesem Zusammenhang wurde zunächst ein Blick auf die Soziale Arbeit und die Sportwissenschaft als Profession und Disziplin geworfen. Beide Disziplinen werden fortlaufend kritisch hinsichtlich ihrer Wissenschaftlichkeit evaluiert. Es wurde dargelegt, dass einige Argumente dafür angeführt werden können, der Sozialen Arbeit die Wissenschaftlichkeit abzusprechen. Demgegenüber finden sich jedoch auch einige gute Gründe dafür, die Soziale Arbeit als Wissenschaft anzuerkennen. Erst durch eine voranschreitende Etablierung und Fundierung der Wissenschaft Soziale Arbeit, kann auch die Sportsozialarbeit als eigenständige Disziplin abgeleitet werden. Demnach ist es von Bedeutung, die in der Auseinandersetzung mit der Wissenschaft Soziale Arbeit angeführten Empfehlungen zur vollumfänglichen wissenschaftlichen Fundierung zu berücksichtigen. Dabei sind neben der Forschung und der Abgrenzung des eigenen Gegenstandsbereichs die Haltung zu ihren Bezugsdisziplinen sowie vermehrte interdisziplinäre Ansätze, die zur Theorieentwicklung führen, zu nennen. Eine solche Möglichkeit der Interdisziplinarität mitsamt eigenständiger Theorieentwicklung kann in der Sportsozialarbeit gesehen werden. Demnach würde die Etablierung der Sportsozialarbeit auch zur Etablierung der Sozialen Arbeit als Wissenschaft beitragen. Es wird in diesem Zuge von Bedeutung sein, sich disziplinübergreifend anhand der jeweiligen Curricula abzustimmen und alsdann wissenschaftlich fundierte Curricula der Sportsozialarbeit zu entwerfen. In diesem Zusammenhang sollte zudem die empirische (interdisziplinäre) Forschung nach Zielgruppen, Anwendungsfeldern, Methoden und der Wirksamkeit der Sportsozialarbeit forciert werden. Die Ausweitung der Sportsozialarbeit würde außerdem einen gesteigerten Bedarf an Fachkräften mit sich bringen, was auch in dem Interview deutlich wurde. Deswegen wurde in diesem Buch ein erster Entwurf eines Anforderungsprofils an Sportsozialarbeiter:innen vorgelegt. Zwar existieren schon etliche Weiterbildungsmöglichkeiten, doch bislang ohne explizite Konzeptionen in den Anforderungen und den Ausbildungsinhalten. Das Anforderungsprofil muss fortlaufend nachgebessert, angepasst und weiterentwickelt werden. Darüber hinaus ist es für die Sportsozialarbeit bedeutend, sich eindeutig von anderen Bezugsdisziplinen und Handlungsfeldern abzugrenzen, spezifische Aufgaben festzulegen und Potenziale zu definieren.

Die Interdisziplinarität ist jedoch nicht nur in der wissenschaftlichen Theoretisierung voranzubringen, sondern auch in der Handlungspraxis. Daher wurden in diesem Buch einige Handlungsfelder der Sportsozialarbeit umfangreich dargestellt. Als erstes Feld wurde sich mit der Fanarbeit auseinandergesetzt. Insbesondere präventive Maßnahmen, individuelle Unterstützung und Gruppenangebote werden angewandt, um Konflikte zu reduzieren und die soziale Integration zu fördern. Auch persönliche Entwicklungsprozesse anzustoßen, obliegt dem Aufgabenbereich von Sportsozialarbeiter:innen in diesem Handlungsfeld. Obendrein wurde die Ganztagsbetreuung von Kindern und Jugendlichen, übernommen von Sportvereinen, als Handlungsfeld der Sportsozialarbeit aufgezeigt. Entscheidend in diesem Feld ist, die frühkindliche Bewegungsaktivität zu fördern, um Entwicklungsprozesse hinsichtlich motorischer, kognitiver und sozialer Kompetenzen zu initiieren. Darüber hinaus sind auch gesellschaftliche Ziele maßgeblich, wie die Vermittlung von Werten wie Fair Play und Teamgeist.

Zusätzlich wurde sich in diesem Buch – insbesondere mit Blick auf zukünftige gesellschaftspolitische Aufgaben – damit auseinandergesetzt, inwieweit eine Integration von Migrant:innen durch den Sport gelingen kann. Dieses Handlungsfeld der Sportsozialarbeit kann bei einer erfolgreichen Umsetzung perspektivisch zur Etablierung und gesellschaftlichen Anerkennung der Sportsozialarbeit beitragen. Deswegen sollen kurz einige wichtige Erkenntnisse und Aufgaben hinsichtlich dieses Handlungsfeldes zusammengefasst werden.

Es wurde deutlich, dass der Sport als Teilbereich der Gesellschaft zur Integration von Migrant:innen beitragen kann, jedoch nicht unilateral und voraussetzungslos.

Die strukturelle Bedingung eines Sportvereins bietet eine vorteilhafte Grundbeschaffenheit, in der sich integrative Wirkungen herausbilden können. Interkulturelle Begegnungen mit Gleichaltrigen und Gleichgesinnten im Sportverein können sich zu einem festen sozialen Kapital ausbilden, wovon ausgehend Prozesse der kulturellen, strukturellen und emotionalen Integration initiiert werden können. Eine aktive Teilnahme am organisierten Sportverein kann zudem wertvolle Erfahrungen in einem demokratischen System mit sich bringen. Durch einen Transfer der im Sport erlernten integrativen Elemente auf andere Gesellschaftsbereiche kann von einer Integration durch Sport ausgegangen werden.

Der Sport an sich ist jedoch nicht gleich integrativ, sondern es müssen spezifische strukturelle Gegebenheiten, wie z.B. eine an die Bedürfnisse von Migrant:innen angepasste Art der Vermittlung oder eine harmonisierende Zusammensetzung der Interaktionspartner:innen vorherrschen. Kurzum: Die Idiosynkrasie jeweiliger Migrant:innen bestimmt den Fortschritt und den Erfolg einer Integration durch Sport. Es kann keine Universalintegration durch Sport kolportiert werden, sonst muss der Vorwurf einer Integrationsideologie erhoben werden, der exklusiv die korrupte Sublimierung des Sports kalkuliert.

Es müssen vermehrt politische Initiativen wie das Projekt „Integration durch Sport" vom DOSB entstehen, die auf Makro- sowie auf Mikroebene, z.B. in Form vom „Bunt kickt gut", umsetzbar sind und transnational zur Anwendung kommen können.

Vornehmlich müssen Barrieren der Integration in den Sport, insbesondere für Migrantinnen, abgebaut werden. Ein höherer Anteil von Frauen und Männern mit Migrationshintergrund als Trainer:in, Betreuer:in oder Vorstandsmitglied könnte ein erster Schritt sein, um Barrieren abzubauen. Auch kulturelle Brückenbauer:innen, die den Migrant:innen die Strukturen des Sports in der Aufnahmegesellschaft erläutern und auf den Weg in die Vereinsmitgliedschaft unterstützen, könnten ebenso hilfreich sein wie niedrige(re) Mitgliedsbeitrage in Vereinen und die tendenzielle kultursensible Ausrichtung nach den Wünschen der Migrant:innen.

Darüber hinaus wären Möglichkeiten der Kinderbetreuung während des Trainings, die Übersetzung von Informationsmaterialien oder das Angebot von Probetrainings Instrumente, die eine Integration in den Sport erleichtern würden.

Es bedarf grundsätzlich der vermehrten Forschung in diesem Gebiet, um die integrativen Wirkpotenziale des Sports evidenzbasiert in die Strukturen des jeweiligen Aufnahmelandes oder des Sportvereins zu integrieren sowie die desintegrativen bereits frühzeitig zu erkennen, um präventiv damit umgehen zu können.

Der vereinsorganisierte Sport sowie in Teilen auch der informelle Sport können als Integrationsinstanzen erachtet werden und sind somit als Handlungsfeld der Sportsozialarbeit unabdingbar. Es müssen jedoch spezifische strukturelle Voraussetzungen Berücksichtigung finden und eine fortwährende kultursensible Ausformulierung von integrativen Potenzialen des Sports mit klar definierten Vorgehensweisen und Zielen vorliegen. Hierbei könnte der gezielte Einsatz von Sportsozialarbeiter:innen sinnvoll sein. Sportsozialarbeiter:innen können mit diesem Wissen Projekte initiieren, die sich mit der Integration durch Sport befassen. Dabei müssen die Potenziale sowie die Barrieren unbedingt mitbedacht werden.

Ähnlich verhält es sich beim Sport mit Menschen mit Behinderung, der ebenso ein Handlungsfeld der Sportsozialarbeit ist. Obwohl in Deutschland in den vergangenen Jahrzehnten auf verschiedenen Ebenen der Gesellschaft Vorstöße hin zu einer gleichberechtigten Teilhabe an Sportaktivitäten von Menschen mit Behinderungen vorgenommen wurden (Änderung des Grundgesetzes, Angebote auf der Ebene des Breitensports, in Ansätzen barrierefreier Sportstättenbau), sind noch erhebliche Bestrebungen notwendig, bevor von einer flächendeckend – sowohl im Breiten- als auch im Freizeitsport – gelungenen Inklusion gesprochen werden kann. Es wurde dargestellt, dass Menschen mit Behinderung grundsätzlich weniger sportlich aktiv sind als Menschen ohne Behinderung. Auch hierbei muss der erste Schritt sein, Menschen mit Behinderung zu einer gesteigerten Bewegungsaktivität zu motivieren. Der im Vergleich zu Menschen ohne Behinderung zu konstatierende Unterschied ist mitunter in den noch immer multiplen Barrieren begründet. Diese belaufen sich vornehmlich auf die mangelnden Angebote für Menschen mit Behinderung, da es viele Sportvereine nicht als ihre Aufgabe sehen, inklusiven Sport anzubieten. Zusätzlich sind es die fehlende Barrierefreiheit, namentlich Texte und Informationsmaterial in schwerer Sprache[9] oder Treppen vor der Sporthalle sowie die fehlende Mobilität, die es Menschen mit Behinderung erschweren, Sport zu treiben. Da Menschen mit Behinderung deutlich anfälliger für gesundheitliche Einschränkungen sein können, ist es zusätzlich bedeutend, Sportangebote zu schaffen. Hierbei ist es die Aufgabe von Sportsozialarbeiter:innen, für Menschen mit Behinderung Sportangebote zu organisieren oder die Möglichkeit zum Sport im Verein zu eröffnen, indem individuelle Barrieren identifiziert und in partizipativer Arbeit abgebaut werden. Beispielsweise kann durch Sportsozialarbeiter:innen der Informationsfluss über bestimmte Sportangebote oder generell über die Wichtig-

---

9 und gerade in der digitalen Informationsbeschaffung ist es die fehlende Einstellung des Kontrasts und der Schriftgröße der Webseite sowie die mangelnde benutzergerechte bzw. intuitiv gestaltete Benutzersteuerung

keit von Sport gewährleistet werden. Oft gelingt es über die sogenannte Peer-to-Peer-Beratung, Menschen mit Behinderung für den Sport generell und auch für spezifische Sportarten zu begeistern.

Umgekehrt können Sportsozialarbeiter:innen aber auch wichtige Aufklärungsarbeit in Sportvereinen leisten. Oftmals herrschen gewisse Berührungsängste in Sportvereinen, die lediglich aus Unwissenheit oder mangelnder Erfahrung resultieren. Sportsozialarbeiter:innen könnten in diesem Zusammenhang Ängste nehmen, Erfahrungswerte, wie z.B. gewisse Bedürfnisse der Menschen mit Behinderung, weitergeben und damit die Einstellung der Trainer:innen oder Übungsleiter:innen verändern. Denn eine der Hauptbarrieren ist nach wie vor die individuelle Einstellung der Meschen ohne Behinderung gegenüber Menschen mit Behinderung. Als Begleitpersonen könnten Sportsozialarbeiter:innen Menschen mit Behinderung den Einstieg in den Sportverein erleichtern, wie es auch schon in der Schule mit den Schulbegleiter:innen geschieht. Bewegung, Spiel und Sport ist hierbei als niedrigschwelliges Kommunikationsinstrumentarium, das zum gesteigerten Kontaktaufbau führt, prädestiniert.

Dass Sportvereine häufig keine inklusiven Sportmöglichkeiten anbieten, ist mitunter auf die fehlenden personellen Ressourcen zurückzuführen Durch den Einsatz von Sportsozialarbeiter:innen könnte fehlenden personellen Ressourcen Abhilfe geleistet werden. Ein wichtiger Faktor in diesem Zusammenhang ist darüber hinaus die Vernetzung von Sportvereinen und Einrichtungen für Menschen mit Behinderung. Sportsozialarbeiter:innen könnten die wertvolle Aufgabe übernehmen, als Schnittstelle zwischen den Organisationen zu vermitteln und wechselseitig Bedürfnisse, Wünsche und Anforderungen zu vereinbaren.

Die Etablierung der Sportsozialarbeit als eigenständige Disziplin und Profession ist also unter anderem zukünftig gefragt, um einerseits die Wissenschaft Soziale Arbeit zu stärken und andererseits perspektivisch die Anliegen, Migrant:innen in die Gesellschaft zu integrieren und Menschen mit Behinderung die uneingeschränkte Teilhabe in der Gesellschaft möglich zu machen, umzusetzen. Darüber hinaus existieren noch multiple vielversprechende Anknüpfungspunkte der Sportsozialarbeit, die es gilt, in weiteren Veröffentlichungen und mit wissenschaftlicher Forschung ausfindig zu machen und mitsamt theoretischer und praktischer Auseinandersetzungen zu bearbeiten.

Literaturverzeichnis

Adolph, H./Böck, F. (1985). *Sport als Integrationsmöglichkeit ausländischer Mitbürger.* Kassel: Gesamthochschul-Bibliothek.

Agergaard, S. (2018). *Rethinking sports and integration: Developing a transnational perspective on migrants and descendants in sports.* London: Routledge.

Aktion Mensch e.V. (2014). *Inklusion im Sport.* Abgerufen von: https://www.presseportal.de/pm/43707/2678543 (letzter Abruf: 23.11.23)

Albert, K./Ruf, W. (2021). Sport(wissenschaft) und Soziale Arbeit – Rückblicke, Einblicke, Ausblicke. *Standpunkt: Sozial, 31*, S. 20–33.

Angelopoulou, N./Tsimaras, V./Christoulas K./Kokaridas, D./Mandroukas, K. (1999). Isokinetic knee muscle strength of individuals with mental retardation, a comparative study. *Perceptual and Motor Skills, 88*(3), S. 849–855.

Anneken, V. (2012). Teilhabe und Sport – Herausforderungen durch die UN-Behindertenrechtskonvention. In: F. Kiuppis/S. Kurzke-Maasmeier (Hrsg.), *Sport im Spiegel der UN-Behindertenrechtskonvention: Interdisziplinäre Zugänge und politische Positionen* (S. 137–149). Stuttgart: Kohlhammer.

Anneken, V./Schliermann, R./Abel, T. (2014). Säulen des Behindertensports. In: R. Schliermann/V. Anneken/T. Abel/T. Scheuer/I. Froböse (Hrsg.), *Sport von Menschen mit Behinderungen: Grundlagen, Zielgruppen, Anwendungsfelder* (S. 6–10). München: Elsevier Urban & Fischer Verlag.

Arlt, I. (2010). *Die Grundlagen der Fürsorge.* Münster: LIT Verlag.

Arnade, S. (2016). *Ableismus erkennen und begegnen. Strategien zur Stärkung von Selbsthilfepotenzialen.* Abgerufen von: https://isl-ev.de/wp-content/uploads/2023/09/Able-Ismus_Broschuere-barrierefrei.pdf (letzter Abruf: 12.10.23)

Aschenbrenner-Wellmann, B./Geldner, L. (2022). *Migration und Integration in der Sozialen Arbeit.* Baden-Baden: Nomos.

AvenirSocial. (2014). *Die IFSW/IASSW Definition der Sozialen Arbeit von 2014.* Abgerufen von: https://www.ifsw.org/wp-content/uploads/2019/07/definitive-deutschsprachige-Fassung-IFSW-Definition-mit-Kommentar-1.pdf (letzter Abruf: 22.11.23)

Azzarito, L./Munro, P./Solmon, M. A. (2004). Unsettling the body: The institutionalization of physical activity at the turn of the 20th century. *Quest, 56*(4), S. 377–396.

Bade, K. J./Bommes, M. (2004). Migration – Integration – Bildung. Grundfragen und Problembereiche. *IMIS-Beiträge, 23*, S. 7–20.

Baecker, D. (1994). Soziale Hilfe als Funktionssystem der Gesellschaft. *Zeitschrift für Soziologie, 23*(2), S. 93–110.

Bahlke, S./Borggrefe, C./Cachay, K. (2012). *Weltmeister werden mit euch! – aber wie? Theoretische Überlegungen zum Problem der Unterrepräsentanz von Migrantinnen und Migranten im Handball / Becoming World Champions by Recruiting Immigrants? Theoretical Reflections on the Underrepresentation of Immigrants? Theoretical Reflections on the Underrepresentation of Immigrants in German Handball.* 9(1), S. 38–62. https://doi.org/doi:10.1515/sug-2012-0103

Baker, J. L./Olsen, L. W./Sørensen, T. I. A. (2007). Childhood body-mass index and the risk of coronary heart disease in adulthood. *New England Journal of Medicine, 357*(23), S. 2329–2337.

Balbier, U. A. (2007). Die Grenzenlosigkeit menschlicher Leistungsfähigkeit: Planungsgläubigkeit, Konkurrenz und Leistungssportförderung in der Bundesrepublik und der DDR in den 1960er Jahren. *Historical Social Research, 32*(1), S. 137–153.

Banfi, G./Colombini, A./Lombardi, G./Lubkowska, A. (2012). Metabolic markers in sports medicine. *Advances in Clinical Chemistry, 56*(3), S. 1–54.

Barmeyer, C. (2012). *Taschenlexikon Interkulturalität* (Bd. 3739). Stuttgart: UTB.

Bastian, V. (2017). *Personalauswahl in der Sozialen Arbeit: eine empirische Studie zum Suchen und Finden pädagogischer Fachkräfte* (Bd. 9). Berlin: Springer.

Baumann-Neuhaus, E. (2019). *Glaube in Migration: Religion als Ressource in Biographien christlicher Migrantinnen und Migranten.* St. Gallen: Edition SPI.

Baur, Joachim. (2010). Migration—Kultur—Integration: Und die Rolle des Museums? *Museumskunde, 75*(10), S. 12–19.

Baur, J. (2008). Das Programm „Integration durch Sport" in Deutschland : Handlungsfeld alltagspolitischer Partizipation. *Terra Cognita: Schweizer Zeitschrift für Integration und Migration., 12,* S. 50–54.

Baur, Jürgen. (2009). Evaluation des Programms „Integration durch Sport" Band 1. *Sportsoziologie/Sportanthropologie Potsdam: Universität Potsdam, 1*(35).

Baur, J./Braun, S. (2003). Freiwillige Vereinigungen und das Problem des gesellschaftlichen Zusammenhalts. In: J. Baur/S. Braun (Hrsg.), *Integrationsleistungen von Sportvereinen als Freiwilligenorganisationen* (S. 11–33). Aachen: Meyer & Meyer Verlag.

Beauftragter der Bundesregierung für die Belange von Menschen mit Behinderung. (2023). Schwerbehinderung laut SGB IX. Abgerufen von: https://www.behindertenbeauftragter. de/DE/AS/rechtliches/schwerbehinderung/schwerbehinderung-node.html (letzter Abruf: 12.09.23)

Becker-Lenz, R./Müller, S. (2009). Die Notwendigkeit von wissenschaftlichem Wissen und die Bedeutung eines professionellen Habitus für die Berufspraxis der Sozialen Arbeit. In: R. Becker-Lenz/S.Busse/G.Ehlert/S.Müller (Hrsg.), *Professionalität in der Sozialen Arbeit: Standpunkte, Kontroversen, Perspektiven* (S. 195–221). Wiesbaden: VS Verlag für Sozialwissenschaften.

Becker, B./Bindel, T./Heinisch, S. (2018). Sport in sozialer Verantwortung. *German Journal of Exercise and Sport Research, 48*(1), S. 110–119.

Becker, P. (1994). Sozialarbeit mit Körper und Bewegung. *Theoretische und programmatische Vorbemerkungen zur Entwicklung einer bewegungsbezogenen Sozialarbeit.* Griedel: AFRA-Verlag.

Beckerman, H./de Groot, V./Scholten, M. A./Kempen, J. C. E./Lankhorst, G. J. (2010). Physical activity behavior of people with multiple sclerosis: understanding how they can become more physically active. *Physical Therapy, 90*(7), S. 1001–1013.

Bedard, C./Hanna, S./Cairney, J. (2020). A longitudinal study of sport participation and perceived social competence in youth. *Journal of Adolescent Health, 66*(3), S. 352–359.

Beyer, E. (1985). Internationale Kulturkontakte durch das Medium Sport. *German Journal of Exercise and Sport Research, 15,* S. 267–276.

Bidzan-Bluma, I./Lipowska, M. (2018). Physical activity and cognitive functioning of children: a systematic review. *International Journal of Environmental Research and Public Health, 15*(4), S. 800–813.

Bielefeldt, H. (2009). *Zum Innovationspotenzial der UN-Behindertenrechtskonvention* (Bd. 5). DEU.

Birgmeier, B. (2014). *Handlungswissenschaft Soziale Arbeit : Eine Begriffsanalyse.* Wiesbaden: Springer.

Birgmeier, B./Mührel, E. (2017). *Wissenschaftliche Grundlagen der Sozialen Arbeit.* Frankfurt am Main: Wochenschau Verlag.

Birrer, R. B. (2004). The Special Olympics athlete: evaluation and clearance for participation. *Clinical Pediatrics, 43*(9), S. 777–782.

Blättner, B./Waller, H. (2018). *Gesundheitswissenschaft: Eine Einführung in Grundlagen, Theorie und Anwendung.* Stuttgart: Kohlhammer Verlag.

Blecking, D./Gieß-Stüber, P. (2006). Kulturelle Differenz als Herausforderung und Chance. In: P. Gieß-Stüber/D. Blecking (Hrsg.) *Beiträge zur kulturellen Verständigung* (S. 5–8). Baltmmannsweiler: Schneider Verlag.

Blohme, S./Baumhöfer-Wieting, U./Hinrichs, S./Langner, R. (2011). *Inklusion im und durch Sport. Ein Praxis-Handbuch mit Erfahrungsberichten und Empfehlungen wie Inklusion im Sportverein gelingen kann.* Hamburg: Carlsen Verlag.

BMFSFJ. (2023). Das Ganztagsförderungsgesetz. Abgerufen von: https://www.recht-auf-gan ztag.de/gb/politik/ganztagsfoerderungsgesetz (letzter Abruf: 02.10.23)

Boetticher, A./Kötter, U./Palsherm, I. (2022). *Soziale Arbeit und Recht-Vermittlung zwischen den Welten?: Festschrift des BAGHR eV zu Ehren von Renate Oxenknecht-Witzsch*. Franfurt am Main: Fachhochschulverlag.

Boos-Nünning, U./Karakasoglu, Y. (2005). *Viele Welten leben: zur Lebenssituation von Mädchen und jungen Frauen mit Migrationshintergrund*. Münster: Waxmann Verlag.

Boos-Nünning, U./Karasoglu, Y. (2003). Kinder und Jugendliche mit Migrationshintergrund und Sport. In: *Erster Kinder- und Jugendsportbericht* (S. 319–338). Schorndorf: Hofmann Verlag.

Borrmann, S./Antes, W./Franz, J./Löwenstein, H./Rießen, A./Röh, D./Spatscheck, C./Steckelberg, C. (2023). Deutsche Gesellschaft für Soziale Arbeit. Abgerufen von: socialnet. Website: https://www.socialnet.de/lexikon/Deutsche-Gesellschaft-fuer-Soziale-Arbeit (letzter Abruf: 11.12.23)

Bös, K./Schlenker, L./Albrecht, C./Büsch, D./Lämmle, L./Müller, H./Oberger, J./Seidel, I./ Tittlbach, S.A./Woll, A. (2016). *Deutscher Motorik-Test 6-18 (DMT 6-18): Manual und internetbasierte Auswertungssoftware: erarbeitet vom ad-hoc-Ausschuss „Motorische Tests für Kinder und Jugendliche" der Deutschen Vereinigung für Sportwissenschaft (dvs)*. Bielefeld: Feldhaus Edition Czwalina.

Bowers, K./Corby, D./Lambert, V./Staines, A./McVeigh, T./McKeon, M./Hoey, E./Belton, S./ Meegan, S./Trépel, D./Griffin, P/Sweeney, M.R./Walsh, D. (2016). People with intellectual disability and their families' perspectives of Special Olympics Ireland: Qualitative findings from the SOPHIE study. *Journal of Intellectual Disabilities, 20*(4), S. 354–370.

Braches-Chyrek, R. (2019). *Soziale Arbeit – die Methoden und Konzepte* (Bd. 2). Stuttgart: UTB.

Braun, S. (2003). Freiwillige Vereinigungen zwischen Staat, Markt und Privatsphäre. Konzepte, Kontroversen und Perspektiven. In: J. Baur/S. Braun (Hrsg.), *Integrationsleistungen von Sportvereinen als Freiwilligenorganisationen* (S. 43–87). Aachen: Meyer & Meyer Verlag.

Braun, S. (2016). Soziale Integration von Mädchen mit Migrationshintergrund in Sportvereine. *Betrifft Mädchen 2*, S. 65–70.

Braun, S./Finke, S. (2010). *Integrationsmotor Sportverein: Ergebnisse zum Modellprojekt „spin-sport interkulturell"*. Berlin: Springer-Verlag.

Braun, S./Nobis, T. (2011). *Migration, Integration und Sport: Zivilgesellschaft vor Ort*. Wiesbaden: VS Verlag fur Sozialwissenschaften GmbH.

Brendel, E. (2011). Wissenschaft. In: H. Krings/H. M. Baumgartner/C. Wild/P. Kolmer/A. G. Wildfeuer (Hrsg.), *Neues Handbuch philosophischer Grundbegriffe* (S. 1588–2601). Baden Baden: Alber Verlag.

Brettschneider, W.-D./Kleine, T./Brandl-Bredenbeck, H. P. (2002). *Jugendarbeit in Sportvereinen – Anspruch und Wirklichkeit*. Schorndorf: Hofmann.

Breuer, C./Feiler, S. (2017). Sportvereine in Deutschland – ein Überblick. In: C. Breuer (Hrsg.), *Sportentwicklungsbericht 2015/2016. Analyse zur Situation der Sportvereine in Deutschland* (S. 15–46). Köln: Sportverlag Strauß.

Breuer, C./Wicker, P. (2008). Demographic and economic factors influencing inclusion in the German sport system–a microanalysis of the years 1985 to 2005. *European Journal for Sport and Society, 5*(1), S. 33–42.

Brockmann, J./Deinert, O./Luik, S./Welti, F. (2022). *StichwortKommentar Behindertenrecht* (3 Aufl.). Baden-Baden: Nomos Verlagsgesellschaft mbH & Co. KG.

Bröskamp, B. (1994). *Körperliche Fremdheit: Zum Problem der interkulturellen Begegnung im Sport* (2. Aufl.). Baden-Baden: Academia Verlag.

Bröskamp, B./Alkemeyer, T. (1996). Fremdheit und Rassismus im Sport. In: B. Bröskamp/T. Alkemeyer (Hrsg.), *Fremdheit und Rassismus im Sport: Tagung der dvs-Sektion Sportphilosophie vom 9.–10.9.1994 in Berlin* (S. 7–40). Sankt Augustin: Academia Verlag.

Budde, H./Voelcker-Rehage, C./Pietraßyk-Kendziorra, S./Ribeiro, P./Tidow, G. (2008). Acute coordinative exercise improves attentional performance in adolescents. *Neuroscience Letters, 441*(2), S. 219–223.

Burrmann, U./Mutz, M./Zender, U. (2014). *Jugend, Migration und Sport: Kulturelle Unterschiede und die Sozialisation zum Vereinssport.* Wiesbaden: Springer Fachmedien Wiesbaden GmbH.

Busch, R. (2017). Fußball und Fansozialarbeit. *Soziale Arbeit, 66*(8), S. 312–318.

BverfG. (1971). *Vereinsname.* Abgerufen von: https://www.servat.unibe.ch/dfr/bv030227.html (letzter Abruf: 03.08.23)

BVerfG. (1957). *Urteil des Ersten Senats vom 16. Januar 1957 - 1 BvR 253/56 -, Rn. 1-36.* Abgerufen von: https://www.bundesverfassungsgericht.de/SharedDocs/Entscheidungen/DE/1957/01/rs19570116_1bvr025356.html (letzter Abruf: 12.07.23)

BVerfG. (2018). *Beschluss des Ersten Senats vom 13. Juli 2018 - 1 BvR 1474/12 -, Rn. 1-167,.* Abgerufen von: https://www.bundesverfassungsgericht.de/SharedDocs/Entscheidungen/DE/2018/07/rs20180713_1bvr147412.html (letzter Abruf: 05.08.23)

BVerwG. (1974). *Einschränkungen der Handlungsfreiheit - Erfordernisse des Zusammenlebens zahlreicher Menschen auf engem Raum – Urnenzwang bei Feuerbestattungen; 26.06.1974 - VII C 36.72.* Abgerufen von: https://dejure.org/dienste/vernetzung/rechtsprechung?Gericht=BVerwG&Datum=26.06.1974&Aktenzeichen=VII C 36.72 (letzter Abruf: 06.08.23)

Byrd-Williams, C./Kelly, L. A./Davis, J. N./Spruijt-Metz, D./Goran, M. I. (2007). Influence of gender, BMI and Hispanic ethnicity on physical activity in children. *International Journal of Pediatric Obesity, 2*(3), S. 159–166.

Carmeli, E./Barchad, S./Lenger, R./Coleman, R. (2002). Muscle power, locomotor performance and flexibility in aging mentally-retarded adults with and without Down's syndrome. *Journal of Musculoskeletal and Neuronal Interactions, 2*(5), S. 457–462.

Carmeli, Eli./Zinger-Vaknin, T./Morad, M./Merrick, J. (2005). Can physical training have an effect on well-being in adults with mild intellectual disability? *Mechanisms of Ageing and Development, 126*(2), S. 299–304.

Carroll, D. D./Courtney-Long, E. A./Stevens, A. C./Sloan, M. L./Lullo, C./Visser, S. N./Fox, M.H./Armour, B.S./Campbell, V.A./Brown, D. R./Dorn, J.M./ (2014). Vital signs: disability and physical activity—United States, 2009–2012. *Morbidity and Mortality Weekly Report, 63*(18), S. 407–413.

Carson, V./Hunter, S./Kuzik, N./Wiebe, S. A./Spence, J. C./Friedman, A./Tremblay, M.S./ Slater,L./ Hinkley, T. (2016). Systematic review of physical activity and cognitive development in early childhood. *Journal of Science and Medicine in Sport, 19*(7), S. 573–578.

Castles, S./Korac, M./Vasta, E./Vertovec, S. (2002). Integration: Mapping the field. *Home Office Online Report, 29*(03), S. 115–118.

Chad, K. E./Bailey, D. A./McKay, H. A./Zello, G. A./Snyder, R. E. (1999). The effect of a weight-bearing physical activity program on bone mineral content and estimated volumetric density in children with spastic cerebral palsy. *The Journal of Pediatrics, 135*(1), S. 115–117.

Chandler, P./Tricot, A. (2015). Mind your body: The essential role of body movements in children's learning. *Educational Psychology Review, 27*, S. 365–370.

Compton, D. M./Eisenman, P. A./Henderson, H. L. (1989). Exercise and fitness for persons with disabilities. *Sports Medicine, 7*, S. 150–162.

Counsell, S./Agran, M. (2013). Understanding the Special Olympics debate from lifeworld and system perspectives: Moving beyond the liberal egalitarian view toward empowered recreational living. *Journal of Disability Policy Studies, 23*(4), S. 245–256.

Cowles, L. A. (2012). *Social work in the health field: A care perspective.* London: Routledge.

Davis, G. M./Shephard, R. J. (1988). Cardiorespiratory fitness in highly active versus inactive paraplegics. *Medicine and Science in Sports and Exercise*, 20(5), S. 463–468.

Davis, G./Plyley, M. J./Shephard, R. J. (1991). Gains of cardiorespiratory fitness with arm-crank training in spinally disabled men. *Canadian Journal of Sport Sciences= Journal Canadien des Sciences du Sport*, 16(1), S. 64–72.

DBS. (2019). *Kreisdiagramm Altersgruppen 2018*. Abgerufen von: https://www.dbs-npc.de/dbs-%0Adownloads.html?file=files/dateien/dbs/verwaltung/statistiken/7. Kreisdiagramm Al%0Atersgruppen 2018.pdf (letzter Abruf: 23.11.23)

DBSH. (2009). *Grundlagen für die Arbeit des DBSH e.V.* Berlin. Abgerufen von: https://www.dbsh.de/media/dbsh-www/downloads/grundlagenheft_-PDF-klein_01.pdf (letzter Abruf: 22.10.23)

Deinet, U. (2002). Sozialraumorientierung. In: T. Rauschenbach/W. Düx/I. Züchner (Hrsg.), *Jugendarbeit im Aufbruch. Selbstvergewisserung, Impulse, Perspektiven* (S. 61–82). Münster: Votum Verlag.

Deinet, U. (2005). *Sozialräumliche Jugendarbeit – Grundlagen, Methoden, Praxiskonzepte* (2 Aufl.). Wiesbaden: VS Verlag fur Sozialwissenschaften GmbH.

Deister, G. (2019). Die deutsche Sport-Vereinigung als Unvollendete. Abgerufen von: DOSB website: https://www.dosb.de/sonderseiten/news/news-detail/news/die-deutsche-sport-vereinigung-als-unvollendete (letzter Abruf: 02.09.23)

Deli, E./Bakle, I./Zachopoulou, E. (2006). Implementing intervention movement programs for kindergarten children. *Journal of Early Childhood Research*, 4(1), S. 5–18.

Delmas, N./Scherr, A. (2005). Bildungspotenziale der Jugendarbeit. Ergebnisse einer explorativen empirischen Studie. *Deutsche Jugend. Zeitschrift für Jugendarbeit*, 53(3), S. 105–109.

Deutscher Bundestag. (1986). *Gesetz zur Weiterentwicklung des Schwerbehindertengesetzes (Bundestags-Drucksache 10/5701), 19. Juni 1986, Bonn.*

Deutscher Bundestag. (2016). *Entwurf eines Gesetzes zur Stärkung der Teilhabe und Selbstbestimmung von Menschen mit Behinderungen (Bundestags-Drucksache 18/9522), 05. September 2016, Berlin.* Abgerufen von: https://dserver.bundestag.de/btd/18/095/18 09522.pdf (letzter Abruf: 05.07.23)

Deutscher Bundestag. (2021). *Teilhabebericht der Bundesregierung über die Lebenslagen von Menschen mit Beeinträchtigungen (Bundestags-Drucksache 19/27890), 09. März 2021, Berlin.* Abgerufen von: https://dserver.bundestag.de/btd/19/278/1927890.pdf (letzter Abruf: 04.08.23)

Deutscher Bundestag. (2022). Scharfe Kontroverse über die Migrationspolitik. Abgerufen von: https://www.bundestag.de/dokumente/textarchiv/2022/kw41-de-sonderweg-migration-914876 (letzter Abruf: 04.05.23)

Digel, H. (1984). Gesellschaftliche Entwicklung und der Auftrag des Sportvereins. *Der Kultusminister des Landes Nordrhein-Westfallen, Materialien zum Sport in Nordrhein-Westfalen*, 9, S. 52–65.

DOSB (2017). *Projekt: Qualifiziert für die Praxis INKLUSIONS- MANAGER/INNEN für den gemeinnützigen Sport.* Abgerufen von: https://cdn.dosb.de/user_upload/Inklusion-sport.de/Flyer_Sport-Inklusionsmanager_20170908_barr.pdf (letzter Abruf: 07.11.23)

DOSB (2021). Die Lebenslagen von Menschen mit Beeinträchtigungen. Abgerufen von: https://www.dosb.de/sonderseiten/news/news-detail/news/die-lebenslagen-von-mensche n-mit-beeintraechtigungen#:~:text=Die Entwicklung%2C die der jüngst,an%2C keinen Sport zu treiben (letzter Abruf: 08.11.23)

DOSB (2023). DAS IST DER DOSB. Abgerufen von: Deutscher Olympischer Sportbund website: https://www.dosb.de/ueber-uns#akkordeon-1031 (letzter Abruf: 12.11.23)

Dräbing, R. (2006). *Kinder brauchen Bewegung: Bewegung in der Jugendhilfe? ; eine kritische Situationsbeschreibung von Bewegung, Spiel und Sport in der stationären Jugendhilfe.* Aachen: Meyer & Meyer Verlag.

Egen, C. (2020). *Was ist Behinderung?* Bielefeld: transcript.

Eime, R. M./Young, J. A./Harvey, J. T./Charity, M. J./Payne, W. R. (2013). A systematic review of the psychological and social benefits of participation in sport for children and adolescents: informing development of a conceptual model of health through sport. *International Journal of Behavioral Nutrition and Physical Activity, 10*(1), S. 1–21.

Eisenberg, C. (1999). *„English Sports" und deutsche Bürger. Eine Gesellschaftsgeschichte 1800–1939*. Paderborn: Ferdinand Schöningh.

Eisenberg, C. (2001). The rise of internationalism. In: M. H. Geyer/J. Paulmann (Hrsg.), *The Mechanics of Internationalism. Culture, Society, and Politics from the 1840s to the First World War (S. 375–404.)*. Oxford: Oxford University Press.

Elling, A./Claringbould, I. (2005). Mechanisms of inclusion and exclusion in the Dutch sports landscape: Who can and wants to belong? *Sociology of Sport Journal, 22*(4), S. 498–515.

Emrich, E./Prohl, R. (2008). Agonalität: Wettkampfsport im Spannungsfeld zwischen Erfolg, Moral und Ästhetik. *Leipziger Sportwissenschaftliche Beiträge, 49*(1), S. 67–88.

Engelke, E./Spatscheck, C./Borrmann, S. (2016). *Die Wissenschaft Soziale Arbeit: Werdegang und Grundlagen*. Freiburg: Lambertus-Verlag.

Esser, H. (1980). *Aspekte der Wanderungssoziologie: Assimilation und Integration von Wanderern, ethnischen Gruppen und Minderheiten*. Darmstadt: Luchterhand.

Esser, H. (2001). *Integration und ethnische Schichtung*. MZES-Mannheimer Zentrum für europäische Sozialforschung. Arbeitspapiere; 40.

Fahrner, M. (2020). Sportwissenschaft als Fachdisziplin. In: V. Burk/M. Fahrner (Hrsg.), *Einführung in die Sportwissenschaften* (S. 15–48). München: UVK Verlagsgesellschaft.

Farnell, B. (1999). Moving bodies, acting selves. *Annual Review of Anthropology, 28*(1), S. 341–373.

Faust, H./Montiel Alafont, F. J./Lietz, R./Cnyrim, A. (2020). *Chancen und Barrieren für die Übernahme einer Funktion in Sportvereinen aus der Sicht von Personen mit Migrationserfahrung. Eine qualitative Untersuchung anhand einer Fokusgruppe*.

Felfe, C./Lechner, M./Steinmayr, A. (2016). Sports and child development. *PloS One, 11*(5), e0151729.

Feltz, D. L./Short, S. E./Sullivan, P. J. (2008). *Self-efficacy in sport*. Human Kinetics.

Fernhall, B./Pitetti, K. H. (2001). Limitations to work capacity in individuals with intellectual disabilities. *Clin Exerc Physiol, 3*, S. 176–185.

Feuchter, M./Janetzko, A. (2018). „Refugees Welcome in Sports" – Bewegungsangebote für Geflüchtete im Spannungsfeld zwischen Integrationsforderung und Partizipationszwang. *Sport und Gesellschaft, 15*(1), S. 31–62. https://doi.org/10.1515/sug-2018-0008

Field, S. J./Oates, R. K. (2001). Sport and recreation activities and opportunities for children with spina bifida and cystic fibrosis. *Journal of Science and Medicine in Sport, 4*(1), S. 71–76.

Fox, K. R. (1999). The influence of physical activity on mental well-being. *Public Health Nutrition, 2*(3a), S. 411–418.

Franzkowiak, P. (2003). Zum Verhältnis von Sozialer Arbeit und Gesundheitsförderung. *Prävention – Zeitschrift Für Gesundheitsförderung, 1*(26), S. 25–28.

Froböse, I. (2014). Behindertensport im Kontext von Prävention und Rehabilitation: Sport von Menschen mit Behinderung. In: R. Schliermann/V. Anneken/T. Scheuer/I. Froböse (Hrsg.), *Sport von Menschen mit Behinderung* (S. 20–23). München: Elsevier Urban & Fischer Verlag.

Frogner, E. (1984). Die Bedeutung des Sports für die Eingliederung ausländischer Mitbürger. *Sportwissenschaft, 14*(4), S. 348–361.

Fröhlich, M./Mayerl, J./Pieter, A./Kemmler, W. (2020). Sportwissenschaft als empirische Humanwissenschaft. In: M. Föhlich/J. Mayerl/A. Pieter/W. Kemmler (Hrsg.), *Einführung in die Methoden, Methodologie und Statistik im Sport* (S. 1–13) Berlin: Springer. https://doi.org/10.1007/978-3-662-61039-8_1

Fröhlich, M./Mayerl,J./Pieter, A. (2022). Sportwissenschaft: Methodologie und Methoden. In: A. Güllich/M. Fritz (Hrsg.), *Grundlagen von Sport und Sportwissenschaft: Handbuch Sport und Sportwissenschaft* (S. 78–93). Berlin: Springer.

Füssenhäuser, C./Thiersch, H. (2011). Theorie und Theoriegeschichte Sozialer Arbeit. In: H.-U. Otto/H. Thiersch (Hrsg.), *Handbuch Soziale Arbeit* (4./5. Aufl.). München: Ernst Reinhardt Verlag.

Gabler, H. (2002). *Motive im Sport: motivationspsychologische Analysen und empirische Studien.* Schorndorf: Hofmann.

Gabrys, L. (2017). Körperliche Fitness als gesundheitsrelevanter Prädiktor. In: W. Banzer (Hrgs.). *Körperliche Aktivität und Gesundheit: Präventive und Therapeutische Ansätze der Bewegungs- und Sportmedizin* (S. 67–75). Wiesbaden: Springer.

Galuske, M. (2013). *Methoden der Sozialen Arbeit* (10. Aufl.). München: Beltz Juventa.

Galuske, M. (2018). Methoden der Sozialen Arbeit. In: H.-U. Otto/H. Thiersch/R. Treptow/H. Ziegler (Hrsg.), *Handbuch Soziale Arbeit. Grundlagen der Sozialarbeit und Sozialpädagogik* (S. 993–1008) (6. Aufl.) München: Reinhardt.

Galuske, M./Müller, W. (2011). Handlungsformen in der Sozialen Arbeit. Geschichte und Entwicklung. In: W. Thole (Hrsg.), *Grundriss Soziale Arbeit: Ein einführendes Handbuch* (S. 587–610). Wiesbaden: VS Verlag fur Sozialwissenschaften GmbH.

Ganley, T./Sherman, C./DiNubile, N. A. (2000). Exercise and children's health: a little counseling can pay lasting dividends. *The Physician and Sportsmedicine, 28(2),* S. 85–92.

Gasparini, W./Cometti, A. (2010). *Sport facing the test of cultural diversity: Integration and intercultural dialogue in Europe, analysis and practical examples.* Straßbourg: Council of Europe. Abgerufen von: https://rm.coe.int/sport-facing-the-test-of-cultural-diversity-integration-and-intercultu/1680734be5 (letzter Abruf: 12.11.23)

Geldbach, E. (1980). Die Philanthropen als Wegbereiter moderner Leibeskultur. In: H. Überhorst (Hrgs.), *Geschichte der Leibesübungen: Leibesübungen und Sport in Deutschland von den Anfängen bis zum Ersten Weltkrieg* (S. 165–196). Berlin: Bartels & Wernitz.

Gerber, M./Pühse, U. (2017). *Sport, Migration und soziale Integration – Eine empirische Studie zur Bedeutung des Sports bei Jugendlichen.* Zürich: Seismo Verlag.

Gerber, M./Barker, D./Barker-Ruchti, N./Gerlach, E./Sattler, S./Knöpfli, M./Müller, C./Pühse, U. (2011). Sport und soziale Integration: Begriffsklärung und Konzeption der Basler SSINC-Studie. *Sportunterricht, 60(2),* S. 227–231.

Gerschel, S./Simon, T./Zeyn, J. (2023). *Lehrbuch Soziale Arbeit mit Fußballfans.* Weinheim: Beltz Juventa.

Gibbons, S. L./Ebbeck, V./Weiss, M. R. (1995). Fair play for kids: Effects on the moral development of children in physical education. *Research Quarterly for Exercise and Sport, 66(3),* S. 247–255.

Gieseler, K. (1972). *Der Sport in der Bundesrepublik Deutschland.* Wiesbaden: Wirtschaftsverlag.

Gieß-Stüber, P. (2005a). Der Umgang mit Fremdheit – Interkulturelle Bewegungserziehung jenseits von Ausgrenzung oder Vereinnahmung. In: P. Gieß-Stüber (Hrsg.) *Interkulturelle Erziehung im und durch Sport* (S. 67–75). Münster: LIT Verlag

Gieß-Stüber, P. (2005b). *Interkulturelle Erziehung im und durch Sport* (Bd. 3). Münster: LIT Verlag.

Goffman, E. (1963). Embarrassment and social organization. In: N. J. Smelser/W. T. Smelser (Hrsg.). *Personality and social systems* (S. 541–548). New Jersey: John Wiley & Sons.. https://doi.org/10.1037/11302-050

Göttlich, A. (2008). König Fußballs neue Kleider: Die Integrationsvorstellungen deutscher Sportverbände. In: S. Neckel/H.-G. Soeffner (Hrsg.), *Mittendrin im Abseits. Ethnische Gruppenbeziehungen im lokalen Kontext* (S. 211–234). Wiesbaden: Springer.

Grupe, O. (1996). Kultureller Sinngeber. *Die Sportwissenschaft an Deutschen Universitäten. Forschung & Lehre, 3*, S. 362–366.

Grupe, O./Krüger, M. (2007). *Einführung in die Sportpädagogik.* (3.Aufl.) Schorndorf: Hofmann.

Güllich, A. (2021). Leistung und Wettkampf. In: A. Güllich/M. Krüger (Hrsg.), *Grundlagen von Sport und Sportwissenschaft: Handbuch Sport und Sportwissenschaft* (S. 115–138). Berlin: Springer.

Hägele, W. (1982). Zur Konstitutionsproblematik des Sports. *Sportwissenschaft, 12*(2), S. 195–201.

Hägele, W. (1995). Integrative Sportwissenschaft: Leitidee oder Utopie? Szenario einer künftigen Sportwissenschaft. In: H. Digel (Hrsg.), *Sportwissenschaft heute – eine Gegenstandsbestimmung* (S. 90–98). Darmstadt: Wissenschaftliche Buchgesellschaft.

Harada, C. M./Siperstein, G. N./Parker, R. C./Lenox, D. (2011). Promoting social inclusion for people with intellectual disabilities through sport: Special Olympics International, global sport initiatives and strategies. *Sport in Society, 14*(9), S. 1131–1148.

Haug, S. (2003). Interethnische Freundschaftsbeziehungen und soziale Integration. *Kölner Zeitschrift für Soziologie und Sozialpsychologie, 55*(4), S. 716–736.

Haugen, T./Säfvenbom, R./Ommundsen, Y. (2013). Sport participation and loneliness in adolescents: The mediating role of perceived social competence. *Current Psychology, 32*(2), S. 203–216.

Heath, G. N. V/Fentem, P. H. (1997). 8 Physical Activity among Persons with Disabilities – A Public Health Perspective. *Exercise and Sport Sciences Reviews, 25*(1), S. 195–234.

Heckmann, F. (2015). Kulturelle Integration. In: F. Heckmann (Hrsg.). *Integration von Migranten* (S. 159–179). Berlin: Springer. https://doi.org/10.1007/978-3-658-06980-3_9

Heid, R. (2023). buntkicktgut. Abgerufen von: https://buntkicktgut.de/infos (letzter Abruf: 09.11.23)

Heid, R./Groeneveld, M. (2010). „Was sollen wir auch tun?" Die Straßenfussball-Liga buntkicktgut in München. In: D. Blecking/G. Dembowski (Hrsg.), *Der Ball ist bunt: Fußball, Migration und die Vielfalt der Identitäten in Deutschland* (S. 158–165). Frankfurt am Main: Brandes & Apsel.

Heim, C./Prohl, R./Bob, A. (2013). Ganztagsschule und Sportverein. In: R. Hildebrandt-Stramann/R. Laging/K. Moegling (Hrsg.), *Körper, Bewegung und Schule.1. Theorie, Forschung und Diskussion* (S. 136–156). Kassel: Prolog-Verlag.

Heinemann, K. (2007). Einführung in die Soziologie des Sports (5. überarb. und aktual. Aufl.). Schorndorf: Hofmann.

Helsper, W. (2021). *Professionalität und Professionalisierung pädagogischen Handelns: Eine Einführung* (Bd. 1). Stuttgart: UTB GmbH.

Hermes, G./Rohrmann, E. (2006). *Nichts über uns-ohne uns!: Disability Studies als neuer Ansatz emanzipatorischer und interdisziplinärer Forschung über Behinderung.* Neu-Ulm: AG Spak Bücher.

Herrmann, F./Müller, B. (2019). *Qualitätsentwicklung in der Sozialen Arbeit: Grundlagen, Methoden, Umsetzung.* Stuttgart: Kohlhammer Verlag.

Herzog, W. (2001). Das Kulturverständnis in der neueren Erziehungswissenschaft. In: H. Appelsmeier/E. Billmann-Mahecha (Hrsg.), *Kulturwissenschaft. Felder einer prozessorientierten wissenschaftlichen Praxis* (S. 97–124). Weilerswist: Velbrück Wissenschaft.

Hess, M./Scheithauer, H. (2010). *fairplayer.sport – Soziale Kompetenzen spielerisch fördern.* Abgerufen von: https://www.fairplayer.de/fileadmin/Media/PDF/15_hess.pdf (letzter Abruf: 05.06.23)

Hoenemann, S./Köhler, M./Kleindienst-Cachay, C./Zeeb, H./Altenhöner, T. (2021). Migration und Sport – eine empirische Studie zur Untersuchung der Partizipation von Jugendlichen mit Migrationshintergrund am organisierten Sport. *Prävention und Gesundheitsförderung, 16*(1), S. 53–61. https://doi.org/10.1007/s11553-020-00784-y

Homfeldt, H.-G. (2012). Soziale Arbeit im Gesundheitswesen und in der Gesundheitsförderung. In: W. Thole (Hrsg.), *Grundriss Soziale Arbeit: Ein einführendes Handbuch* (S. 489–503). Wiesbaden: VS Verlag für Sozialwissenschaften GmbH. https://doi.org/10.1007/978-3-531-94311-4_30

Homfeldt, H.-G. (2002). Soziale Arbeit im Gesundheitswesen und in der Gesundheitsförderung. In: W. Thole (Hrsg.), *Grundriss Soziale Arbeit: Ein einführendes Handbuch* (S. 317–330). Wiesbaden: VS Verlag für Sozialwissenschaften. https://doi.org/10.1007/978-3-322-91357-9_16

Horch, H.-D. (1992). *Geld, Macht und Engagement in freiwilligen Vereinigungen. Grundlagen einer Wirtschaftssoziologie von Non-Profit-Organisationen* (Bd. 21). Berlin: Duncker & Humblot.

Hottenrott, K./Baldus, A./Braumann, K.-M./Hartmann-Tews, I./Holzweg, M./Kuhlmann, D./Seyfarth, H./Strauß, B./Sygusch, R./Vogt, L. (2017). Memorandum Sportwissenschaft. *German Journal of Exercise and Sport Research*, 47(4), S. 287–293.

Hove, O. (2004). Weight survey on adult persons with mental retardation living in the community. *Research in Developmental Disabilities*, 25(1), S. 9–17.

Hutzler, Y./Chacham, A./Bergman, U./Szeinberg, A. (1998). Effects of a movement and swimming program on vital capacity and water orientation skills of children with cerebral palsy. *Developmental Medicine & Child Neurology*, 40(3), S. 176–181.

Jaarsma, E. A./Dijkstra, P. U./Geertzen, J. H. B./Dekker, R. (2014). Barriers to and facilitators of sports participation for people with physical disabilities: A systematic review. *Scandinavian Journal of Medicine & Science in Sports*, 24(6), S. 871–881.

Joyner, M. J./Green, D. J. (2009). Exercise protects the cardiovascular system: effects beyond traditional risk factors. *The Journal of Physiology*, 587(23), S. 5551–5558.

Jung, J./Park, S./Lee, C. G. (2023). How disability severity is associated with changes in physical activity and inactivity from adolescence to young adulthood. *Archives of Public Health*, 81(1), S. 29–44.

Kars, C./Hofman, M./Geertzen, J. H. B./Pepping, G.-J./Dekker, R. (2009). Participation in sports by lower limb amputees in the Province of Drenthe, The Netherlands. *Prosthetics and Orthotics International*, 33(4), S. 356–367.

Ketelhut, K./Mohasseb, I./Gericke, C. A./Scheffler, C./Ketelhut, R. G. (2005). Verbesserung der Motorik und des kardiovaskulären Risikos durch Sport im frühen Kindesalter. *Deutsches Ärzteblatt*, 102(16), S. 1128–1136.

Keyßner, J. (2014). Bewegung als Medium der Identitätsbildung. In: J. Hagedorn (Hrsg.), *Jugend, Schule und Identität: Selbstwerdung und Identitätskonstruktion im Kontext Schule* (S. 533–547). Wiesbaden: VS Verlag für Sozialwissenschaften. https://doi.org/10.1007/978-3-658-03670-6_30

King, G./Lawm, M./King, S./Rosenbaum, P./Kertoy, M. K./Young, N. L. (2003). A conceptual model of the factors affecting the recreation and leisure participation of children with disabilities. *Physical & Occupational Therapy in Pediatrics*, 23(1), S. 63–90.

Kinne, S. (1999). Correlates of exercise maintenance among people with mobility impairments. *Disability and Rehabilitation*, 21(1), S. 15–22.

Kirkeby, M. (2010). Intercultural dialogue through sport: where are we, and where do we need to go? In: W. Gasparini/A. Cometti (Hrsg.), *Sport facing the test of cultural diversity* (S. 51–55). Straßburg: Council of Europe.

Kleiber, D. A./Roberts, G. G. (1981). The effects of sport experience in the development of social character: An exploratory investigation. *Journal of Sport and Exercise Psychology*, 3(2), S. 114–122.

Klein, M.-L. (1998). *Ethnisch-kulturelle Konflikte im Sport: Tagung der dvs-Sektion Sportsoziologie vom 19.–21.3. 1997 in Willebadessen*. Ahrensburg: Czwalina.

Kleindienst-Cachay, C. (2006). „Durch Sport zu mir!" – Leistungssport und Identitätsentwicklung junger muslimischer Frauen in Deutschland. In: D. Blecking/P. Gieß-Stüber

(Hrsg.), *Sport bewegt Europa: Beiträge zu interkulturellen Verständigung* (S. 104–117). Baltmmannsweiler: Schneider Verlag.

Kleindienst-Cachay, C. (2007). *Mädchen und Frauen mit Migrationshintergrund im organisierten Sport. Ergebnisse zur Sportsozialisation – Analyse ausgewählter Maßnahmen zur Integration im Sport.* Baltmmannsweiler. Schneider-Verlag.

Kleindienst-Cachay, C./Cachay, K./Bahlke, S. (2012). *Inklusion und Integration: eine empirische Studie zur Integration von Migrantinnen und Migranten im organisierten Sport.* Schorndorf: Hofmann.

Knittle, K. P./De Gucht, V./Hurkmans, E. J./Vlieland, T. P. M. V./Peeters, A. J./Ronday, H. K./Maes, S. (2011). Effect of self-efficacy and physical activity goal achievement on arthritis pain and quality of life in patients with rheumatoid arthritis. *Arthritis Care & Research*, 63(11), S. 1613–1619. https://doi.org/https://doi.org/10.1002/acr.20587

Koch, J./Rose, L./Schirp, J./Vieth, J. (2003). *Bewegungs- und körperorientierte Ansätze in der Sozialen Arbeit: bsj-Jahrbuch 2002/2003.* Wiesbaden: VS Verlag für Sozialwissenschaften. https://doi.org/10.1007/978-3-322-91387-6_1

Kooperationsverbund Schulsozialarbeit. (2009). Berufsbild und Anforderungsprofil der Schulsozialarbeit BT – Profession Schulsozialarbeit: Beiträge zu Qualifikation und Praxis der sozialpädagogischen Arbeit an Schulen. In: N. Pötter/G. Segel (Hrsg.). *Profession Schulsozialarbeit* (S. 33–45). Wiesbaden: VS Verlag für Sozialwissenschaften https://doi.org/10.1007/978-3-531-91715-3_3

Kosel, H./Froböse, I. (1999). Rehabilitations- und Behindertensport. (2. Aufl.). München: Richard Pflaum Verlag.

Kotthaus, J./Schmidt, H./Templin, D. (2021). Fanarbeit. In: U. Deinet/B. Sturzenhecker/L. von Schwanenflügel/M. Schwerthelm (Hrgs.). *Handbuch offene Kinder- und Jugendarbeit* (S. 625–636) (5. Aufl., Bd. 1). Wiesbaden: Springer.

Krafeld, F. J. (1996). *Die Praxis akzeptierender Jugendarbeit: Konzepte, Erfahrungen, Analysen aus der Arbeit mit rechten Jugendcliquen.* Leverkusen: Leske und Budrich.

Kraus, B. (2012). Was ist und soll eine Wissenschaft der Sozialen Arbeit? Antworten und Fragen. In: S. Gahleitner/B. Kraus/R. Schmitt (Hrsg.). *Über Soziale Arbeit und über Soziale Arbeit hinaus. Ein Blick auf zwei Jahrzehnte Wissenschaftentwicklung, Forschung und Promotionsförderung* (S. 19–29). Detmold: Jacobs.

Kreft, D./Müller, C. W. (2019). *Methodenlehre in der Sozialen Arbeit: Konzepte, Methoden, Verfahren, Techniken.* Stuttgart: utb GmbH.

Kriemler, S./Hebestreit, H./Radtke, T. (2021). Einfluss von Bewegung und Sport auf die Gesundheit und Entwicklung. In: I. Menrath/C. Graf/U. Granacher/S. Kriemler (Hrgs.). *Pädiatrische Sportmedizin: Kompendium für Kinder – und Jugendärzte, Hausärzte und Sportärzte* (S. 35–50). Berlin: Springer.

Krüger, A. (1972). Berlins Schatten über München. *Leistungssport*, 2(4), S. 251–258.

Krüger, M. (2001). Sport und Soziale Arbeit. In: H.-U. Otto/H. Thiersch (Hrsg.), *Handbuch Sozialarbeit – Sozialpädagogik* (S. 1813–1827). München: Reinhardt.

Krüger, M. (2009). 60 Jahre Sport in Deutschland. *German Journal of Exercise and Sport Research*, 3(39), S. 237–250.

Krüger, M. (2021). Sport – Begriff und Geschichte. In: A. Güllich/M. Fritz (Hrsg.), *Grundlagen von Sport und Sportwissenschaft: Handbuch Sport und Sportwissenschaft* (S. 23–38). Berlin: Springer.

Krüger, M. (2022). Sportwissenschaft: Gegenstand, Disziplin, Theorie und Praxis. In: A. Güllich/M. Fritz (Hrsg.), *Grundlagen von Sport und Sportwissenschaft: Handbuch Sport und Sportwissenschaft* (S. 59–75). Berlin: Springer.

Krüger, M./Emrich, E. (2022). Sportmodelle: Sportkonstruktionen zwischen Modell, Theorie und Typologie. In: A. Güllich/M. Fritz (Hrsg.), *Grundlagen von Sport und Sportwissenschaft: Handbuch Sport und Sportwissenschaft* (S. 3–22). Berlin: Springer.

Kuhlmann, A. (2011). *An den Grenzen unserer Lebensform: Texte zur Bioethik und Anthropologie* (Bd. 16). Frankfurt am Main: Campus Verlag.

Lampert, T./Mensink, G./Romahn, N./Woll, A. (2007). Körperlich-sportliche Aktivität von Kindern und Jugendlichen in Deutschland: Ergebnisse des Kinder- und Jugendgesundheitssurveys (KiGGS). *Bundesgesundheitsblatt - Gesundheitsforschung - Gesundheitsschutz, 50(5–6)*, S. 634–642. https://doi.org/10.1007/s00103-007-0224-8

Leiprecht, R. (2004). *Kultur – Was ist das eigentlich?* Oldenburg: IBKM (Arbeitspapiere IBMK, 7).

Lindstrom, M./Moghaddassi, M./Merlo, J. (2003). Social capital and leisure time physical activity: a population based multilevel analysis in Malmö, Sweden. *Journal of Epidemiology and Community Health, 57(1)*, S. 23–28.

Litschke, P. (2017). *Inklusion durch Sport: zur Teilhabe von Menschen mit Behinderungen im Breitensport.* (Position / Deutsches Institut für Menschenrechte, 12). Berlin: Deutsches Institut für Menschenrechte, Monitoring-Stelle UN- Behindertenrechtskonvention.

Lockwood, D. (1964). Social integration and system integration. *Explorations in Social Change, 244*, S. 53–57.

Loebbert, M. (2016). Praxisfelder im Coaching BT – Coaching-Praxisfelder: Forschung und Praxis im Dialog. In: R. Wegener/M. Loebbert/A. Fritze (Hrsg.). *Coaching-Praxisfelder* (S. 203–220). Berlin: Springer https://doi.org/10.1007/978-3-658-10171-8_11

Lorenzmeier, S./Folz, H.-P. (2017). *Recht und Realität: Festschrift für Christoph Vedder.* Baden-Baden: Nomos Verlag.

Lovell, T. (1991). Sport, Rasicm and Young Woman. In: G. Jarvie (Hrsg.), *Sport, Racism and Ethnicity* (S. 44–56). Bristol: Falmer Press.

Löwenstein, H./Steffens, B./Kunsmann, J. (2020a). Sportsozialarbeit: Potentiale und Notwendigkeit. *Standpunkt: Sozial, 31*, S. 9–19.

Löwenstein, H./Steffens, B./Kunsmann, J. (2020b). *Sportsozialarbeit: Strukturen, Konzepte, Praxis.* Stuttgart: Kohlhammer Verlag.

Lukas, H. (1979). *Sozialpädagogik, Sozialarbeitswissenschaft: Entwicklungsstand und Perspektive einer eigenständigen Wissenschaftsdisziplin für das Handlungsfeld Sozialarbeit/Sozialpädagogik.* Berlin: Volker Spiess.

Lüke, K. (2006). Von der Attraktivität „normal" zu sein: zur Identitätsarbeit körperbehinderter Menschen. In: G. Hermes/E. Rohrmann (Hrsg.), *Nichts über uns – ohne uns!: Disability Studies als neuer Ansatz emanzipatorischer und interdisziplinärer Forschung über Behinderung* (S. 128–139). Neu-Ulm: AG Spak Bücher.

Macdonald, D./Abbott, R./Knez, K./Nelson, A. (2009). Taking exercise: Cultural diversity and physically active lifestyles. *Sport, Education and Society, 14(1)*, S. 1–19.

Malina, R. M. (1996). Tracking of physical activity and physical fitness across the lifespan. *Research Quarterly for Exercise and Sport, 67(sup3)*, S. 48–57.

Martin, J. J. (2008). Multidimensional Self-Efficacy and Affect in Wheelchair Basketball Players. *Adapted Physical Activity Quarterly, 25(4)*, S. 275–288. https://doi.org/10.1123/apaq.25.4.275

Martin, J. J./Adams-Mushett, C./Smith, K. L. (1995). Athletic identity and sport orientation of adolescent swimmers with disabilities. *Adapted Physical Activity Quarterly, 12(2)*, S. 113–123.

McConkey, R., Dowling, S., Hassan, D., & Menke, S. (2013). Promoting social inclusion through unified sports for youth with intellectual disabilities: a five-nation study. *Journal of Intellectual Disability Research, 57(10)*, S. 923–935.

McCubbin, J. A./Shasby, G. B. (1985). Effects of isokinetic exercise on adolescents with cerebral palsy. *Adapted Physical Activity Quarterly, 2(1)*, S. 56–64.

McGuire, B. E./Daly, P./Smyth, F. (2007). Lifestyle and health behaviours of adults with an intellectual disability. *Journal of Intellectual Disability Research, 51(7)*, S. 497–510.

McMaster, D. T./Gill, N./Cronin, J./McGuigan, M. (2014). A brief review of strength and ballistic assessment methodologies in sport. *Sports Medicine, 44(5)*, S. 603–623.

Merten, R. (1994). Sozialarbeit zwischen Profession und Disziplin. Kontroversen um eine Sozialarbeitswissenschaft. *Rundbriefe Gilde Soziale Arbeit, 2*, S. 2–16.

Meusel, E.-J. (1976). Entwicklung der Sozialarbeitswissenschaft als Integrationswissenschaft im Ausbildungsbereich für soziale Berufe: Ein Forschungsprojekt. *Archiv für angewandte Sozialpädagogik, 7*(1), S. 102–114.

Michels, H. (2007). Hauptsache Sport: Impulsgeber für die Soziale Arbeit. *Sozial Extra, 31*(9–10), S. 13–16.

Michels, H. (2014). Sport, Körper und Bewegung in der Sozialen Arbeit–das Düsseldorfer Modell. *Sozialmagazin, 39*(1–2), S. 76–83.

Miko, H.-C./Zillmann, N./Ring-Dimitriou, S./Dorner, T. E./Titze, S./Bauer, R. (2020). Auswirkungen von Bewegung auf die Gesundheit. *Das Gesundheitswesen, 82(suppl 3)*, S. 184–195.

Moebius, S. (2015). *Kultur.* Bielefeld: transcript Verlag.

Mörath, V. (2005). *Die Trimm-Aktionen des Deutschen Sportbundes zur Bewegungs- und Sportförderung in der BRD 1970 bis 1994: So ein Wurf wie der Trimmy gelingt nur einmal im Leben.* WZB Discussion Paper.

Motzke, K. (2014). *Soziale Arbeit als Profession: Zur Karriere „sozialer Hilfstätigkeit" aus professionssoziologischer Perspektive.* Opladen: Verlag Barbara Budrich.

Mühlum, A. (1981). *Sozialpädagogik und Sozialarbeit: Eine vergleichende Darstellung zur Bestimmung ihres Verhältnisses in historischer, berufspraktischer und theoretischer Perspektive.* Berlin: Eigenverlag des Deutsches Vereins für öffentliche und private Fürsorge.

Mühlum, A. (2004). Zur Entstehungsgeschichte und Entwicklungsdynamik der Sozialarbeitswissenschaft. In: A. Mühlum (Hrsg.), *Sozialarbeitswissenschaft: Wissenschaft der Sozialen Arbeit* (S. 9–22). Freiburg im Breisgau: Lambertus-Verlag.

Müller, B./Schmidt, S./Schulz, M. (2008). *Wahrnehmen können: Jugendarbeit und informelle Bildung.* Freiburg im Breisgau: Lambertus-Verlag.

Müller, J. (2014). Migration, Sport und Macht. In: J. Bens/ S. Kleinfeld/K. Noack (Hrsg.), *Fußball. Macht. Politik.* (S. 71–100). Bielefeld: transcript Verlag.

Münder, J./Greese, D./Jordan, E./Kreft, D./Lakies, T./Lauer, H./Proksch, R./Schäfer, K. (1991). *Frankfurter Lehr- und Praxiskommentar zum Kinder- und Jugendhilfegesetz.* Münster: Votum Verlag

Mutz, M. (2009). Sportbegeisterte Jungen, sportabstinente Mädchen? Eine quantitative Analyse der Sportvereinszugehörigkeit von Jungen und Mädchen mit ausländischer Herkunft/ Boys who love sports, girls who don't? A quantitative study of sports club participation among immigrant boys and girls. *Sport Und Gesellschaft, 6*(2), S. 95–121.

Mutz, M. (2012). *Sport als Sprungbrett in die Gesellschaft?: Sportengagements von Jugendlichen mit Migrationshintergrund und ihre Wirkung.* Weinheim: Beltz Juventa.

Mutz, M./Burrmann, U. (2011). Sportliches Engagement jugendlicher Migranten in Schule und Verein: Eine Re-Analyse der PISA- und der SPRINT-Studie. In: S. Braun/T. Nobis (Hrsg.), *Migration, Integration und Sport* (S. 99–124). Wiesbaden: Springer.

Nagel, S. (2008). Goals of sports clubs. *European Journal for Sport and Society, 5*(2), S. 121–141. https://doi.org/10.1080/16138171.2008.11687815

Namuth, D./Lischke, E./Geene, R. (2013). Soziale Arbeit und Sozialarbeitswissenschaften – Konzeptionelles Grundgerüst für Ressourcenorientierung? In: R. Geene/C. Höppner/F. Lehmann (Hrgs.). *Kinder stark machen: Ressourcen, Resilienz, Respekt. Ein multidisziplinäres Arbeitsbuch zur Kindergesundheit* (1. Aufl., S. 203–223) Bad Gandersheim: Verlag Gesunde Ernährung.

Naul, R. (2011). *Bewegung, Spiel und Sport in der Ganztagsschule: Bilanz und Perspektiven* (Bd. 14). Achen: Meyer & Meyer Verlag.

Needham-Shropshire, B./Broton, J./Cameron, T./Klose, J. (1997). Improved motor function in tetraplegics following neuromuscular stimulation-assisted arm ergometry. *The Journal of Spinal Cord Medicine, 20*(1), S. 49–55.

Neville, R. D./Guo, Y./Boreham, C. A./Lakes, K. D. (2021). Longitudinal association between participation in organized sport and psychosocial development in early childhood. *The Journal of Pediatrics, 230*, S. 152–160.

Oberloskamp, E. (2012). Das Olympia-Attentat 1972: Politische Lernprozesse im Umgang mit dem transnationalen Terrorismus. *Vierteljahrshefte für Zeitgeschichte, 60*(3), S. 321-352.

O'Connell, D. G./Barnhart, R. (1995). Improvement in wheelchair propulsion in pediatric wheelchair users through resistance training: a pilot study. *Archives of Physical Medicine and Rehabilitation, 76*(4), S. 368–372.

O'Connell, D. G./Barnhart, R./Parks, L. (1992). Muscular endurance and wheelchair propulsion in children with cerebral palsy or myelomeningocele. *Archives of Physical Medicine and Rehabilitation, 73*(8), S. 709–711.

Office of Disease Prevention and Health Promotion. (2000). US Department of Health and Human Services: Healthy People 2010. Abgerufen von: https://www.cdc.gov/nchs/data/hpdata2010/hp2010_final_review.pdf (letzter Abruf: 29.10.23)

Oldörp, F./Mihajlovic, C./Giese, M. (2023). Special Olympics als Wegbereiter einer inklusiven Gesellschaft? Eine ableismkritische Analyse. *Sport und Gesellschaft, 20*(1), S. 31–56.

Oltmer, J. (2021). Klimawandel, Umweltzerstörung und Migration. In: D. Winkler (Hrsg.), *Klimawandel, Klimakrise, Klimakollaps* (S. 66–82). Stuttgart: Kohlhammer Verlag.

Oltmer, J./Oltmanns, K./Niedenführ, H./Rokitta, V. (2015). *Zusammenhänge zwischen Migration und Entwicklung. Ein Diskussionsbeitrag von Prof. Dr. Jochen Oltmer, Institut für Migrationsforschung und Interkulturelle Studien, Universität Osnabrück.* Abgerufen von: https://osnadocs.ub.uni-osnabrueck.de/bitstream/urn:nbn:de:gbv:700-2015073113391/2/2015-07_Migrationsstudie-deu.pdf (letzter Abruf: 24.10.23)

Opstoel, K./Chapelle, L./Prins, F. J./De Meester, A./Haerens, L./van Tartwijk, J./De Martelaer, K. (2020). Personal and social development in physical education and sports: A review study. *European Physical Education Review, 26*(4), S. 797–813.

Orelove, F. P./Wehman, P./Wood, J. (1982). An Evaluative Review of Special Olympics: Implications for Community Integration. *Education and Training of the Mentally Retarded, 17*(4), S. 325–329. Abgerufen von: http://www.jstor.org/stable/23877302

Pantucek, P. (2009). Handlungsfelder der Sozialarbeit. Abgerufen von: Österreichischer Berufsverband diplomierter SozialarbeiterInnen: http://www.pantucek.com/seminare/200609polizei/handlungsfelder.pdf (letzter Abruf: 14.03.23)

Parsons, T./Shils, E. A. (1951). *Toward a general theory of action.* Cambridge: Harvard University Press.

Pate, R. R./Baranowski, T. O. M./Dowda, M./Trost, S. G. (1996). Tracking of physical activity in young children. *Medicine and Science in Sports and Exercise, 28*(1), S. 92–96.

Perl, J./Lames, M./Glitsch, U. (2002). *Modellbildung in der Sportwissenschaft.* Schorndorf: Hofmann.

Petitpas, A. J./Champagne, D. E. (2000). Sports and social competence. In: S. J. Danish/T. P. Gullotta (Hrsg.). *Developing competent youth and strong communities through after-school programming* (S. 115–137). Child Welfare League of America.

Pezzementi, M. L./Fisher, M. A. (2005). Oral health status of people with intellectual disabilities in the southeastern United States. *The Journal of the American Dental Association, 136*(7), S. 903–912.

Pfaffenberger, H. (1969). Bildungspolitische Aspekte der sozialpädagogisch/sozialen Berufsbildung. In: K. Aurin (Hrsg.), *Bildungspolitische Probleme in psychologischer Sicht* (S. 124–154). Frankfurt: Europäische Verlagsanstalt.

Pfister, G. (2000). Doing sport in a headscarf? German sport and Turkish females. *Journal of Sport History, 27*(3), S. 497–524.

Pilz, G. A. (2002). Wie viel Sozialarbeit kann der organisierte Sport leisten? Von der Notwendigkeit einer Qualitätsoffensive in der Sportarbeit mit Kindern und Jugendlichen. *Dokumentation, 1*, S. 3–22.

Pilz, G. A./Böhmer, H. (2002). *Wahrnehmen – Bewegen – Verändern. Beiträge zur Theorie und Praxis Sport-, Körper- und Bewegungsbezogener Sozialer Arbeit.* Hannover: Blumhardt

Pittet, I./Berchtold, A./Akré, C./Michaud, P.-A./Suris, J.-C. (2009). Sports practice among adolescents with chronic health conditions. *Archives of Pediatrics & Adolescent Medicine, 163*(6), S. 565–571.

Platt, L. S. (2001). Medical and orthopaedic conditions in Special Olympics athletes. *Journal of Athletic Training, 36*(1), S. 74–80.

Plow, M. A./Finlayson, M./Cho, C. (2011). Correlates of stages of change for physical activity in adults with multiple sclerosis. *Research in Nursing & Health, 34*(5), S. 378–388. https://doi.org/https://doi.org/10.1002/nur.20447

Pochstein, F./Mohr, J.-O./Wegner, M. (2014). Die Initiative „FussballFREUNDE": Zur Inklusion von Kindern und Jugendlichen mit einer geistigen Behinderung. In: Fachausschuss, Special Olympics Deutschland e.V. (Hrsg.). *Inklusion in Bewegung: Menschen mit und ohne Behinderung gemeinsam im Sport* (S. 159–177), Stuttgart: Sport-Thieme.

Polloway, E. A./Smith, J. D. (1978). Special Olympics: A second look. *Education and Training of the Mentally Retarded, 13*(4), S. 432–433.

Priemer, J./Schwind-Gick, G. (2020). *Sportvereine. Bildungsakteure der Zivilgesellschaft.* Abgerufen von: https://cdn.dosb.de/user_upload/Sportentwicklung/Bildung_und_Olympische_Erziehung/ZiviZ_Policy_Paper_Sport.pdf (letzter Abruf: 15.05.23)

Pries, L. (2003). Transnationalismus, Migration und Inkorporation: Herausforderungen an Raum und Sozialwissenschaften. *Geographische Revue: Zeitschrift für Literatur und Diskussion, 5*(2), S. 23-39.

Pries, L. (2015). Teilhabe in der Migrationsgesellschaft: Zwischen Assimilation und Abschaffung des Integrationsbegriffs. *IMIS-Beiträge, 47*, S. 7–35.

Radtke, S. (2011). Inklusion von Menschen mit Behinderung im Sport. *Aus Politik und Zeitgeschichte, 16*(19), S. 33–38.

Raphael, D./Brown, I./Renwick, R./Rootman, I. (1996). Assessing the quality of life of persons with developmental disabilities: Description of a new model, measuring instruments, and initial findings. *International Journal of Disability, Development and Education, 43*(1), S. 25–42.

Rauschenbach, T. (1991). Sozialpädagogik–Eine akademische Disziplin ohne Vorbild? *Neue Praxis, 21*(1), S. 1–11.

Rauschenbach, T. (1994). *Der Sozialpädagoge* (Bd. 531). Hamburg: Rowohlt-Taschenbuch Verlag.

Rauschenbach, T./Züchner, I. (2012). Theorie der Sozialen Arbeit. In: W. Thole (Hrsg.), *Grundriss Soziale Arbeit: Ein Einführendes Handbuch* (S. 151–173). Wiesbaden: VS Verlag für Sozialwissenschaften.

Remark, C./Anneken, V./Tillmann, V./Abel, T. (2019). *Gehst du auch zu MoBa?* Köln: Sportverlag Strauß.

Rethorst, S. (2002). Soziometrische Methoden. In: R. Singer/K.Willimczik (Hrsg.). *Sozialwissenschaftliche Forschungsmethoden in der Sportwissenschaft. Eine Einführung* (S. 201–222). Hamburg: Czwalina.

Reynolds, J. (2017). Jane Addams' Forgotten Legacy: Recreation and Sport. *Journal of Issues in Intercollegiate Athletics, Sonderausgabe*, S. 11–18.

Richter, N. (2012). *Integration durch Sport: ein Programm stellt sich vor.* Abgerufen von: https://cdn.dosb.de/user_upload/www.integration-durch-sport.de/Service/Info-Material/Imagebroschuere_IdS.pdf (letzter Abruf: 06.11.23)

Rimmer, J. H. (1999). Health promotion for people with disabilities: the emerging paradigm shift from disability prevention to prevention of secondary conditions. *Physical Therapy, 79*(5), S. 495–502.

Rimmer, J. H./Braddock, D. (2002). Health promotion for people with physical, cognitive, and sensory disabilities: An emerging national priority. *American Journal of Health Promotion, 16*(4), S. 220–224.

Rimmer, J. H./Wang, E./Smith, D. (2008). Barriers associated with exercise and community access for individuals with stroke. *Journal of Rehabilitation Research & Development*, 45(2), S. 315–322.

Rittner, V./Breuer, C./Igel, C. (2000). *Soziale Bedeutung und Gemeinwohlorientierung des Sports*. Köln: Sport und Buch Strauß

Rohrmann, A./Schädler, J./Kempf, M./Konieczny, E./Windisch, M. (2014). Inklusive gemeinwesen planen. *Eine Arbeitshilfe, Herausgegeben vom Ministerium für Arbeit, Integration und Soziales des Landes Nordrhein-Westfalen, Düsseldorf: MAIS.*

Rose, L. (2002). Gender. Zur Bedeutung der Kategorie Geschlecht in der Jugendarbeit. In: T. Rauschenbach, W. Düx/I. Züchner (Hrsg.), *Jugendarbeit im Aufbruch. Selbstvergewisserung, Impulse, Perspektiven* (S. 83–108) Münster: Votum.

Röh, D. (2011). Soziale Arbeit in der Behindertenhilfe. In: R. Bieker/P. Floerecke (Hrgs.), *Träger, Arbeitsfelder und Zielgruppen der Sozialen Arbeit* (S. 317–332). Stuttgart: Kohlhammer.

Röh, D. (2018). *Soziale Arbeit in der Behindertenhilfe* (2., völlig überarb. Aufl.). München: Ernst Reinhardt.

Rössner, L. (1973). *Theorie der Sozialarbeit: ein Entwurf*. München: Ernst Reinhardt.

Rudolph, U./Körner, A./David, A./Uhlig, S. (2017). *Der Fußball und die Fans: Fanarbeit in einem komplexen Netzwerk: Welchen Beitrag kann die Wissenschaft für praktische Fan-Arbeit leisten?* Wiesbaden: VS Verlag für Sozialwissenschaften

Saebu, M./Sørensen, M. (2011). Factors associated with physical activity among young adults with a disability. *Scandinavian Journal of Medicine & Science in Sports*, 21(5), S. 730–738. https://doi.org/https://doi.org/10.1111/j.1600-0838.2010.01097.x

Scelza, W. M./Kalpakjian, C. Z./Zemper, E. D./Tate, D. G. (2005). Perceived barriers to exercise in people with spinal cord injury. *American Journal of Physical Medicine & Rehabilitation*, 84(8), S. 576–583.

Scherr, A. (1997). *Subjektorientierte Jugendarbeit. Eine Einführung in die Grundlagen emanzipatorischer Jugendpädagogik*. Weinheim: Beltz Juventa

Schickendantz, S./Sticker, E. J./Dordel, S./Bjarnason-Wehrens, B. (2007). Bewegung, Spiel und Sport mit herzkranken Kindern. *Deutsches Ärzteblatt*, 104(9), S. 563–569.

Schiefer, M./Stichling, T. (2017). Misstrauen gegenüber der Polizei im Fußball. In: A. Schneider/J. Köhler,/F. Schumann (Hrgs.). *Fanverhalten im Sport* (S. 77-91). Wiesbaden: Springer.

Schlesinger, T./Klostermann, C./Hayoz, C./Nagel, S. (2018). Potenziale und Grenzen der Teilhabe und Integration von Menschen mit Migrationshintergrund im organisierten Sport. In: A. Schneider, J. Köhler & F. Schumann (Hrsg.), *Fairplay im Sport* (S. 49–68). Wiesbaden: VS Verlag für Sozialwissenschaften.

Schliermann, R./Anneken, V./Abel, T./Scheuer, T./Fröböse, I. (2013). *Sport von Menschen mit Behinderungen: Grundlagen, Zielgruppen. Anwendungsfelder*. München: Urban & Fischer, Elsevier.

Schliermann, R./Stoll, O. (2008). Wirken Sportangebote der Jugendsozialarbeit auf ausgewählte Persönlichkeitsbereiche. *Neue Praxis*, 2, S. 188–200.

Schumacher, T./Babo, M. (2011). *Die soziale Arbeit und ihre Bezugswissenschaften*. Stuttgart: Lucius & Lucius.

Schurz, G. (2011). *Einführung in die Wissenschaftstheorie*. (3. Aufl.) Darmstadt: Wissenschaftliche Buchgesellschaft.

Schütze, F. (1992). *Sozialarbeit als „bescheidene" Profession*. Berlin: Springer.

Schwarzenböck, R. (2016). *Integration, Identität und Sport im Migrationskontext. Wirkungsmöglichkeiten pädagogischer Sportangebote am Beispiel der Straßenfußball-Liga „buntkicktgut."* . Opladen: Budrich UniPress.

Seibel, B. (1997). Sport und Soziale Arbeit – die Entwicklung sportbezogener Sozialer Arbeit. In: J. Walter (Hrsg.), *Sozialarbeit/Sozialpädagogik als Studium und Wissenschaft. Entwicklungen-Perspektiven-Profile* (S. 126–130). Freiburg: efh.

Seibel, B. (2013). 25 Jahre Sport und Soziale Arbeit: Retrospektive, gemeinsame Entwicklungslinien und Handlungsperspektiven–eine Einführung. In: M. Welsche/B. Seibel/W. Nickolai (Hrsg.), *Sport und Soziale Arbeit in der Zivilgesellschaft. Tagungsband zur gleichnamigen Tagung am 27. und 28. September 2012 in Bad Boll.* (S. 19–41). Feldhaus: Czwalina.

Seiberth, K./Thiel, A. (2015). Fremd im Sport? Barrieren der Integration von Menschen mit Migrationshintergrund in Sportorganisationen. In: R. Johler/A. Thiel/J. Schmid/R. Treptow (Hrsg.), *Europa und seine Fremden* (S. 197–212). Bielefeld: transcript Verlag.

Seiberth, K./Weigelt-Schlesinger, Y./Schlesinger, T. (2013). Wie integrationsfähig sind Sportvereine? – Eine Analyse organisationaler Integrationsbarrieren am Beispiel von Mädchen und Frauen mit Migrationshintergrund/What is the Integrative Capacity of Sports Clubs? – An Analysis of Organizational Barriers to Integration. *Sport und Gesellschaft*, 10(2), S. 174–198.

Seithe, M. (2010). *Schwarzbuch Soziale Arbeit* (Bd. 1). Berlin: Springer.

Shifflett, B./Cator, C./Megginson, N. (1994). Active lifestyle adherence among individuals with and without disabilities. *Adapted Physical Activity Quarterly*, 11(4), S. 359–367.

Siegert, M. (2020). *Die Religionszugehörigkeit, religiöse Praxis und soziale Einbindung von Geflüchteten.* (BAMF-Kurzanalyse, 2-2020). Nürnberg: Bundesamt für Migration und Flüchtlinge (BAMF) Forschungszentrum Migration, Integration und Asyl (FZ).

Singh, A./Uijtdewilligen, L./Twisk, J. W. R./van Mechelen, W./Chinapaw, M. J. M. (2012). Physical Activity and Performance at School: A Systematic Review of the Literature Including a Methodological Quality Assessment. *Archives of Pediatrics & Adolescent Medicine*, 166(1), S. 49–55. https://doi.org/10.1001/archpediatrics.2011.716

Singh, G. K./Stella, M. Y./Siahpush, M./Kogan, M. D. (2008). High levels of physical inactivity and sedentary behaviors among US immigrant children and adolescents. *Archives of Pediatrics & Adolescent Medicine*, 162(8), S. 756–763.

Sinnapah, S./Antoine-Jonville, S./Hue, O. (2009). Is the leisure-time physical activity of Asian Indian Guadeloupean adolescents different from that of their island counterparts? *Ethnicity & Health*, 14(3), S. 303–314.

Skowroński, W./Horvat, M./Nocera, J./Roswal, G./Croce, R. (2009). Eurofit special: European fitness battery score variation among individuals with intellectual disabilities. *Adapted Physical Activity Quarterly*, 26(1), S. 54–67.

Smith, B./Rigby, B./Netherway, J./Wang, W./Dodd-Reynolds, C./Oliver, E./Bone, L./Foster, C. (2022). *Physical activity for general health benefits in disabled children and disabled young people*: summary of a rapid evidence review for the UK Chief Medical Officers' update of the physical activity guidelines. Department of Health and Social Care: London.

Smith, J. M.,/Ingham, A. G. (2003). On the waterfront: Retrospectives on the relationship between sport and communities. *Sociology of Sport Journal*, 20(3), S. 252–274.

Spaaij, R./Broerse, J./Oxford, S./Luguetti, C./McLachlan, F./McDonald, B./Klepac, B./Lymbery, L./Bishara, J./Pankowiak, A. (2019). Sport, Refugees, and Forced Migration: A Critical Review of the Literature. *Frontiers in sports and active living*, 1, S. 1–47. https://doi.org/10.3389/fspor.2019.00047

Stahl, S. (2011). Identität, Kohäsion, Kultur – eine mehrdimensionale Perspektive auf ethnische Sportvereine. In: S. Braun & T. Nobis (Hrsg.), *Migration, Integration und Sport: Zivilgesellschaft vor Ort* (S. 63–81). Wiesbaden: VS Verlag für Sozialwissenschaften. https://doi.org/10.1007/978-3-531-92831-9_4

Statista. (2023). Gesamtzahl der Mitglieder in Sportvereinen in Deutschland von 1999 bis 2022. Abgerufen von: https://de.statista.com/statistik/daten/studie/215297/umfrage/bevoelkerungsanteil-mit-einer-mitgliedschaft-im-sportverein-nach-alter/ (letzter Abruf: 04.11.23)

Statistisches Bundesamt. (2021). 9% mehr Fälle: Jugendämter melden 2020 Höchststand an Kindeswohlgefährdungen. Abgerufen von: Statistisches Bundesamt (Destatis) https://ww

w.destatis.de/DE/Presse/Pressemitteilungen/2021/07/PD21_350_225.html (letzter Abruf: 03.12.23)

Statistisches Bundesamt. (2023). Kinderschutz: Kindeswohlgefährdungen bleiben auch 2021 auf hohem Niveau. Abgerufen von: Statistisches Bundesamt (Destatis) https://www.de statis.de/DE/Presse/Pressemitteilungen/2022/08/PD22_340_225.html (letzter Abruf: 03.12.23)

Staub-Bernasconi, S. (2007). *Soziale Arbeit als Handlungswissenschaft: systemische Grundlagen und professionelle Praxis-ein Lehrbuch.* Bern: Haupt Verlag.

Staub-Bernasconi. S. (2018). *Soziale Arbeit als Handlungswissenschaft. Soziale Arbeit auf dem Weg zu kritischer Professionalität* (2. Aufl.). Stuttgart: UTB.

Stichweh, R. (1984). *Zur Entstehung des modernen Systems wissenschaftlicher Disziplinen. Physik in Deutschland 1740–1890.* Frankfurt am Main: Suhrkamp.

Stichweh, R. (1992). Professionalisierung, Ausdifferenzierung von Funktionssystemen, Inklusion. In: B. Dewe/W. Ferchhoff/F.-O. Radtke (Hrsg.), *Erziehen als Profession* (S. 36–48). Wiesbaden: Springer. https://doi.org/10.1007/978-3-663-09988-8_3

Stimmer, F. (2020). *Grundlagen des methodischen Handelns in der Sozialen Arbeit.* Stuttgart: Kohlhammer Verlag.

StMI. (2023). SMK: „Herzogenauracher Manifest zu Bewegung, Spiel und Sport im Ganztag." Abgerufen von: Pressemitteilung des Bayerischen Staatsministeriums des Innern, für Sport und Integration https://www.stmi.bayern.de/med/pressemitteilungen/pressearch iv/2023/318a/index.php (letzter Abruf: 03.11.23)

Stock, C./Schermaier-Stöckl, B./Klomann, V./Vitr, A. (2020). *Soziale Arbeit und Recht* (2. Aufl.). Baden-Baden: Nomos.

Storey, K. (2008). The more things change, the more they are the same: Continuing concerns with the Special Olympics. *Research and Practice for Persons with Severe Disabilities, 33*(3), S. 134–142.

Streppelhoff, R. (2022, July). München 1972: Olympische Spiele in Deutschland. Eine Bibliografie mit einführenden Beiträgen. *Bundesinstitut Für Sportwissenschaften.* Abgerufen von: https://www.bisp.de/SharedDocs/Downloads/Publikationen/Muenchen1972.p df?__blob=publicationFile&v=2 (letzter Abruf: 17.10.23)

Stroud, N./Minahan, C./Sabapathy, S. (2009). The perceived benefits and barriers to exercise participation in persons with multiple sclerosis. *Disability and Rehabilitation, 31*(26), S. 2216–2222.

Sturzenhecker, B. (2004). Strukturbedingungen von Jugendarbeit und ihre Funktionalität für Bildung. *Neue Praxis, 34(5), S. 444–445.*

Sturzenhecker, B./Richter, E. (2012). Die Kinder- und Jugendarbeit. In: W. Thole (Hrsg.), *Grundriss Soziale Arbeit: Ein einführendes Handbuch* (S. 469–475). Wiesbaden: VS Verlag für Sozialwissenschaften. https://doi.org/10.1007/978-3-531-94311-4_27

Suh, Y./Weikert, M./Dlugonski, D./Balantrapu, S./Motl, R. W. (2011). Social cognitive variables as correlates of physical activity in persons with multiple sclerosis: Findings from a longitudinal, observational study. *Behavioral Medicine, 37*(3), S. 87–94. https://doi.org /10.1080/08964289.2011.603768

Sutherland, G./Couch, M. A./Iacono, T. (2002). Health issues for adults with developmental disability. *Research in Developmental Disabilities, 23*(6), S. 422–445.

Tasiemski, T./Kennedy, P./Gardner, B. P./Blaikley, R. A. (2004). Athletic identity and sports participation in people with spinal cord injury. *Adapted Physical Activity Quarterly, 21*(4), S. 364–378.

Telama, R./Yang, X./Leskinen, E./Kankaanpää, A./Hirvensalo, M./Tammelin, T./Viikari, J.S.A/Raitakari, O. T. (2014). Tracking of physical activity from early childhood through youth into adulthood. *Medicine & Science in Sports & Exercise, 46*(5), S. 955–962.

Temple, V. A./Frey, G. C./Stanish, H. I. (2006). Physical activity of adults with mental retardation: review and research needs. *American Journal of Health Promotion, 21*(1), S. 2–12.

Thiel, A./Mayer, J. (2009). Characteristics of voluntary sports clubs management: A sociological perspective. *European Sport Management Quarterly, 9(1)*, S. 81–98.

Thiel, A./Seiberth, K. (2009). Der „soziale Körper" als Träger kultureller Differenz. In: A. Horn (Hrsg.), *Körperkultur* (2. Aufl., S. 13–25). Schorndorf: Hofmann.

Thieme, L. (2013). Ganztag und Sportvereine-empirische Befunde aus Rheinland-Pfalz. *Sportunterricht, 62(5)*, S. 142–146.

Thiersch, H. (2005): Theorie der Sozialarbeit/ Sozialpädagogik. In: D. Kreft/I. Mielenz (Hrsg.), *Wörterbuch Sozialer Arbeit* (5. Aufl., S965ff.). Weinheim: Belz Juventa

Thole, W. (1994). Sozialpädagogik an zwei Orten. Professionelle und disziplinäre Ambivalenzen eines noch unentschiedenen Projektes. In: H.-H. Krüger/T. Rauschenbach (Hrgs.), *Erziehungswissenschaft* (S. 253–274). Weinheim: Beltz Juventa

Thole, W. (2012). Die Soziale Arbeit – Praxis, Theorie, Forschung und Ausbildung: Versuch einer Standortbestimmung. In: W. Thole (Hrsg.), *Grundriss Soziale Arbeit: Ein einführendes Handbuch* (S. 19–70). Wiesbaden: VS Verlag für Sozialwissenschaften.

Thole, W./Küster, E.-U. (2013). *Sozialpädagogische Profis: beruflicher Habitus, Wissen und Können von PädagogInnen in der außerschulischen Kinder- und Jugendarbeit* (Bd. 11). Wiesbaden: Springer.

Tillmann, V. (2022). Disability Studies in der Sportwissenschaft. In: A. Waldschmidt (Hrsg.), *Handbuch Disability Studies* (S. 321–335). Wiesbaden: Springer.

Tillmann, V./Anneken, V. (2019). Teilhabe an den gesundheitsförderlichen Potenzialen von Sport und Bewegung. In: K. Walther/K. Römisch (Hrgs.). *Gesundheit Inklusive: Gesundheitsförderung in der Behindertenarbeit* (S. 229–245). Wiesbaden: Springer

Tillmann, V/Heitzer, J./Sauerland, K.,/Anneken, V. (2018). *DASpo – Durch Assistenz zu mehr Sport*. Köln: Sportverlag Strauß.

Tint, A./Thomson, K./Weiss, J. A. (2017). A systematic literature review of the physical and psychosocial correlates of Special Olympics participation among individuals with intellectual disability. *Journal of Intellectual Disability Research, 61(4)*, S. 301–324.

Tobimatsu, Y./Nakamura, R./Kusano, S./Iwasaki, Y. (1998). Cardiorespiratory endurance in people with cerebral palsy measured using an arm ergometer. *Archives of Physical Medicine and Rehabilitation, 79(8)*, S. 991–993.

Toprak, A./Weitzel, G. (2016). *Deutschland das Einwanderungsland: Wie die Integration junger Geflüchteter gelingen kann*. Wiesbaden: Springer.

Unesco. (1994). *The Salamanca Statement and Framework for action on special needs education: adopted by the World Conference on Special Needs Education; Access and Quality. Salamanca, Spain, 7–10 June 1994*. Unesco.

Unisversität Heidelberg. (2023). Spina bifida – Offener Rücken. Abgerufen von: Krankeheitsbilder https://www.umm.de/fetale-therapie/krankheitsbilder/spina-bifida-offener-ruecken/ (letzter Abruf: 18.09.23)

Utesch, T./Bardid, F./Büsch, D./Strauss, B. (2019). The relationship between motor competence and physical fitness from early childhood to early adulthood: a meta-analysis. *Sports Medicine, 49(4)*, S. 541–551.

Van Meurs, E./Vergeld, V./Strauss, B./Gehrau, V. (2022). *Die Beobachtung als Methode in der Sportwissenschaft*. Stuttgart: UTB.

Vincent, T. (1994). *The rise and fall of American sport: Mudville's revenge*. Nebraska: University of Nebraska Press.

Vogel, C./Simonson, J./Tesch-Roemer, C. (2017). Freiwilliges Engagement und informelle Unterstützungsleistungen von Personen mit Migrationshintergrund. In: J. Simonson/C. Vogel/C. Tesch-Römer (Hrsg.), *Freiwilliges Engagement in Deutschland* (S. 601–634). Wiesbaden: VS Verlag für Sozialwissenschaften https://doi.org/10.1007/978-3-658-12644 -5_24

Volf, I. (2020). *Qualifiziert für die Praxis: Inklusionsmanager*innen für den gemeinnützigen Sport · Evaluationsbericht*. Abgerufen von: https://cdn.dosb.de/user_upload/Inklus

ion-sport.de/PDFs/A_Evaluationsbrosch_Sport-Inklmanagerin_barr.pdf (letzter Abruf: 11.08.23)

Volk, T. (2015). Welcher Islam gehört zu Deutschland. *Die Politische Meinung, 531*, S. 14–20.

Boetticher, A./Kuhn-Zuber, G. (2021). *Rehabilitationsrecht: ein Studienbuch für soziale Berufe*. Baden-Baden: Nomos Verlagsgesellschaft.

Von Spiegel, H. (2013). *Methodisches Handeln in der Sozialen Arbeit*. Stuttgart: UTB.

Wabnitz, R. J. (2018). *Grundkurs Recht für die soziale Arbeit*. Stuttgart: UTB.

Waldschmidt, A. (2005). Disability Studies: Individuelles, soziales und/oder kulturelles Modell von Behinderung? *Psychologie und Gesellschaftskritik, 29(1)*, S. 9–31.

Walker, W.-D./Brox, H. (2023). *Allgemeiner Teil des BGB* (47. Auflage). München: Vahlen.

Walseth, K./Fasting, K. (2004). Sport as a means of integrating minority women. *Sport in Society, 7(1)*, S. 109–129.

Walter, U. M. (2017). *Grundkurs methodisches Handeln in der Sozialen Arbeit* (Bd. 4846). Stuttgart: UTB.

Wannagat, G. (1959). *Sozialgesetzbuch. Kommentar zum recht des Sozialgesetzbuchs*. Köln: Carl Heymanns Verlag.

Weber, S. (2015). Soziale Arbeit in der Behindertenhilfe - Professionalität zwischen institutioneller Verantwortungsübernahme und Begleitung zur Selbstbestimmung. In: C. Daiminger/P. Hammerschmidt/J. Sagebiel (Hrgs.), *Gesundheit und Soziale Arbeit* (1. Aufl., S. 129–144). Neu-Ulm: AG Spak Bücher.

Weingartner, P./Dorn, G. (1980). Einteilung der Wissenschaften. In: J. Speck (Hrsg.), *Handbuch Wissenschaftstheoretischer Begriffe* (Bd. 3., S. 757–761). *Göttingen: Vandenhoeck & Ruprecht*.

Weis, K. (1995). Sport und Religion. In: J. Winkler/K. Weis (Hrsg.), *Soziologie des Sports* (S. 127–150). Wiesbaden: Springer.

Weiss, M. R./Bredemeier, B. J. L. (1990). Moral development in sport. *Exercise and Sport Sciences Reviews, 18(1)*, S. 331–378.

Weiss, M. R./Ebbeck, V./McAuley, E./Wiese, D. M. (1990). Self-esteem and causal attributions for children's physical and social competence in sport. *Journal of Sport and Exercise Psychology, 12(1)*, S. 21–36.

Welke, A. (2012). *UN-Behindertenrechtskonvention: Kommentar mit rechtlichen Erläuterungen (K 2)* (Aufl. 2). Freiburg im Breisgau: Lambertus-Verlag.

Wellard, I. (2012). Body-reflexive pleasures: exploring bodily experiences within the context of sport and physical activity. *Sport, Education and Society, 17(1)*, S. 21–33.

Welsche, M./Seibel, B/Nickolai, W (2013). *Sport und Soziale Arbeit in der Zivilgesellschaft: Tagungsband zur gleichnamigen Tagung am 27. und 28. September 2012 in Bad Boll*. Hamburg: Feldhaus.

Welti, F. (2005). *Behinderung und Rehabilitation im sozialen Rechtsstaat: Freiheit, Gleichheit und Teilhabe behinderter Menschen* (139 Aufl.). Tübingen: Mohr Siebeck.

Wenzel, T./Morfeld, M. (2016). Das biopsychosoziale Modell und die internationale Klassifikation der Funktionsfähigkeit, Behinderung und Gesundheit. *Bundesgesundheitsblatt, 59(9)*, S. 1125–1132.

Wetterhall, S. F./Coulombier, D. M./Herndon, J. M./Zaza, S./Cantwell, J. D. (1998). Medical care delivery at the 1996 Olympic Games. *Jama, 279(18)*, S. 1463–1468.

Wicker, P./Breuer, C. (2014). Exploring the organizational capacity and organizational problems of disability sport clubs in Germany using matched pairs analysis. *Sport Management Review, 17(1)*, S. 23–34.

Wildfeuer, A. (2009). Beratung als praktisch-sittliche Konkomitanz. Notwendigkeit, Handlungstheorie, Prinzipien und Tugenden einer Beratungsethik. *Beratung Aktuell. Zeitschrift für Theorie und Praxis der Beratung. Sonderausgabe/2009*, S. 28–60.

Wilhite, B./Mushett, C. A./Goldenberg, L./Trader, B. R. (1997). Promoting inclusive sport and leisure participation: Evaluation of the Paralympic Day in the schools model. *Adapted Physical Activity Quarterly, 14*(2), S. 131–146.

Wilhite, B./Shank, J. (2009). In praise of sport: Promoting sport participation as a mechanism of health among persons with a disability. *Disability and Health Journal*, 2(3), S. 116–127.

Willimczik, K./Voelcker-Rehage, C./Wiertz, O. (2006). Sportmotorische Entwicklung über die Lebensspanne. *Zeitschrift Für Sportpsychologie, 13*(1), S. 907–923.

Wissenschaftlicher Beirat des DSB. (1980). Zur Definition des Sports. *German Journal of Exercise and Sport Research, 10*(4), S. 437–439. https://doi.org/10.1007/BF03177027

Witoszynskyj, C./Moser, W. (2010). *Integration und soziale Inklusion im organisierten Sport*. Abgerufen von: http://www.red-network.eu/resources/toolip/doc/2011/12/22/201 0---institutsstudie---witoszynskyj-moser---integration-und-soziale-inklusion-durch-den-o rganisierten-sport---endbericht.pdf (letzter Abruf: 13.07.23)

Witte, K. (2019). *Angewandte Statistik in der Bewegungswissenschaft* (Bd. 3). Berlin: Springer.

Wolfensberger, W. P./Nirje, B./Olshansky, S./Perske, R./Roos, P. (1972). *The principle of normalization in human services*. Books: Wolfensberger Collection. 1.

Wu, S. K./Williams, T. (2001). Factors influencing sport participation among athletes with spinal cord injury. *Medicine and Science in Sports and Exercise, 33*(2), S. 177–182.

Wulff, C. (2010). Rede zum 20. Jahrestag der Deutschen Einheit. Abgerufen von: Der Bundespräsident https://www.bundespraesident.de/SharedDocs/Reden/DE/Christian-Wul ff/Reden/2010/10/20101003_Rede.html (letzter Abruf: 08.10.23)

Wüllenweber, E. (2004). *Soziale Probleme von Menschen mit geistiger Behinderung: Fremdbestimmung, Benachteiligung, Ausgrenzung und soziale Abwertung*. Stuttgart: Kohlhammer.

Würz, M. (2014). Geteiltes Deutschland. Abgerufen von: Lebendiges Museum Online (Lemo) https://www.hdg.de/lemo/kapitel/geteiltes-deutschland (letzter Abruf: 22.11.23)

Yamaki, K. (2005). Body weight status among adults with intellectual disability in the community. *Mental Retardation, 43*(1), S. 1–10.

Young, I. M. (2002). Fünf Formen der Unterdrückung. In: C. Horn/N. Scarano (Hrsg.), *Philosophie der Gerechtigkeit. Texte von der Antike bis zur Gegenwart* (S. 428–445). Frankfurt am Main: Suhrkamp.

Zajonc, O./Koerber, S. (2021). Sport in den Einrichtungen der offenen Kinderund Jugendarbeit. In: U. Deinet/B. Sturzenhecker/L. von Schwanenflügel/M. Schwerthelm (Hrsg.), *Handbuch Offene Kinder- und Jugendarbeit* (5. Aufl., S. 529.541). Wiesbaden: VS Verlag für Sozialwissenschaften https://doi.org/10.1007/978-3-658-22563-6_34

Zajonc, O./Pilz, G. A. (2014). Wenn Sport als Mittel eingesetzt wird. Sport bezogene Soziale Arbeit zwischen Sportvereinen und kommunaler Kinder- und Jugendarbeit. In: D. Kuhlmann (Hrsg.). *Sport, Soziale Arbeit und Fankulturen – Positionen und Projekte* (S. 63–76). Hildesheim: Arete-Verlag.

Zdunek, A. (2021). Soziale Arbeit als Transdisziplin und die Bezugswissenschaften. Abgerufen von: Virtuelle Akademie https://virtuelleakademie.ch/good-practice-beispiele/theor ielinien/soziale-arbeit-als-transdisziplin-und-die-bezugswissenschaften/ (letzter Abruf: 12.06.23)

Ziebarth, F. (2010). Gelingensbedingungen für eine inklusive Pädagogik. *Sonderpädagogik in Berlin, 2*, S. 5–10.

Züchner, I./Rauschenbach, T. (2011). Der Sport in der Ganztagsschule. Empirische Befunde zur Kooperation von Sportvereinen und Schulen in der Ganztagsschule. In: R. Naul (Hrsg.), *Bewegung, Spiel und Sport in der Ganztagsschule. Bilanz und Perspektiven* (S. 182–197). Aachen: Meyer & Meyer Verlag.

Züll, A./Rütschi, P./Tillmann, V. (2017). Zur körperlichen Aktivität von Kindern und Jugendlichen mit Beeinträchtigung. In: V. Tilmman/T. Bungter/V. Anneken (Hrsg.). *Teilhabeforschung im Sport* (3. Aufl., S. 21–36). Köln: Sportverlag Strauß.

Sachregister

M

Makroebene 96, 108, 109

Mandat 35, 61

Manifestation 19, 37, 134, 135, 149

Metamorphose 100

Modalitäten 106

Monokausalität 108

Multilateral 74

N

Narrativ 93

Negation 29

Neoterisch 95

O

Ostentativ 93, 108

P

Paradigma 60

Paradoxie 66

Parameter 44

Partizipation 36, 54, 62, 66, 76, 104–106, 110, 127, 137, 143

Patriotismus 40

Peer Group 141, 154

Perpetuell 31, 108

Personenbezogene Dienstleistung 61

Pluralismus 24, 30

Polarisierung 98

Polyvalenz 101

Prämisse 35, 64, 75, 95, 96, 99, 104

Prävention 13, 75, 81, 83

Proletariat 30

Psychomotorik 43

Psychosoziale Beratung 136

Q

Quartier 82, 83

Querschnittsaufgabe 13, 77, 80, 81

R

Rationalisierung 43

Rechtsanspruch 37, 78

Rehabilitation 38, 120

Reziprozität 100, 101

S

Scientific Community 31

Selbstinszenierung 63

Selbstwirksamkeitserfahrung 62

Semantik 43

Setting 63

Sozialer Brennpunkt 77

Sozialer Rechtsstaat 62

Sozialisation 25, 26, 49

Sozialraum 37, 73–75, 78

Stereotype 110

Stigmatisierung 74, 134

Subjektorientierung 35, 64

Sublimierung 108, 152

Substitut 101

Sukzessive 23, 42, 55, 59

Syllogistisch 98

Systematisierung 27, 42, 96, 100, 101

T

Tätigkeitsfeld 63, 69, 85

Teilhabe 38, 71, 74, 82, 83, 102, 111, 115, 119, 122, 123, 125, 127–131, 133, 137–140, 142, 143, 145, 146, 153, 154

Terminologie 50

Transnationalität 152

Tugend 36, 40

U

Ubiquitär 93, 106, 140

V

Valorisierung 108

Vehikel 70, 71, 89

Migration und Integration in der Sozialen Arbeit
Von Prof. Dr. Beate Aschenbrenner-Wellmann und Lea Geldner
2022, 251 Seiten, broschiert,
ISBN 978-3-8487-6832-5

Beratung und Beratungswissenschaft
Herausgegeben von Prof. Dr. Tanja Hoff und Prof. Dr. Renate Zwicker-Pelzer
2. Auflage 2022, 239 Seiten, broschiert,
ISBN 978-3-8487-7846-1

Jungen als Opfer sexueller Gewalt
Von Clemens Fobian, Prof. Dr. Michael Lindenberg und Rainer Ulfers
2. Auflage 2022, 181 Seiten, broschiert,
ISBN 978-3-8487-7259-9

Pflegekinderhilfe für die Soziale Arbeit
Von Prof. Dr. Klaus Wolf
2022, 227 Seiten, broschiert,
ISBN 978-3-8487-6707-6

Soziale Arbeit nach traumatischen Erfahrungen
Von Prof. Dr. Julia Gebrande
2021, 245 Seiten, broschiert,
ISBN 978-3-8487-6412-9

Sozialleistungsansprüche für Flüchtlinge und Unionsbürger
Von Prof. Dr. Gabriele Kuhn-Zuber
2018, 304 Seiten, broschiert,
ISBN 978-3-8487-3206-7